DYNAMIC RESPONSE AND DAMAGE ASSESSMENT
OF PREFABRICATED BRIDGE PIERS UNDER
EARTHQUAKES AND EXPLOSIONS

地震和爆炸作用下
装配式桥墩动力响应及损伤评估

张于晔　周广盼　党新志　著

人民交通出版社股份有限公司
北京

内 容 提 要

本书为装配式桥梁防灾方面的专著,阐述装配式桥梁重要构件——桥墩在地震和爆炸作用下的动力响应、损伤机理和评估方法。全书共分为7章,介绍了装配式桥墩的发展与应用、不同连接形式和UHPFRC增强装配式桥墩的抗震性能、装配式桥墩的地震损伤评估方法、爆炸作用下装配式桥墩冲击波反射超压分布规律、爆炸作用下装配式桥墩的动力响应与损伤评估等内容。

本书可供桥梁设计、施工、运营管理和桥梁工程科研人员参考使用,也可作为高等院校桥梁工程相关专业师生的教学参考书。

图书在版编目(CIP)数据

地震和爆炸作用下装配式桥墩动力响应及损伤评估/张于晔,周广盼,党新志著.—北京:人民交通出版社股份有限公司,2023.6
ISBN 978-7-114-18467-3

Ⅰ.①地… Ⅱ.①张… ②周… ③党… Ⅲ.①装配式构件—桥墩—地震反应分析②装配式构件—桥墩—损伤—评估 Ⅳ.①U443.22

中国版本图书馆 CIP 数据核字(2022)第 257971 号

Dizhen he Baozha Zuoyong xia Zhuangpeishi Qiaodun Dongli Xiangying ji Sunshang Pinggu

书　　名:	地震和爆炸作用下装配式桥墩动力响应及损伤评估
著 作 者:	张于晔　周广盼　党新志
责任编辑:	卢俊丽　王景景
责任校对:	刘　芹
责任印制:	刘高彤
出版发行:	人民交通出版社股份有限公司
地　　址:	(100011)北京市朝阳区安定门外外馆斜街3号
网　　址:	http://www.ccpcl.com.cn
销售电话:	(010)59757973
总 经 销:	人民交通出版社股份有限公司发行部
经　　销:	各地新华书店
印　　刷:	北京虎彩文化传播有限公司
开　　本:	787×1092　1/16
印　　张:	15.75
字　　数:	395千
版　　次:	2023年6月　第1版
印　　次:	2023年6月　第1次印刷
书　　号:	ISBN 978-7-114-18467-3
定　　价:	85.00元

(有印刷、装订质量问题的图书,由本公司负责调换)

前　言

随着我国交通基础设施和"一带一路"建设的推进，桥梁工程的建设需求不断增长。桥梁结构的预制装配化，是提高桥梁建设质量和效率、降低施工对交通和环境影响的重要手段。因此，为响应国家交通发展和低碳环保的战略要求，亟须加快桥梁工业化进程，进一步推进预制装配式桥梁的工程应用。

对于预制装配式桥梁，其上部结构的研究与应用相对成熟，而装配式桥墩仍处于发展阶段。装配式桥墩是装配式桥梁体系的关键承重构件之一，其与现浇桥墩相比，具有标准化制作、施工工期短、人工用量少、对环境影响小等优势。20世纪60年代，欧美国家开始了装配式桥墩在桥梁工程中的应用。近年来，我国的港珠澳大桥、杭州湾跨海大桥、上海长江大桥、北京积水潭桥等跨江跨海大桥和城市高架桥采用了装配式的预制节段拼装桥墩，取得了良好的工程实践效果。装配式桥墩具有广阔的应用前景。

桥梁结构的设计基准期为100年。在运营期间，桥梁不仅可能遭受地震等自然灾害，还可能受到偶然爆炸、恐怖袭击甚至军事打击等偶然冲击作用。桥梁一旦受到地震、爆炸冲击等强动载作用，桥墩等关键构件极易发生损伤破坏，甚至引起桥梁结构倒塌。目前，对装配式桥墩在地震和爆炸作用下的动力损伤机理尚未有系统性的研究，其抗震性能和抗爆性能的联系与区别尚未明晰，不利于此类桥墩在强动载下的结构安全性，限制了装配式桥墩的进一步推广和应用，因此有必要深入研究装配式桥墩在地震和爆炸作用下的动力响应及损伤评估，为装配式桥墩进行系统性的抗震与抗爆设计奠定基础。

为此，在抗震性能方面，本书针对装配式桥墩的地震响应、抗震性能提升方法、地震损伤评估等开展了一系列试验和理论研究；在抗爆性能方面，针对装配式桥墩的爆炸冲击波反射超压分布、动力响应及其损伤评估等开展了一系列精细化数值分析与理论研究。基于这些试验、数值与理论研究结果，对比分析了不同设计参数下装配式桥墩的抗震和抗爆性能，提出了装配式桥墩在地震和爆炸作用下的合理损伤评估方法，可为预制节段装配式桥墩的抗震和抗爆设计提供参考借鉴，有助于促进装配式桥墩的广泛应用和装配式桥梁的进一步发展。

本书共分为7章，其中第1章为概述，主要介绍装配式桥墩的发展与应用，及其抗震和抗爆性能的研究现状；第2章研究混合体系装配式桥墩的抗震性能，主要包括不同连接形式的装配式桥墩拟静力试验和混合体系装配式桥墩抗震性能解析计算；第3章介绍UHPFRC局部增强装配式桥墩的抗震性能试验及其参数化设计，开展了装配式桥墩的震后修复试验;第4章重点介绍装配式桥墩的地震损伤评估方法,包括基于Park-Ang模型和模糊数学的损伤评估方法;第5章主要研究爆炸作用下装配式桥墩冲击波反射超压分布规律和简化计算方法;第6章对爆炸作用下装配式桥墩的动力响应进行参数化分析,并开展了装配式桥墩的受爆损伤评估;第7章为结论与展望。

  本书的相关研究得到了国家自然科学基金项目(52278188)、国家重点研发计划项目(2019YFE0112300)、江苏省自然科学基金项目(BK20211196、BK20200494)和江苏省"六大人才高峰"高层次人才项目(2019-JZ-013)的资助。南京理工大学张于晔、周广盼和同济大学党新志等学者对装配式桥墩的抗震和抗爆问题开展了较为系统的研究和探讨,基于多年的研究成果归纳成本书。在此,由衷感谢同济大学教授袁万城、东南大学教授吴刚给予的宝贵指导,感谢为本书提供丰富研究成果的腾格、陈久强、翟勇、马煜、蒋定之、杨旭、许凯、李宇豪、乔宁等研究生。

  由于作者水平有限,书中难免有不妥之处,恳请读者批评指正!若有宝贵意见或建议请寄至:江苏省南京市玄武区孝陵卫200号,南京理工大学鼎新楼729室邮箱。

作 者
2022年于南京

目　录

第1章　概述 ·· 1
1.1　桥梁装配式技术的发展与应用 ·· 1
1.2　装配式技术在桥梁下部结构中的应用——装配式桥墩 ·························· 3
1.3　装配式桥墩的抗震性能研究 ·· 5
1.4　装配式桥墩的抗爆性能研究 ··· 14
1.5　本章小结 ·· 20
本章参考文献 ·· 22

第2章　混合体系装配式桥墩的抗震性能 ··· 29
2.1　混合体系装配式桥墩设计理念与抗震性能目标 ································· 29
2.2　采用不同连接形式的装配式桥墩抗震性能试验 ································· 33
2.3　混合体系装配式桥墩抗震性能解析计算方法 ···································· 50
2.4　混合体系装配式桥墩参数化设计方法 ··· 57
本章参考文献 ·· 63

第3章　UHPFRC局部增强装配式桥墩的抗震性能及其震后修复 ···················· 66
3.1　概述 ·· 66
3.2　UHPFRC局部增强装配式桥墩抗震性能试验 ··································· 66
3.3　桥墩抗震性能精细数值分析 ··· 86
3.4　UHPFRC局部增强装配式桥墩参数化设计方法 ································ 92
3.5　装配式桥墩震后修复 ·· 113
本章参考文献 ··· 127

第4章　装配式桥墩地震损伤评估方法 ··· 130
4.1　概述 ·· 130
4.2　考虑自复位性能的装配式桥墩地震损伤评估模型 ····························· 130
4.3　基于Park-Ang模型的装配式桥墩改进损伤模型 ······························· 147
4.4　基于模糊数学的连续梁桥地震损伤评估方法 ··································· 155
4.5　装配式桥墩连续梁桥地震损伤评估实例 ··· 165

本章参考文献 ··· 180

第5章 爆炸作用下装配式桥墩冲击波反射超压分布规律 ··············· 183
5.1 概述 ·· 183
5.2 爆炸冲击波作用与有限元模拟方法 ··· 183
5.3 装配式桥墩受爆炸冲击波反射超压分布参数分析 ························ 196
5.4 装配式桥墩受爆炸冲击波反射超压简化计算方法 ······················· 208
本章参考文献 ··· 217

第6章 爆炸作用下装配式桥墩的动力响应与损伤评估 ··················· 219
6.1 概述 ·· 219
6.2 爆炸作用下装配式桥墩动力响应参数化分析 ······························ 219
6.3 爆炸作用下装配式桥墩损伤评估 ·· 230
本章参考文献 ··· 242

第7章 结论与展望 ··· 244
7.1 本书的主要工作和结论 ··· 244
7.2 研究展望 ··· 245

第1章 概　　述

1.1 桥梁装配式技术的发展与应用

改革开放以来,我国基础设施建设进入快速发展阶段。仅全国高速公路里程数的增长情况,就可反映出我国基础设施建设在近三十年来的巨大发展。2021年末,全国铁路营业里程、高速铁路里程、公路通车里程、高速公路里程分别达到15万千米、4万千米、588.07万千米、16.91万千米,分别比2015年末增长25.0%、110.53%、15.56%、40.92%[1]。其中,公路基础设施规模不断增长,路网结构不断优化,通行能力不断提升。桥梁是公路基础设施的一个重要组成部分。一大批桥梁工程的建设,标志着我国已成为名副其实的桥梁大国。截至2021年底,全国公路桥梁达96.11万座、7380.21万延米,其中特大桥7417座、1347.87万延米,大桥13.45万座、3715.89万延米,比"十二五"末分别增加18.19万座、3523座和5.5188万座,增长率分别达23.34%、90.47%、69.58%[2]。总体来看,我国依然面临较大的公路交通压力,公路桥梁建设需求仍然较大。

随着我国城市空间的日益拓展及机动化进程的加快,许多大城市陷入了交通拥堵困境(图1-1),需通过新增和改扩建更多道路、桥梁以满足因城市扩张带来的交通需求增量[3]。此外,在城市桥梁改扩建工程中,需遵从"不中断""少影响"的原则,即除了保证城市主线交通不中断以外,还要确保将工程对主线交通的影响降到最小[4],然而,目前常见的桥梁施工工艺建造工期长、对周边交通影响大、工程质量和环境效益差,难以满足上述要求。与此同时,随着我国工程建设人工成本逐渐提高,传统桥梁施工工艺造价逐年上升。为了应对以上种种问题,桥梁预制拼装技术应运而生。

图1-1　由占道施工引起的交通拥堵[5]

采用预制桥梁构件体系(Prefabricated Bridge Elements and Systems，PBES)的桥梁快速施工技术(Accelerated Bridge Construction，可简称为 ABC 技术)，发源于 20 世纪 60 年代的欧洲。自 1962 年法国人 J. M. 米勒尔第一个采用预制拼装技术建造出跨越塞纳河的舒瓦齐勒罗瓦大桥以来，预制拼装技术持续发展，并从欧洲逐步推广到全世界。1972 年，美国第一座预制拼装混凝土桥——肯尼迪纪念桥(JFK Memorial Causeway)在得克萨斯州科帕斯-克里斯蒂(Corpus Christi)建成[6-7]。此后，随着桥梁建造技术的不断发展、成熟，预制拼装已经成为桥梁建设主要技术之一。

在我国，预制拼装技术应用较早，早在 1966 年竣工的成昆铁路旧庄河一号桥就已采用预制节段逐跨拼装施工技术，但由于工程条件限制，试验未取得满意效果，该技术在后续工程中未得到很好推广。随着我国桥梁技术发展，20 世纪 90 年代开始，我国的预制拼装技术得到更广泛的应用和发展，在公路和市政领域，有福州洪塘大桥(采用预制节段逐跨拼装施工技术)、上海沪闵二期高架桥梁、上海新浏河大桥(采用专用造桥机逐跨拼装方法)等，广州城市轨道交通 4 号线和厦门快速公交(BRT)线路则较大规模采用了该技术[8]。桥梁施工现场示意如图 1-2 所示。

图 1-2　桥梁上部结构整体预制和现场安装[9]

根据美国联邦公路局(Federal Highway Administration，FHWA)提出的定义，ABC 技术是指"桥梁建造过程中，采用具有创新性的材料以及规划、设计和施工方法，在保证施工安全和成本效益的前提下，能够最大限度地减少工时和环境影响的桥梁建造技术[9]"。如图 1-3 所示，相比传统的现浇构件桥梁，ABC 技术的优势在于通过大量采用预制构件，运输到施工现场进行快速拼装，在保证构件质量的同时，最大程度地加快了桥梁建设速度，减小了桥梁施工对既有交通的不利影响及交通管制产生的巨大经济损失[10-11]。

从图 1-3 不难看出，在较为宏观的 ABC 技术理念之中，最核心的组成部分即预制桥梁构件体系(PBES)和预制构件间的连接方式[12]，而常见的预制桥梁构件，主要包括上部结构中的桥面板和主梁，下部结构中的墩柱、基础和桥台以及诸如预应力和伸缩缝在内的连接构件[13]。

虽然在欧美、日韩等发达国家和地区，ABC 技术的应用早已兴起多年，但是作为后起之秀，相比于各国每年建造的传统浇筑桥梁总数，采用 ABC 技术的桥梁所占比例极少，这与其技术优势(施工速度快、质量高、环境侵扰小等)并不匹配，因此该技术仍有巨大应用前景和发展空间[8-9]。开展针对预制拼装技术的科研探索,对我国未来交通基础设施的快速修建及维护、实现土木行业的工业化具有重大意义。

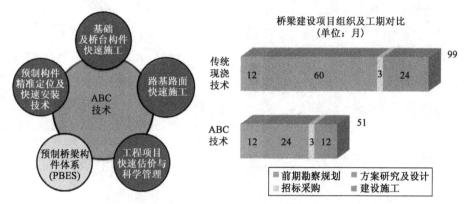

图 1-3　桥梁建造采用 ABC 技术与传统现浇技术的工期对比[9,14]

1.2　装配式技术在桥梁下部结构中的应用——装配式桥墩

装配式桥墩是 ABC 技术应用在桥梁下部结构的一个重要表现形式,它拥有施工安全性好,施工质量高、速度快,环境污染小(尤其在渡河工程中),生命运营期内的养护及修复成本低等优点[15-16]。美国是较早采用和推广装配式桥墩的国家之一。致力于 ABC 技术推广实施的美国联邦公路局(FHWA)已陆续编制了关于装配式桥墩设计和施工的详尽手册[9,13]。日本公共工程研究所(Public Works Research Institute,PWRI)与三家公司(包括鹿岛建设、三井住友建设和三菱建设)对新型拼装混凝土墩进行了联合研究,并于 2010 年推出了《拼装混凝土桥墩的抗震设计准则》以指导工程实践[17]。我国基于大量预制装配式上下部预应力混凝土结构研究和实践推出了《节段预制拼装混凝土桥梁设计标准》(DG/T J08-2255—2018),但是我国目前并未针对预制装配式拼装桥墩制定统一的规程规范。因此,为了推动预制装配式桥墩的应用,部分省区市针对当地的地震烈度分布情况,制定了适用于当地的相关条文规范,例如 2015 年上海市颁布了《预制拼装桥墩技术规程》(DG/T J08-2160—2015),2019 年四川省制定了《四川省城市桥梁预制拼装桥墩设计标准》(DBJ51/T 124—2019),2021 年浙江省颁布了《预制拼装桥墩设计与施工技术规范》(DB33/T 2385—2021)等。

近年来,我国的部分桥梁工程也开始采用预制拼装桥墩:20 世纪 90 年代,北京积水潭桥试验工程的 5 座桥梁采用承插式预制钢筋混凝土桥墩;杭州湾跨海大桥、东海大桥、上海长江大桥以及港珠澳大桥等的下部结构,均采用了以湿接缝的形式实现桥墩与承台连接的装配式桥墩结构[18-20]。一些采用装配式下部结构的国内桥梁如图 1-4 所示。

国外采用预制拼装桥墩的代表性桥梁工程包括:美国得克萨斯州的 Lake Belton 桥[9][图 1-5a)]、美国威斯康星州 Rawson Avenue 桥[24][图 1-5b)]、英国柴郡 M56 Junction 7 Bowden View 桥[25][图 1-5c)]等。

a) 成都—绵阳—乐山铁路专线预制桥墩模板[21]

b) 成都—绵阳—乐山铁路专线预制桥墩施工现场[21]

c) 成都二环路改造工程预制盖梁模板[22]

d) 成都二环路改造工程施工现场[22]

e) 港珠澳大桥预制桥墩施工现场[23]

图 1-4 一些采用装配式下部结构的国内桥梁

a) 美国得克萨斯州 Lake Belton 桥[9]

b) 美国威斯康星州 Rawson Avenue 桥[24]

图 1-5

c) 英国柴郡M56 Junction 7 Bowden View桥[25]

图1-5 采用预制拼装桥墩的部分国外桥梁

虽然装配式桥墩已在国内外的部分桥梁工程中得到应用,但是装配式桥墩的实际运营时间相对较短,其遭受地震作用、爆炸冲击作用等外部强动载的实例尚未见报道。目前针对装配式桥墩的抗震性能和抗爆性能还未开展系统性的研究,对其抗震性能和抗爆性能的联系与区别尚未明晰,不利于此类桥墩在强动载下的安全,限制了装配式桥墩的推广和应用,因此有必要深入研究装配式桥墩在地震和爆炸作用下的动力响应及损伤机理,为装配式桥墩进行系统性的抗震与抗爆设计奠定基础。

1.3 装配式桥墩的抗震性能研究

目前,装配式桥墩的抗震性能存在以下劣势:
(1) 延性和滞回耗能较差,易发生脆性破坏;
(2) 桥墩塑性铰节段在地震作用下会出现刚体转动,导致墩底局部塑性铰区混凝土出现大量开裂甚至压碎破坏;
(3) 对于采用预应力束连接的装配式桥墩体系,节段间纵向主筋在接缝处不连续,节段主要靠预应力筋连接,使其在较大地震作用下抗剪能力相对较弱,节段间可能会发生相对滑动等。

由于装配式桥墩的抗震性能存在以上不足之处,且其在地震作用下的损伤机理尚未明晰,地震安全性还有待提高,使其主要应用于非抗震设防区或低抗震设防区的桥梁工程中,从而阻碍了这种优秀桥墩形式在中、高震区桥梁结构中的应用。

为了克服这些障碍,推动装配式桥墩的发展和应用,需要结合其结构特性和工程应用范围对抗震性能进行研究,各国学者针对装配式桥墩的抗震性能开展了一系列的系统性试验探索和理论分析。近年来,有关装配式桥墩抗震性能的研究重点主要集中在以下三个方面:①装配式桥墩抗震性能特点及分类;②装配式桥墩抗震性能提升方法;③装配式桥墩的地震损伤评估。

1.3.1 装配式桥墩抗震性能特点及分类

1)装配式桥墩抗震性能特点

对于一般的梁式桥梁,在进行延性抗震设计时,上部结构需要在地震作用下保证弹性,而下部结构中的墩柱往往作为延性构件设计,需要经受较大的塑形变形,耗散地震能量[26]。如图 1-6 所示,对于地震作用下的装配式桥墩,处在刚度大、整体性强的预制构件之间的拼接缝往往需要承受较大的局部应力,是更加容易破坏、劣化的薄弱环节[17]。

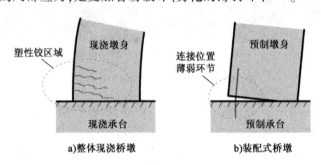

a)整体现浇桥墩　　　　　　b)装配式桥墩

图 1-6　地震作用下装配式桥墩的薄弱环节示意图

除此之外,地震作用下,传统整体现浇桥墩由于在墩-梁、墩-台连接处保有良好的塑性转动能力,能有效分配由侧向力引起的弯矩,如图 1-7a)所示。然而对于装配式桥墩,倘若预制盖梁与墩柱构件之间连接不充分,无法有效传递弯矩,侧向力将在墩底产生较大的弯矩,如图 1-7b)所示。这就对装配式桥墩预制构件连接位置处的抗剪和抗弯能力提出了更高的要求[27]。因此,预制构件之间的连接方式就成为装配式桥墩抗震设计中的关键。

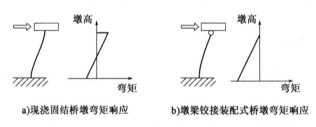

a)现浇固结桥墩弯矩响应　　　　　　b)墩梁铰接装配式桥墩弯矩响应

图 1-7　地震作用下不同连接方式的墩柱弯矩响应[28]

2)装配式桥墩的分类

现有的装配式桥墩根据连接方式及力学行为的差异,大致分为两类:一类是能够模拟整体现浇桥墩塑性铰形成机制的"等同现浇装配式桥墩",其抗震性能可近似等同于整体现浇桥墩;另一类是"非等同现浇装配式桥墩",即纵向受力钢筋在接缝处断开,节段之间采用干接缝或胶接缝,然后通过竖向配置后张法预应力的方式将节段连接成整体,且桥墩节段在地震作用下的非线性转动主要集中于摇摆节点,从而保证预制构件部分基本保持弹性[29]。

(1)等同现浇装配式桥墩

符合等同现浇装配式桥墩力学行为的连接方式统称为等同现浇装配式连接(Emulative ABC Connection)[30]。在现场装配过程中,等同现浇装配式桥墩一般利用预制构件连接处预埋的钢筋进行搭接再浇筑混凝土,形成一系列的"湿接缝"将各预制构件连接在一起。北京积水潭桥、东海大桥、杭州湾跨海大桥、上海长江大桥使用的节段预制拼装桥墩都属于这一类[20]。除了"湿接缝"之外,为了有效提高桥墩整体性和施工便利性,钢筋构件机械耦合器、灌浆套筒及金属波纹管连接、后浇混凝土湿接、盖梁与墩柱的承插式连接、预留槽孔的灌浆连接等连接方法也被陆续应用在等同现浇装配式桥墩体系之中[10,13,31]。

作为目前应用较为广泛的一种装配式桥墩形式,等同现浇装配式桥墩拥有设计思路清晰、连接构件工艺成熟、施工可行性好等优点。然而在中强震区较大位移需求下,等同现浇装配式接缝连接构件的可靠度可能大幅度降低,进而对桥墩整体的抗震性能产生影响。因此,在美国国家公路与运输协会(AASHTO)规范[32]中明确指出"较高地震需求下,对墩柱塑性铰区受力主筋进行搭接的做法是不允许的"。我国《公路桥梁抗震设计规范》(JTG/T 2231-01—2020)[33]第8.2.6条中也明确指出"不应在塑性铰区域进行纵向钢筋连接"。此外,在中强震区,等同现浇装配式桥墩若采用墩柱与盖梁或承台的承插式连接方法,将可能导致盖梁、承台发生破坏,这与传统延性设计中"能力保护构件"的设计思路相违背[34]。因此,如何有效解决上述隐患,提出新型等同现浇装配式桥墩构件连接方法,进一步推动等同现浇装配式桥墩体系在中强震区的应用,已成为装配式桥墩抗震性能研究的一个热点。

(2)非等同现浇装配式桥墩

非等同现浇装配式桥墩往往采用摇摆(Rocking)体系进行设计,利用竖向配置预应力来提高墩柱的整体性。采用此类连接方式的装配式桥墩与等同现浇装配式桥墩的力学行为差异较大,因此英文中往往称之为非等同现浇装配式连接(Nonemulative ABC Connection)[30]。研究表明,配置竖向后张法预应力的装配式桥墩在减少震后残余位移等方面具有特殊优势,这主要是由于后张法预应力在墩柱发生侧移时产生张拉力,能够在侧向力分量方向上将桥墩"拉"回至初始位置,有效减小震后残余位移。正是由于这一特点,竖向配有后张法预应力的装配式桥墩,也常常被称为自复位(Self-centering)桥墩体系。

非等同现浇装配式桥墩由于墩身若干拼接接缝的存在,一方面能够在偏心受压的情况下防止混凝土过早开裂;另一方面,虽然在施工中增加了张拉预应力这一个环节,但是受益于预制构件较小的体积,能够降低运输和吊装难度,满足施工方便快捷的现实需求[51]。研究表明[35-39]:配置了体外预应力的试件抗侧移能力与整体现浇桥墩试件相似,峰值非常接近;而在卸载段,能够大幅度降低残余位移,并将其控制在整体现浇桥墩残余位移的10%左右。然而在抗震性能方面,尤其是延性耗能能力上,非等同现浇装配式桥墩的表现并不理想。虽然两个桥墩试件受力主筋的配筋情况毫无差别,但是对比整体现浇混凝土桥墩试件,体外预应力试件的整体耗能能力却受到了较大影响(荷载-位移滞回曲线呈"捏拢状")。此外,在中强震区产生的较大位移需求下,仅配置竖向预应力的拼装桥墩,并不能有效阻止接缝处损伤渗透至核心区混凝土。因此,如何提高非等同现浇装配式桥墩的延性耗能能力,已成为装配式桥墩抗震性能研究领域的另一个热点。

1.3.2 装配式桥墩抗震性能提升方法

当前,针对装配式桥墩的抗震性能特点,大量国内外研究学者基于本国的相关桥梁设计规范、场地条件和结构设计制造水平等基本条件,利用理论分析、试验与数值模拟等手段,通过从改进结构形式与材料、节段连接方式以及设置耗能装置等角度对普通装配式桥墩进行合理设计和改造,以提升装配式桥墩的抗震性能,从而促进装配式桥墩在中高烈度设防区的应用。装配式桥墩抗震性能提升方法可大体分为以下四类:不同构件相组合、设置耗能装置、采用新型结构材料、改进节段形式与连接方式。

1) 不同构件相组合

在装配式桥墩研究早期,有学者希望通过采用不同构件相组合的方式增强其抗震性能。Hewes[40]通过在预制拼装桥墩的底部节段设置钢套筒来约束素混凝土,通过循环加载试验证明采用钢套筒约束时结构整体性更好,滞回耗能能力增加,但是不同形式的节段间刚度差别较大,其他节段成为薄弱环节。为此,Chou等[41]对2个钢套筒约束混凝土节段拼装桥墩进行拟静力试验,对桥墩所有节段的混凝土都用钢套筒进行约束,以增强结构耗能和抗弯能力,并减小结构的残余位移。Motaref等[42]在节段拼装桥墩底部设置弹性橡胶垫,采用水泥基复合材料增强并用碳纤维布(亦称碳纤维增强复合材料,Carbon Fibre-reinforced Polymer,CFRP)包裹部分节段,以增加墩柱耗能并减小底部节段的损坏。ElGawady等[43]则在各节段采用混凝土与FRP套筒相组合,FRP套筒同时起到充当混凝土浇筑模板、保护内部混凝土及抗剪等作用。Guerrini等[44]采用内外均布置钢筒,高性能混凝土在钢筒中间灌注的空心组合形式。上述方法均可在一定程度上增强拼装桥墩的抗震能力,但可能会较大幅度增加施工难度或工程造价,同时桥墩不同构件在地震作用下的协同受力问题成为设计难点。

2) 设置耗能装置

耗能能力是评价墩柱的抗震性能的一个重要指标。很多学者对如何提高预制装配式墩柱在地震作用下的耗能能力进行了相关的研究,以提升墩柱安全性,目前主要的方式是在墩柱中设置耗能装置,耗能装置又可分为内置耗能钢筋和外置耗能装置。具体措施有在柱底安装低强度钢筋、高性能钢筋、外屈服支撑、弹性支承垫和外置阻尼器等。

(1) 内置耗能钢筋

Chou等[41]、Ou等[45]、葛继平等[46]、布占宇等[47]在预制拼装桥墩中设置耗能钢筋,通过耗能钢筋减小预制桥墩的曲率,抑制接缝的张开,耗能钢筋一般设计强度较小,通过在地震下的拉伸压缩甚至被拉断而耗能。Roh等[48]从理论上分析了耗能钢筋屈服强度和屈服后刚度比对预应力摇摆桥墩地震响应的影响,从而为建立精确的数值分析模型提供基础。Moon等[49]采用形状记忆合金(Shape Memory Alloy,SMA)作为拼装桥墩的耗能钢筋,并通过循环往复拟静力分析证明采用SMA可大幅提高结构的阻尼比。

(2) 外置耗能装置

为提升安装的方便性以及震后的可修复性,不少学者尝试在墩柱的关键部位附设外置耗能器。如图1-8a)所示,Guerrini等[44]在承台与底部节段间锚固6根低碳钢筋,通过钢筋的滞回特性增加结构耗能与自复位能力;ElGawady等[50]在桥墩底部节段设置橡胶垫,并在墩柱与基座间设置钢角组成耗能体系;如图1-8b)所示,Guo等[51]将附有改性材料的铝棒作为外置耗能器,该耗能器被设计为在小震时保持整体连接,在中强震时可能发生损坏,并且易于拆除和更换,目前仍主要基于试验来分析外置耗能器的相关力学性能,难以从理论上进行精确定量分析;Li等[52]针对内置耗能钢筋增加耗能但牺牲节段桥墩残余位移的问题,提出一种外置耗能装置(Tension-only External Energy Dissipation,TEED)结合外包玄武岩纤维增强聚合物(Basalt Fiber-reinforced Polymer,BFRP)组合加固节段拼装桥墩,BFRP 包裹能够减少混凝土节段抗压损坏,并且仅张拉 TEED,从而耗散能量而不会增加残余位移,如图 1-8c)所示。

a)外置耗能器[44]

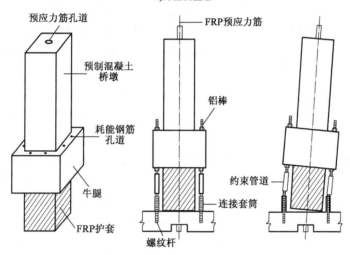

b)铝棒外置耗能器[51]

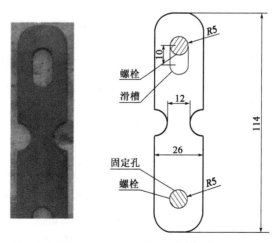

c)外置耗能装置的构造及桥墩试验[52]

图 1-8　外置耗能器的应用(尺寸单位:mm)

3）采用新型结构材料

由于有接缝的存在，装配式桥墩的塑性铰区节段在地震作用下会发生刚体转动，从而导致该区域节段保护层混凝土大量开裂甚至压碎。为了提高该类型桥墩墩底塑性铰区混凝土的抗裂性和延性，通常采用外置套筒约束墩底塑性铰区混凝土以及改进的混凝土材料。在早期的装配式桥墩应用研究中，常常采用钢套筒来改善桥墩底部塑性铰区约束能力。近年的研究中，逐渐有研究者尝试采用纤维增强材料（Fiber-reinforced Polymer, FRP）替代钢材，对装配式桥墩塑性铰区起到约束作用，如比较常见的玻璃钢套筒。此外，纤维增强混凝土（Fiber-reinforced Concrete, FRC）也逐步被引入墩柱设计中，用以控制预制构件之间的混凝土损伤，提升墩柱整体延性，如采用混杂纤维增强砂浆及超高性能混凝土。Billington 等[53]在预制桥墩潜在塑性铰区节段采用纤维增强水泥复合材料，试验表明这种体系较传统拼装桥墩具有更好的延性和耗能能力，并且残余位移更小，裂缝更细且相对分散。Trono 等[54]将预制墩柱设计成沿基础面的摇摆体系，在摇摆柱底部采用混杂纤维混凝土（HYFRC，其中钢纤维体积率为 1.3%，聚乙烯醇纤维体积率为 0.2%），以增强柱底的抗压破坏能力和体系的滞回耗能能力。Cruz 等[55]、Motaref 等[56]通过在墩底采用工程水泥基复合料（Engineered Cementitious Composite, ECC）并设置相应的附件，增加了结构的延性和承载能力，减小了塑性铰区的损伤和残余位移。Ichikawa 等[57]提出采用超高性能混凝土（Ultra-high Performance Concrete, UHPC）对墩柱试件底部潜在塑性铰区域进行加强，该墩柱体系能够有效控制混凝土损伤程度。

此外，由于接缝在水平作用下可能发生张开闭合，这一定程度上增加了墩柱内部钢筋腐蚀的概率，可能影响结构的耐久性。为此，Guo 等[51]、Ibrahim 等[58]采用玄武岩纤维筋（BFRP 筋）代替普通钢筋，研究表明 BFRP 筋可满足预制桥墩的力学要求，并且该体系在较大的位移响应时可以保持稳定的屈服后刚度，同时 BFRP 筋与周围混凝土的黏结条件对结构性能影响较大。Shrestha 等[59]在桥墩中采用 SMA 筋代替普通钢筋，同时在塑性铰区采用 ECC，试验结果表明采用 SMA 筋可有效增强墩柱自复位能力，减小其在较大响应时的损伤。

由上述试验结果可知，在装配式桥墩中合理利用如 SMA、ECC、FRC、FRP 等新型材料，能够显著提升墩柱抗震性能，这些新型材料有较大的使用推广前景。考虑到目前新型材料造价昂贵，在未来的应用与研究中，应注意以下几个方面：根据各类材料特性的差异，研究合理的设计方法和经济性的配比；着力研究适合于 ABC 技术、方便施工的快速成型材料；在耐久性、可更换和可修复性上有所突破。

4）改进节段形式与连接方式

（1）节段形式

在节段形式方面，装配式桥墩通常是在水平方向上进行分段，而对于高度相对较小的桥墩，可以考虑在竖直方向进行划分，或者将整个墩柱作为一个节段。Hosseini 等[60]在竖向将预制柱分为两部分，外部由 ECC 制成高强套管，内部浇筑普通混凝土，ECC 管既可作为浇筑模板，便于施工，又可提高结构延性和耗能。Haraldsson 等[61]将预制墩柱作为一个节段，再插入承台并将纵筋锚于基础，可省去现场拼装过程，大幅提升桥梁下部结构建造效率。

(2) 节段与承台连接

在节段连接方式方面，由于底部节段受力较集中而容易发生损伤，因此底部节段与承台的连接较为重要。Wang 等[62]设计了在墩柱与基础之间采用现浇接头的预应力装配式桥墩，作为一种可供选择的连接形式。Ou 等[63]、Kim 等[64]将墩柱的底部区域与承台整体现浇，其余部分采用预制节段形式，需确保在地震作用下现浇段可以形成塑性铰，试验表明这种混合结构形式具有较好的耗能能力和屈服性能。Mehrsoroush 等[65]为增大装配式桥墩的非弹性循环往复变形能力，开发了一种墩柱与承台之间的"管钉式"连接形式，如图 1-9a)所示，用以传递两者间的剪力和弯矩，试验表明"管钉式"接头可以在发生轻微损伤的前提下抵抗较大的力和位移响应，同时可以达到与整体现浇连接相近的抗震性能。

(3) 节段间的连接

装配式桥墩在发生弯曲破坏前，接缝处可能先发生剪切破坏[66]，因此还需提高桥墩节段间的抗剪能力。一种方式是在节段接触面涂以环氧树脂水泥胶薄层，以提升结构抗剪能力和不透水性。另一种方式是在各节段设置子母剪力键[67]，剪力键的设置不仅可以增强桥墩的抗剪刚度和整体性，还有助于节段拼装时的定位，提高施工的方便性和定位精度，如图 1-9b)所示。

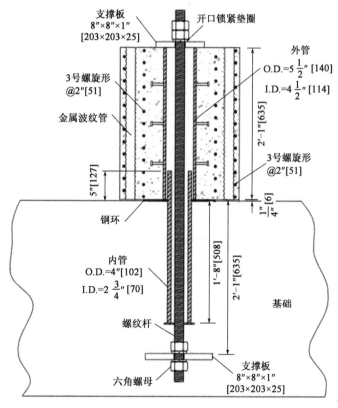

a) "管钉式"接头

图 1-9

b) 剪力键

图 1-9 节段连接方式的改进[65,67]

5) 不同抗震性能提升方法的对比分析

综上所述,不同构件(钢套筒、FRP 套筒等)相组合可较大提高结构的刚度和抗剪能力,减小结构的残余位移,简化核心混凝土构件的配筋,但不同构件间是否能够很好结合并共同受力是难点问题;采用新型混凝材料可减小桥墩关键部位的损伤,提高结构延性,而由于这类材料(如混杂纤维混凝土、ECC 等)目前还未大范围应用,因而材料本构关系不够清晰,且成本相对较高;采用新型筋材可提升结构自复位能力及耐久性等,但这类筋材(如 BFRP 筋、SMA 筋等)与周围混凝土的黏结性能可能不及普通钢筋;设置耗能装置是为了提升结构耗能能力,内设耗能钢筋不仅可增加耗能,还能减小结构响应,但会增大结构设计与施工难度,且其破坏后不易更换,而外置耗能器的主要难点在于理论分析以及耐久性问题;在改进节段形式与连接方面,通过改变节段划分形式可进一步提高施工的方便性和效率,改进节段与承台的连接主要是为了更好地传递墩柱与承台间的剪力与弯矩,使其同时发挥整体现浇桥墩与装配式桥墩的优势,而改进节段间的连接则主要是为了提升抗剪能力与整体性,但可能会增加结构制作的难度。

为了更简洁、清晰地表述以上提升装配式桥墩抗震性能的方法,从各提升方法的主要作用、存在的不足等角度将其分类,列于表 1-1。

装配式桥墩抗震性能的主要提升方法   表 1-1

提升方法	具体形式	主要作用	存在的不足之处
不同构件相组合	钢套筒等	提高结构刚度与抗剪能力,简化配筋	不同构件间的协同作用相对较差
设置耗能装置	内置耗能钢筋,外置耗能装置	增加结构耗能,减小结构响应,提升结构耗能与自复位能力	增大结构设计与施工难度,较难进行精确的理论分析
采用新型结构材料	混凝土材料	减小桥墩关键部位的损伤,提高结构延性与承载能力	材料本构关系尚不够明晰,成本相对较高
改进节段形式与连接方式	筋材节段形式	可提升结构自复位能力及耐久性,提高施工的方便性和效率	筋材与混凝土的黏结不强,不适用于较高的桥墩
	节段与承台连接	更好传递墩柱与承台间的作用力	存在现浇段,影响效率
	节段间连接	提升结构抗剪能力与整体性	增加结构制作的难度

1.3.3 装配式桥墩的地震损伤评估

目前装配式桥墩在地震作用下的性能尚未明确,抗震设计理论也还不够完善,从而使其主要应用于低烈度地区,中、高烈度地区的应用受到限制。确定装配式桥墩在地震作用下的损伤情况,以此来确定其性能水平,可对装配式桥墩的抗震设计起到指导作用。由于整体现浇桥墩的损伤评估方法较为成熟,而装配式桥墩与整体现浇桥墩的损伤机理不同,损伤评估方法尚不明确。因此为了推动装配式桥墩的应用,需探明其在地震作用下的损伤机理,并选用合理的损伤评估方法对装配式桥墩的损伤状态开展评估,从而对装配式桥墩全寿命周期的抗震性能进行系统性认知。

通过对装配式桥墩开展试验和数值仿真研究,探究装配式桥墩的损伤演化规律,归纳装配式桥墩的损伤发展过程,从而揭示装配式桥墩的损伤破坏机理。根据整体现浇混凝土桥墩损伤评估方法的既有研究,通常采用由反映桥墩损伤变化特征的指标构成的地震损伤模型来对其损伤状态进行定量描述。此前,大量学者针对钢筋混凝土结构的地震损伤评估开展了研究,也提出了多种不同的损伤指标用于构建损伤模型,例如材料塑性变形、位移延性、刚度和耗能。然而,使用单一指标的损伤模型难以准确预测结构的损伤发展过程。因此,学者们将几个损伤指标线性组合建立损伤模型,从而更好地表示结构从无破坏直至倒塌的过程。在多参数组合损伤模型中,Park-Ang 双参数地震损伤模型[68](以下简称 Park-Ang 模型)在地震工程领域应用最为广泛。在此基础上,国内外学者针对 Park-Ang 模型存在的上下界不精确且未考虑加载路径等问题,对其进行改进。例如,Kumar 和 Usami[69]从 Park-Ang 模型的规格化位移中减去屈服位移,这样计算结构在屈服前的损伤指数可近似为零。Chai 等[70]在 Park-Ang 模型的基础上提出了一种基于能量的线性损伤模型。他们假设塑性应变能会随着位移的增加而线性下降,并且结构的最终状态与加载路径无关。国内学者也注意到了相关问题。王东升[71]考虑低周疲劳寿命对组合系数进行改进。罗文文等[72]考虑加载路径影响对耗能项进行改进。

对于装配式桥墩而言,由于其地震损伤演化机理明显不同于整体现浇桥墩,不能按照整体现浇桥墩损伤模型来评价装配式桥墩的损伤破坏状态,因此必须根据装配式桥墩的损伤破坏机理并结合其力学性能特点,提出符合装配式桥墩损伤破坏特点的地震损伤评估模型,从而得到适用于装配式桥墩的地震损伤模型。在此基础上,对装配式桥墩的损伤状态进行合理划分,即可根据地震损伤模型定量评估装配式桥墩的损伤状态,因此非常有必要建立适用于装配式桥墩的地震损伤模型。

在合理评估装配式桥墩地震损伤程度的基础上,还需对采用此类桥墩的连续梁桥体系进行地震损伤评估。连续梁桥是一种应用相对较广的桥梁体系。为了准确评估连续梁桥在地震作用下的损伤,需要建立合理的评估方法。连续梁桥的地震风险和损伤评估方法有很多,主要包括:地震易损性分析、倒塌分析、基于模糊理论的损伤分析。其中地震易损性分析最早起源于 20 世纪国外对核电站的评估,现在已经应用于包括大跨径斜拉桥、悬索桥及中小跨径的连续梁桥等各种桥梁的性能评估。目前易损性分析应用较为广泛,许多学者结合一些新的理念对其进行了不断改进和深入研究。倒塌分析主要将倒塌准则和损伤指标联系起来,再通过非线性分析得到震后桥梁的变形数据,对其损伤程度进行分级。基于模糊理论的损伤分析依据模糊数学的方法对桥梁构件的临界损伤状态使用隶属度函数进行划分，用模糊向量来表示其损伤等级。桥梁整体的损伤评定借助易损性分析或只针对经济性等使用功能进行评估。采用模糊数学的方法对桥梁系统损伤进行评估与量化具有一定的科学性和创新性，但具体实施过程中还有许多难点需要进一步研究。因此，非常有必要采取合理的损伤评估方法对连续梁桥体系的地震损伤程度进行评估。

1.4 装配式桥墩的抗爆性能研究

当前，针对装配式桥墩的抗震性能、抗震性能提升方法以及地震损伤评估等已开展了一些试验和理论研究，并阐述了当前装配式桥墩抗震性能研究所存在的问题。作为与桥墩抗震性能同等重要的桥墩抗爆性能近年来也受到了国内外研究学者的广泛关注，这主要是由于国内外爆炸事件频频发生，以及全球多个地区冲突和恐怖袭击事件不断，重要的桥梁和大型标志性建筑等都会成为恐怖主义袭击或军事打击的潜在目标。

桥梁在交通工程中有举足轻重的地位，在和平时期是重要民生工程，在战争时期则是军事争夺的焦点，图1-10所示为黎以战争期间被炸毁的桥梁。层出不穷的爆炸事故给公共交通和人民生活造成了严重损害。据统计，仅2019年我国就发生火灾爆炸等事故718起，共造成239人死亡以及大量的财产损失。在我国，危险化学品主要是通过罐车在公路或铁路上运输。文献[73]统计显示，2008—2018年，仅国内就发生了将近100起危险化学品运输的交通事故，而在全世界范围内扩大到2000多起，这类化学品的事故还极易造成化学爆炸。其中河南义昌大桥坍塌事故就是由于运输过程中发生烟花爆竹爆炸事故造成的，该事故导致80m的桥面坍塌，同时造成10死11伤，事故现场如图1-11所示。

图1-10　黎以战争期间被炸毁的桥梁　　　　图1-11　河南义昌大桥坍塌事故现场

全球的恐怖袭击事件给各国人民带来了巨大的损失。据统计[74]，2003—2009年，全球针对交通的恐怖袭击事件多达266起；2002—2008年，全球针对桥梁的恐怖袭击事件超过187起。由此可见，在交通恐怖袭击方面，大量是针对桥梁的恐怖袭击。这也警示我们需要对桥梁这样的重要公共交通设施进行抗爆性能的提升。一些重点的桥梁项目需要特别考虑其反恐抗爆的要求。目前，我国已经有了这方面设计的先例，虹桥交通枢纽结构工程就考虑到了防恐怖爆炸,但还需进一步扩大研究范围并推广应用。

虽然我国的恐怖爆炸袭击事件相对较少,但依然存在偶然的交通事故等爆炸事件,且军事袭击也是需要不断警惕的因素。因此,总体而言,桥梁抗爆问题需要更多地受到人们的重视,并全面地开展对桥梁抗爆相关的研究。

在桥梁结构的爆炸响应中,桥墩对爆炸冲击的敏感性较大。为了降低爆炸造成的影响,减小爆炸造成的损失,重要工程结构和构件的爆炸响应及抗爆性能亟待提高。现行桥梁设计还有一定欠缺,并没有明确规定在爆炸荷载作用下桥梁结构的动力灾变能力和防护措施。美国国家公路与运输协会(AASHTO)发布了高速公路桥梁抗爆设计细则(NCHRP645),而目前国内对桥梁抗爆及防护的相关研究并不成熟。另外在我国,结构的抗风、抗震已有明文规范,但对于结构抗爆设计要求还较少。对于重要结构的抗爆设计规范还不健全,故需要对爆炸作用下的桥墩进行进一步研究,而装配式桥墩作为一种颇具应用前景的新型桥墩,更需要对其抗爆性能进行深层次、系统性的研究。

桥梁是重要的交通枢纽,桥墩作为其主要受力构件,一旦遭受破坏便会造成巨大的损失。为了研究装配式桥梁各构件及桥梁体系等爆炸响应,国内外专家学者进行了多年的探索,但鉴于目前针对装配式桥墩开展的抗爆性能研究相对较少,故对桥梁结构及构件从理论研究、试验研究以及数值研究方面对其抗爆性能进行总结分析。

1.4.1 桥梁结构抗爆研究

桥梁结构的抗爆研究属于典型的动力特性研究。与地震作用、风荷载、冲击作用不同,爆炸冲击的作用时间极短,通常在2ms以内。所以作用时间极短造成材料的非线性、材料的应变率效应、爆炸空气冲击波的不确定性成为结构抗爆分析的难点。桥梁结构在爆炸荷载作用下的动力响应计算分析方法有理论分析法、数值分析法。

理论分析法是利用基本的弹塑性动力学、断裂力学、损伤力学、冲击动力学、应力波理论和能量原理等基本力学原理对结构构件进行分析。窄桥在小当量爆炸时可以借鉴 J. M. Bigs梁[75]的弹塑性分析模型。对一维弹性体 Bernoulli-Euler 简支梁桥的横向振动一般可采用模态叠加法[76]。其简支梁的强迫振动微分方程可表示为:

$$EI\frac{\partial^4 y}{\partial x^4} + m\frac{\partial^2 y}{\partial t^2} + c\frac{\partial y}{\partial x} = F(x,t) \tag{1-1}$$

式中,$F(x,t)$为爆炸荷载;y,即$y(x,t)$为爆炸荷载下桥梁的位移;EI为桥梁的抗弯刚度;m为桥梁的质量;c为桥梁的阻尼系数。

两跨连续梁动力平衡微分方程为:

$$\ddot{q}_n + 2\xi\omega_n \dot{q}_n(t) + \omega_n^2 q_n(t) = \frac{1}{M_n^2 m l}\sum_{i=1}^{N_n} f_i(t)\varphi_n(x_i) \tag{1-2}$$

式中,$q_n(t)$、$\dot{q}_n(t)$、$\ddot{q}_n$分别为结构的位移、速度和加速度;ω_n为结构自振圆频率;ξ为结构阻尼比;M_n为结构振型质量,$M_n^2 = \int \varphi_n^2(x)\mathrm{d}x$;$\sum_{i=1}^{N_n} f_i(t)\varphi_n(x_i)$为外荷载的 Fourier 展开。

对于小当量爆炸宽桥的动力分析,应该用板的弹塑性分析模型;对于拱桥、悬索桥等不同的结构形式,可以分别建立爆炸荷载作用下结构动力学响应方程。

桥梁在桥面爆炸荷载作用下破坏程度的演化过程可采用损伤力学的方法进行量化，Tuler 等[77]提出了一种积分型的损伤累积准则。该损伤准则完全局限于宏观力学领域，但由于在实际中便于应用，所以在工程上被普遍采用。与大多数基于"离散度量型"的层裂准则不同，其主要进步在于给出了材料动态损伤累积的连续度量以及发生宏观层裂的下限条件。Tuler-Butcher 损伤累积准则的形式如下：

$$\int_0^{t_c} \left[\frac{\sigma(t)}{\sigma_{th}} - 1 \right]^\lambda dt = \Psi \tag{1-3}$$

式中，σ_{th} 为材料损伤阈值应力；$\sigma(t)$ 为层裂面上拉应力历史；积分上限 t_c 为拉应力作用下材料发生层裂所需要的时间；λ、Ψ 为材料参数。当 $\lambda = 1$ 时，式(1-3)为冲量准则；当 $\lambda = 2$ 时，式(1-3)为能量准则。Ψ 是一个具有时间量纲的物理量，可以由材料试验获得。

Tuler-Butcher 损伤累积准则定义的损伤 D 为：

$$D = \frac{1}{\Psi} \int_0^t \left[\frac{\sigma(t)}{\sigma_{th}} - 1 \right]^\lambda dt \tag{1-4}$$

式中，损伤因子 D 的取值范围为 0～1，Tuler-Butcher 损伤累积准则可以作为对桥梁进行爆炸荷载作用下的损伤评估的理论依据。

爆炸冲击试验对试验要求较高。一方面，爆炸冲击作用时间较短，在几秒钟内就完成试验，对试验前期准备、试验数据测量与收集、试验后续处理都有较高的要求。试验数据的精度依据精密的测量仪器，破坏性试验中的试件很难重复使用，单独桥梁仅用于爆炸试验不够经济，而使用缩尺比例模型又会与实际结果有所差异，致使试验费用较高。另外，炸药属于危险品，使用炸药之前需要办理较多的手续。引爆操作需要专业的人员，爆炸试验也比较危险。诸多因素导致现场试验的实施比较困难，因此这方面的研究还较少。

现在计算机技术的高速发展，让数值模拟应用于工程领域成为现实。并且数值模拟技术在不断更新，这提供了更加接近现实的算法与模型，不但减少了试验成本，提升了试验效率，还使试验安全性得到了保障。

数值分析法由于利用动力非线性有限元技术，综合考虑了爆炸空气冲击波荷载的复杂时程曲线、材料在爆炸冲击波作用下的复杂本构关系、结构构件的复杂边界条件、材料的局部损伤等因素，可模拟和预测结构或构件在爆炸冲击下的非线性动态响应和损伤。其应用于桥梁工程防护领域，可进行桥梁整体在冲击、爆炸下的动力分析，各结构部件的抗爆、抗冲击分析，为桥梁的状态监测和安全性评估提供重要的参考依据。目前对桥梁的抗爆研究主要针对不同的桥型及不同的 TNT 当量。

邓荣兵等[78]应用有限元数值模拟，研究了钢桁架斜拉桥受近距离、高 TNT 当量时的损毁情况，由于爆炸位置在桥面上方，所以其主要破坏集中在桥面，对于桥梁整体影响较小。张开金[79]运用 LS-DYNA 瞬态分析模块，采用简化的爆炸荷载，研究了连续刚构桥在爆炸荷载下的响应和损伤，考虑了加载位置、加载速率、冲量等因素的影响。但由于模型较为简单，难以真实反映实际桥梁的破坏规律。朱劲松等[80]应用 LS-DYNA 程序建立了下承式拱桥模型，首先评估了城市爆炸风险源，并依据 Tuler-Butcher 损伤累积准则，对桥梁的损伤程度提出了量化指标，最后研究了不同风险源产生爆炸冲击对桥梁的影响，根据模拟结果，对城市桥梁抗爆设计提供了参考。

Suthar[81]采用 SAP2000 软件,一方面研究了不同荷载情况下桥墩的响应,认为地震作用下,桥墩会产生较大的水平位移,而在爆炸作用下,桥墩会产生局部破坏;另一方面,研究了悬索桥在不同爆炸冲击作用下的破坏情况。当桥梁受到较严重的局部破坏时,连续性倒塌分析表明桥面损伤难以导致桥梁整体倒塌。

Tang 等[82]、Hao 等[83]、Hashemi 等[84]运用有限元分析程序 LS-DYNA 对斜拉桥进行了爆炸冲击研究,模拟了桥面各个构件在爆炸中的损伤。同时考虑了采用 CFRP 的抗爆加固措施,并对加固效果进行了分析。Pan 等[85]采用 ANSYS AUTODYN 程序模拟了板梁桥、箱梁桥和大跨度斜拉桥三种现代类型的钢筋混凝土桥梁在各种爆炸荷载下的性能,研究了三种桥梁的局部损伤机理和全局结构响应,还讨论了使用碳纤维增强聚合物(CFRP)强化来防止潜在攻击的桥梁保护的研究。Wang 等[86]基于烟花意外爆炸引起的河南义昌大桥桥梁结构故障,运用工程算法和数值模拟进一步分析简支梁桥在爆炸冲击作用下的动力响应。

总之,不同桥梁在爆炸作用下有不同的结构响应和破坏特征,主要共同点是桥面受到爆炸冲击后,损伤主要体现在局部破口。桥梁在一般爆炸冲击中,以局部损伤为主。而简支梁桥对于爆炸抵抗能力较弱。

1.4.2 构件抗爆研究

构件是构成结构的基本元素。梁、柱、板和桥墩等主要受力构件受到爆炸冲击后,由于承载力的丧失,会引起整个结构的失效甚至倒塌。因此研究主要受力构件的爆炸响应是研究结构抗爆的基础。并且,构件相对简单,在理论分析中可以考虑不同的简化,主要有等效单自由度法、模态近似法和集中质量法等。也可以进行试验和准确数值模拟。

1)混凝土梁的抗爆研究

匡志平等[87]着重研究了配箍率对钢筋混凝土梁裂缝、挠度的影响,发现在薄弱处对箍筋加密会获得较好的抗爆效果。Zhang 等[88]通过改变炸药质量和爆炸距离,研究了不同比例距离下混凝土梁的破坏模式和损伤。Yan 等[89]在试验的基础上,通过数值模拟进一步研究混凝土梁在近场爆炸冲击作用下的特性,研究了 RC 梁的破坏机理,包括主裂缝扩展、底部剥落和侧盖混凝土的剥落。Liu 等[90]通过改变炸药的质量和爆炸距离,测量与时间相关的位移来量化受损梁的爆炸弹性,研究了 10 组半比例梁的受爆响应与损伤,此外,通过试验结果提出结合了材料复杂特征行为、高应变率效应和柱几何形状的复杂单自由度模型(SDOF)。

在考虑爆炸基本非线性问题的基础上,Krauthammer 等[91]先提出了一种简化数值方法分析梁板结构的动态响应,而后又提出了差分法。方秦等[92]对钢筋混凝土梁的破坏模式开展了理论研究,认为爆炸持续时间对破坏模式有较大的影响。

数值模拟方面,不同学者的研究重点不同。陈力等[93]运用 ABAQUS 软件,采用混凝土脆性开裂模型分析混凝土梁的破坏模式。杨涛春等[94]运用 LS-DYNA 软件针对接触爆炸,研究了钢-混组合梁的局部及整体的破坏。Qu 等[95]运用数值模拟,研究了初始裂缝对钢筋混凝土梁的影响。Zhang 等[96]根据施加荷载的顺序和荷载起始之间的时间滞后,运用 LS-DYNA 软件研究了中速冲击荷载应力对 RC 梁爆炸响应的影响。

2) 混凝土柱的抗爆研究

混凝土柱作为建筑结构的主要受力构件之一,在建筑结构的抗爆研究中也是重点之一。

田力等[97]研究了冲击波和碎片联合作用下混凝土柱的损伤分析,旨在更加真实地模拟柱的受爆情况。将冲击波单独作用、碎片单独作用、二者联合作用下钢筋混凝土柱的动力响应进行对比。研究结果发现,碎片群相比冲击波破坏力更强,单独考虑冲击波在实际中的结果偏小。Li 等[98]在验证三维混凝土柱数值模拟可靠性的基础上,研究了柱长、柱深、纵筋配筋率及箍筋间距的影响。在此基础上,通过参数分析,给出了柱动力荷载响应关于以上参数的经验公式并对柱的破坏状态进行了分类。Kyei 等[99]对混凝土柱的箍筋间距进行了数值模拟研究。研究表明:箍筋间距和轴压能显著影响柱在低比例距离爆炸下的动力响应;在高比例距离爆炸下作用并不明显。Thai 等[100]运用 LS-DYNA 软件在验证模型的基础上,分析了不同截面尺寸的 6 个 RC 柱受爆的损伤。

Burrell 等[101]通过冲击管模拟爆炸冲击作用,研究了钢纤维混凝土(Steel Fiber-reinforced Concrete,SFRC)的受爆表现。结果显示,SFRC 能提升抗爆性能,降低初始位移和残余位移。也测试了单自由度体系(Single Degree of Freedom,SDOF)在研究 SFRC 柱上的适用性。李国强等[102]通过 12 个钢管混凝土柱试件的现场爆炸试验,分析了试件的挠曲变形及损伤情况,并总结了增加钢管混凝土柱抗爆性能的基本措施。

3) 混凝土板的抗爆研究

Li 等[103]在试验基础上,对超高性能混凝土(UHPC)板和普通强度混凝土(Normal Strength Concrete,NSC)板做了对比试验。试验表明,在相同条件下 UHPC 板易表现出弯曲破坏而 NSC 表现为剪切破坏。Yao 等[104]通过混凝土板的爆炸试验,研究了比例距离和配筋率对偏转厚度比的影响。Li 等[105]在 1kg TNT 接触爆炸下对具有最佳设计的复合板进行了现场试验,并将结果与不含钢丝网的常规和超高性能混凝土板对比。结果表明,钢丝网加强钢板在受到鼓风荷载时发挥局部膜效应,与没有钢丝网的板坯相比,具有更好的防爆能力。

Zhou 等[106]通过数值模拟研究了混凝土板的爆炸冲击响应。模拟结果表明:在爆炸冲击作用下,混凝土板在迎爆面的破坏要小于背爆面,背爆面由于应力波的传递出现混凝土受拉导致混凝土剥落。徐坚锋[107]通过简化的直线荷载等效爆炸冲击作用,研究了 CFRP 相关参数对其动态响应的影响。模拟结果表明,一方面 CFRP 的套箍作用有利于提高柱的抗侧刚度;另一方面,CFRP 可以保护钢管,使其先承受爆炸作用。

4) 混凝土桥墩的抗爆研究

张宇等[108]在总结桥梁结构抗爆的基础上,认为起主要支撑作用的桥墩对爆炸冲击的敏感性较大。

Williason 等[109]基于整体现浇桥墩受爆试验,认为目前运用于混凝土墙的碎片破碎方法不适用于混凝土柱,桥墩抗剪设计比抗弯设计更重要。Yuan 等[110]通过桥墩的接触爆炸试验,将试验结果与数值模拟对比发现,炸药接触部分的混凝土保护层即圆柱侧面混凝土遭到严重破坏,说明桥墩截面形状也对爆炸结果有重要影响。宗周红等[111]设计制作了 11 根钢筋混凝土墩柱试件,通过逐渐增大炸药量、减小炸药与墩柱的间距控制爆炸比例距离,考虑不同截面形式、长细比、混凝土类型、箍筋形式、轴压比 5 个参数,研究了近场和接触爆炸情况下钢筋混凝土墩柱的破坏特性和损伤规律。

Williamson 等[112]认为爆炸荷载可以适当进行简化,理论上爆炸距离较远时可简化为均布荷载,较近时可简化为三角形荷载,并可以考虑将偶然出现频率计入偶然荷载中。Winget 等[113]认为在封闭环境中需要考虑波的反射叠加效应,特别是桥下空间较窄较长时,叠加产生的向上托力会使梁体、桥面脱离桥墩,可能造成落梁的现象。另外,不同的桥墩需要考虑不同的约束条件,相应地,加固和抗爆措施也应有所差别。

Rutner 等[114]通过有限元方法对汽车爆炸下桥梁桥墩的响应进行研究,比较了四种不同型钢混凝土混合截面及不同材料在相同爆炸冲击作用下的区别。

王勇楠[115]对 CFRP 加固钢管混凝土柱的抗爆性能做了系统数值模拟研究。研究表明:贴 CFRP 加固能够显著增强钢管混凝土墩柱的抗爆性能。墩底无论是扩大基础还是桩基础,墩顶固定支座的 CFRP 钢管混凝土墩柱比墩底滑动支座的 CFRP 钢管混凝土墩柱具有更好的抗爆性能。

5) 预应力混凝土构件的抗爆研究

目前,专家学者已对预制拼装构件的动力响应进行了一些研究,但是其抗爆研究还比较有限。

闫秋实等[116]通过对 5 根装配式钢筋混凝土梁(PC 梁)和 1 根作为对比的现浇钢筋混凝土梁(简称 RC 梁)进行落锤冲击试验,研究了不同拼装位置和套筒灌浆料饱满度对 PC 梁的抗冲击性能影响,详细地分析了各个试件的破坏形态、冲击力、支座反力、跨中位移、整体变形耗能能力等性能。Zhang 等[117]通过单摆系统的重锤冲击试验,对采用比例模型的 5 节段、7 节段及整体桥墩进行了位移分析。结果表明:节段拼装桥墩在冲击作用下,相邻节段会出现开口;节段数目越多,由于节段间开口的存在,构件越有弹性。Choi 等[118]通过对双向预应力混凝土板的爆炸试验,对比并校准了有限元模型。

Li J. 等[119]通过数值模拟的方法,研究了在爆炸荷载作用下预制 5 节段、7 节段及整体柱的动力响应。模拟表明:由于节段间的开口以及相对滑移,增加节段数目能提升柱的抗爆性能,剪力键的设置也可以提升一定的抗爆性能。Chen 等[120]对预应力混凝土梁进行了数值模拟,通过施加初始变形等效预应力的方法,在验证模拟可靠性的基础上,研究了不同预应力度对梁的影响。

Fan Y.[121]通过将弹黏塑性速率敏感模型与改进的分层截面结合的方法,基于等效的单自由度系统,提出一种理论方法来预测外部预应力钢筋混凝土(Externally Prestressed Concrete,EPC)梁受到爆炸荷载的动态响应,并讨论了 3 个关键参数——常规配筋率、预应力配筋率和跨度深度比对 EPC 梁的爆炸动态响应。Moreira 等[122]采用 Euler-Bernoulli 非线性平面框架单元和总拉格朗日方法建模,考虑了无黏结内筋的预应力混凝土梁的物理和几何非线性,建立了理论分析模型。

从总体上看,理论分析法、试验法和数值模拟法是研究基本构件爆炸响应和损伤的常用方法,当前研究不可否认已取得阶段性成果,但是在我国现有规范中应用较少,在工程中也缺少实践应用。因此,为了构建更加全面的系统抗爆研究,需要全面了解爆炸荷载特性、动态材料特性、构件损伤机理、结构的动态响应预测、结构连续倒塌、破坏评估方法、爆炸防护措施、抗爆性能提升方法等,致力于完善构件抗爆知识体系,健全结构抗爆系统研究。结合目前的研究背

景及研究现状,作者认为装配式桥墩在爆炸冲击作用下的研究可以从以下三个方面来考虑:

(1)试验研究方面。由于目前针对爆炸冲击荷载作用下装配式桥墩的相关试验研究较少,因此桥墩所受冲击荷载的测试数据也不全面,影响桥墩冲击荷载的各种参数尚不明确,而且桥墩受爆的试验方法还存在不同方面的问题,相关测试缺乏成熟简便的动力试验方法,需要进行充足的实桥爆炸试验,获取实爆数据,并对比分析装配式桥墩的破坏模式和损伤机理与整体式现浇构件的差别,建立不同形式的装配式桥墩冲击波反射超压相关公式,并基于试验探索爆炸荷载作用下装配式桥墩的防护技术措施等。

(2)理论分析方面。包括对爆炸冲击作用下钢、混凝土等材料在大变形、高应变率下本构关系的研究,优化材料模型参数,确定数值模拟各项控制参数,为后续开展数值模拟分析奠定基础;确定装配式构件在爆炸荷载下的简化计算模型,采用一些简单指标鉴定结构或构件的受爆损伤程度,确定装配式钢筋混凝土桥墩爆炸损伤程度评定方法,制定相关抗爆设计规范。

(3)数值模拟方面。确定目前预制节段拼装桥墩可能出现的不同爆炸冲击作用,结合数值模拟分析,针对不同的爆炸模式研究其爆炸损伤,以便于规范以后爆炸冲击作用等级的确定;针对不同的预制节段拼装桥墩,结合有限元分析技术,研究其中几个关键因素对其爆炸动态响应的影响,包括节段长细比、初始预应力水平、桥墩的结构体系、剪力键耗能装置等。

1.5 本章小结

本章首先分析了当前我国社会发展所面临的公路交通压力大、公路桥梁建设需求较大的问题。之前常采用的传统桥梁施工技术具有建造工期长、对周边交通影响大、建设成本高、工程质量和环境效益差等弊端,且无法满足当今社会发展要求;桥梁预制装配式技术采用工厂统一浇筑、预制、养护,待养护完毕后运至施工现场进行安装,可大大规避传统桥梁施工技术所存在的一些问题,可很好地满足当今社会的发展需求,近年来在国内外的一些实际工程中有所应用。近些年来,桥梁预制装配式技术在桥梁的上部结构(主梁等)中已得到广泛应用,但其在下部结构(桥墩等)中还应用较少,国内外一些国家及地区为了推进桥梁预制装配式技术在桥墩中的应用,陆续编制了关于装配式桥墩设计和施工的详尽手册以指导工程实践,从而涌现出一大批采用装配式桥墩的实际工程项目。装配式桥墩在运营过程中可能受到极端荷载的作用(如地震作用、爆炸冲击荷载等)并产生严重损伤甚至倒塌,但目前还没有针对装配式桥墩的抗震和抗爆性能的系统性研究,不利于此类桥墩在极端荷载条件下的安全性,将限制其进一步推广和应用。因此本书对装配式桥墩的抗震性能和抗爆性能展开了系统性的深入研究。

本书可分为五部分:

第一部分:针对当前采用不同连接形式的装配式桥墩所存在的问题,提出了一种新型混合装配式桥墩。首先具体阐述了该新型混合装配式桥墩的抗震设计理念,并基于性能的抗震设计思想,提出了混合体系装配式桥墩的抗震性能等级和性能目标。在此基础上,从试验、理论分析和数值模拟的角度对混合体系装配式桥墩开展系统性深层次研究。通过开展试验研究不同连接形式的桥墩(整体现浇桥墩、混合体系装配式桥墩、预制节段拼装桥墩)的抗震性能及损伤演化机理;通过理论分析推导出混合体系装配式桥墩抗震性能的解析计算方法;利用有限元分析软件建立不同连接形式装配式桥墩的纤维单元有限元模型,并对关键参数对其抗震性能的影响进行参数敏感性分析,从而对混合体系装配式桥墩的抗震性能开展了系统性的研究。

第二部分:基于已有预制节段拼装桥墩抗震性能试验研究得知桥墩在地震作用下的损伤主要集中在底部节段的塑性铰区域,为了提高装配式桥墩的抗震性能并减轻其在地震作用下的损伤程度,提出在受力明显的底部节段采用超高性能纤维增强混凝土(Ultra High Performance Fibre Reinforced Concrete,UHPFRC)代替普通混凝土,通过对不同设置方式的预制节段拼装桥墩试件进行拟静力试验研究其抗震性能。在此基础上,通过数值模拟方法建立桥墩试件的三维实体单元有限元模型,并研究不同设计参数对预制拼装桥墩的抗震性能的影响。基于此,对震后装配式桥墩进行了修复和加固,对修复加固后桥墩的抗震性能开展相关研究。

第三部分:为了进一步推进预制节段拼装桥墩在中、高地震区的应用,须对其在地震作用下的损伤破坏机理有相对深入的研究,但是由于目前针对预制节段拼装桥墩的损伤机理研究还尚未明确,因此非常有必要阐明预制节段拼装桥墩在地震作用下的抗震性能特点和损伤破坏机理,建立适用于预制节段拼装桥墩抗震性能特点和损伤破坏机理的地震损伤模型。本部分首先通过有限元分析软件建立预制节段拼装桥墩的有限元模型,通过分析不同设计参数的预制节段拼装桥墩在地震作用下的性能水平和材料的损伤发展特点,揭示出预制节段拼装桥墩的地震损伤演化规律。在此基础上,基于预制节段拼装桥墩的地震损伤破坏机理和抗震性能特点,提出适用于预制节段拼装桥墩的地震损伤模型。基于此,对采用预制节段拼装桥墩的连续梁桥开展地震易损性研究。

第四部分:桥梁是关键的交通枢纽,桥墩作为桥梁的一个重要部分,其在运行的过程中也会受到爆炸冲击荷载的作用,造成桥梁损伤或倒塌从而引起巨大的经济损失。为了减小爆炸所造成的损失并促进装配式桥墩的应用,须开展装配式桥墩在爆炸冲击荷载作用下的抗爆性能研究。本部分首先基于 ANSYS/LS-DYNA 建立圆形截面预制节段拼装桥墩的三维实体分离式模型,通过参照试验的实测数据来验证该三维分离式模型的准确性。在此基础上,讨论了节段数目、比例距离、桥墩体系和爆心高度等关键设计变量对圆形截面节段拼装桥墩冲击波反射超压的影响。通过对爆炸冲击作用下整体现浇桥墩(又称"整体式桥墩")和节段拼装桥墩反射超压分布对比分析,研究此类节段拼装桥墩反射超压分布规律及其简化计算方法,可为今后节段拼装桥墩的研究与抗爆设计提供计算依据。

第五部分:装配式桥墩在爆炸冲击荷载作用下出现损坏,但其在爆炸冲击荷载作用下的损伤演化机理还不清晰,因此非常有必要对装配式桥墩在爆炸冲击荷载作用下的损伤演化机理开展系统性研究,在此基础上,对其损伤程度进行合理评估。本部分采用 ANSYS/LS-DYNA 建立预制节段拼装桥墩受爆的三维实体分离式模型。通过与已有试验结果的对比分析,验证了该模拟方法的可靠性。基于该模型,研究了爆炸冲击作用下节段长细比、初始预应力水平及桥墩体系对圆形截面预制拼装桥墩动态响应与损伤的影响规律,进一步对比整体式桥墩与节段拼装桥墩损伤,研究了两者的破坏机理,并对两种桥墩的损伤提出了损伤评估方法和评估指标。

本章参考文献

[1] 交通运输部. 2021年交通运输行业发展统计公报[EB/OL]. 2022年5月25日. https://www.chinahighway.com/article/65393930.html.

[2] 交通运输部. 2015年交通运输行业发展统计公报[EB/OL]. 2016年5月9日. https://xxgk.mot.gov.cn/2020/jigou/zhghs/202006/t20200630_3319677.html.

[3] 宋博,赵民. 论城市规模与交通拥堵的关联性及其政策意义[J]. 城市规划,2011,35(6):21-27.

[4] 张世平. 考虑施工交通组织的桥梁改扩建方案设计——沪宁高速公路(江苏段)扩建工程[J]. 中外公路,2008,28(2):202-206.

[5] 晁阳,张晴悦. 星火路违停只拖移不贴条 施工围挡首日道路拥堵[EB/OL]. 2016年7月14日. 陕西传媒网,http://www.sxdaily.com.cn/n/2016/0714/c324-5935108-2.html.

[6] Anagnostopoulou M, FILIATRAULT A, AREF A. Seismic design and analysis of a precast segmental concrete bridge model[R]. State University of New York at Buffalo: Multidisciplinary Center for Earthquake Engineering Research, 2011.

[7] Hällmark R, White H, Collin P. Prefabricated bridge construction across Europe and America[J]. Practice Periodical on Structural Design & Construction, 2012, 17(3):82-92.

[8] 张立青. 节段预制拼装法建造桥梁技术综述[J]. 铁道标准设计,2014,58(12):63-66,75.

[9] Culmo M P. Accelerated bridge construction-experience in design, fabrication and erection of prefabricated bridge elements and systems[R]. Washington, D. C.: Federal Highway Administration, 2011.

[10] 项贻强,郭树海,陈政阳,等. 快速施工桥梁技术及其研究[J]. 中国市政工程,2015(4):28-32,35,99.

[11] 德克巴. NCHRP有关震区快速桥梁施工技术的研究[J]. 西南公路,2015(1):38-41.

[12] Tazarv M. Next generation of bridge columns for accelerated bridge construction in high seismic zones[D]. Reno, Nevada, USA: University of Nevada, Reno, 2014:108-113.

[13] Culmo M P. Connection details for prefabricated bridge elements and systems[R]. Washington, D. C.: Federal Highway Administration, 2009.

[14] Beerman B. National Perspective on ABC Implementation[EB/OL]. 2016年2月. Washington DOT, 2015. https://abc-utc.fiu.edu/wp-content/uploads/sites/52/2016/02/WSDOT_1-1-Beerman_FHWA-National-Update.pdf.

[15] Billington S L, Barnes R W, Breen J E. A precast segmental substructure system for standard bridges[J]. Pci Journal, 1999, 44(4):56-73.

[16] Wacker J M. Design of precast concrete piers for rapid bridge construction in seismic regions[R]. Washington State Transportation Center (TRAC). Final Research Report, WA-RD 629.1, 2005.

[17] 葛继平,王志强,李建中,等. 装配式预应力混凝土双柱桥墩抗震性能研究进展[J]. 地震

工程与工程振动,2013,33(3):192-198.

[18] 沈佳伟,魏红一,王志强,等.预制拼装框架墩抗震性能试验研究现状和建议[J].上海建设科技,2015(5):64-66.

[19] 魏红一,肖纬,王志强,等.采用套筒连接的预制桥墩抗震性能试验研究[J].同济大学学报(自然科学版),2016,44(7):1010-1016.

[20] 王震,王景全.预应力节段预制拼装桥墩抗震性能研究综述[J].建筑科学与工程学报,2016,33(6):88-97.

[21] 四川在线-华西都市报.直击:成绵乐铁路客运专线施工建设现场(组图)[EB/OL].http://sc.sina.com.cn/news/c/2010-07-12/104694823.html.

[22] 四川在线-天府早报.整个二环路的桥墩造型达20多种[EB/OL].http://sc.sina.com.cn/news/b/2012-09-13/091026527_2.html.

[23] 深圳特区报.港珠澳大桥首个桥墩运往施工水域[EB/OL](2013-06-19)http://news.ifeng.com/gundong/detail_2013_06/19/26554979_0.shtml.

[24] Stocking A W. A new paradigm:precast bridge elements in ABC[EB/OL].2015年11月.National Precast Concrete Association, 2015. http://precast.org/2015/11/a-new-paradigm-precast-bridge-elements-in-abc/.

[25] Shay Murtagh Precast. Bowden View Bridge Piers (1014) with carillion[EB/OL].2011年6月.http://www.shaymurtagh.ie/2011/06/bowden-view-bridge-piers-1014-with-carillion/.

[26] 中华人民共和国住房和城乡建设部.城市桥梁抗震设计规范:CJJ 166—2011[S].北京:中国建筑工业出版社,2011.

[27] Barthes C B. Design of earthquake resistant bridges using rocking columns[J]. Dissertations & Theses, Gradworks, 2012.

[28] 杜修力,韩强.桥梁抗震研究若干进展[J].地震工程与工程振动,2014,34(4):1-14.

[29] 王景全,王震,高玉峰,等.预制桥墩体系抗震性能研究进展:新材料、新理念、新应用[J].工程力学,2019,36(3):1-23.

[30] Tobias D H, Bardow A K, Dekelbab W, et al. Multihazard extreme event design for accelerated bridge construction[J]. Practice Periodical on Structural Design & Construction, 2014, 19(2):02514001.

[31] National Academies of Sciences, Engineering, and Medicine,Transportation Research Board, National Cooperative Highway Research Program. Application of Accelerated Bridge Construction Connections in Moderate-to-High Seismic Regions[M]. National Academies Press:2011-09-07.

[32] AASHTO LRFDSEIS-2011. AASHTO Guide specifications for LRFD Seismic Bridge Design (2nd Edition; Includes 2015 Interim Revisions)[S]. 2015.

[33] 中华人民共和国交通运输部.公路桥梁抗震设计规范:JTG/T 2231-01—2020[S].北京:人民交通出版社股份有限公司,2020.

[34] 司炳君,张明生,孙治国,等.竖向配预应力钢筋混凝土桥墩抗震性能研究综述[J].世界地震工程,2012,28(3):120-125.

[35] Sakai J, MAHIN S A. Analytical investigations of new methods for reducing residual Research Center[D]. College of Engineering, University of California, Berkeley, 2004.

[36] Sakais J, MAHIN S A. Mitigation of residual displacements of circular reinforced concrete bridge columns[J]. Proceeding of the 13th World Conference on Earthquake Engineering, Vancouver, B. C. , Canada, 2004:1-13.

[37] Kwan W P, Billington S L. Unbonded posttensioned concrete bridge piers, I: monotonic and cyclic analyses[J]. Journal of Bridge Engineering, 2003, 8(2):92-101.

[38] Kwan W P, Billington S L. Unbonded posttensioned concrete bridge piers, II: seismic analyses[J]. Journal of Bridge Engineering, 2003, 8(2):102-111.

[39] Lee W, Jeong H, Billington S, et al. Post-tensioned structural concrete bridge piers with self-centering characteristics[C]// Research Frontiers at Structures Congress, 2007.

[40] Hewes J T. Seismic design and performance of precast concrete segmental bridge columns[D]. San Diego: University of California, 2002.

[41] Chou C C, Chen Y C. Cyclic tests of post-tensioned precast CFT segmental bridge columns with unbonded strands[J]. Earthquake Engineering and Structural Dynamics, 2006, 35: 159-175.

[42] Motaref S, Saiidi M, Sanders D. Shake table studies of energy-dissipating segmental bridge columns[J]. Journal of Bridge Engineering, 2014, 19(2): 186-199.

[43] ElGawady M, Booker A J, Dawood H M. Seismic behavior of posttensioned concrete-filled fiber tubes[J]. Journal of Composites for Construction, 2010, 14(5): 616-628.

[44] Guerrini C, Restrepo J I, Massari M, et al. Seismic behavior of posttensioned self-centering precast concrete dual-shell steel columns[J]. Journal of Structural Engineering, 2015, 141(4): 04014115.

[45] Ou Y C, Wang P H, Tsai M S, et al. Large-scale experimental study of precast segmental unbonded posttensioned concrete bridge columns for seismic regions[J]. Journal of Structural Engineering, 2010, 136(3): 255-264.

[46] 葛继平,王志强. 干接缝节段拼装桥墩振动台试验研究[J]. 工程力学,2011,28(9): 122-128.

[47] 布占宇,唐光武. 无黏结预应力带耗能钢筋预制节段拼装桥墩抗震性能研究[J]. 中国铁道科学,2011,32(3):33-40.

[48] Roh H, Ou Y C, Kim J, et al. Effect of yielding level and post-yielding stiffness ratio of ED bars on seismic performance of PT rocking bridge piers[J]. Engineering Structures, 2014, 81: 454-463.

[49] Moon D Y, Roh H, Cimellaro G P. Seismic performance of segmental rocking columns connected with NiTi Martensitic SMA bars[J]. Advances in Structural Engineering, 2015, 18(4): 571-584.

[50] ElGawady M A, Sha'lan A. Seismic behavior of self-centering precast segmental bridge bents[J]. Journal of Bridge Engineering, 2011, 16(3): 328-339.

[51] Guo T, Cao Z, Xu Z, et al. Cyclic load tests on self-centering concrete pier with external dissipators and enhanced durability[J]. Journal of Structural Engineering, 2016, 142(1): 04015088.

[52] Li C, Bi K, Hao H, et al. Cyclic test and numerical study of precast segmental concrete columns with BFRP and TEED[J]. Bulletin of Earthquake Engineering, 2019, 17(6): 3475-3494.

[53] Billington S L, Yoon J K. Cyclic response of unbonded posttensioned precast columns with ductile fiber-reinforced concrete[J]. Journal of Bridge Engineering, 2004, 9(4): 353-363.

[54] Trono W, Jen G, Panagiotou M, et al. Seismic response of a damage-resistant recentering posttensioned-HYFRC bridge column[J]. Journal of Bridge Engineering, 2015, 20(7): 04014096.

[55] Cruz N C, Saiidi M. Performance of advanced materials during earthquake loading tests of a bridge system[J]. Journal of Structural Engineering, 2013, 139(1): 144-154.

[56] Motaref S, Saiidi M, Sanders D. Shake table studies of energy-dissipating segmental bridge columns[J]. Journal of Bridge Engineering, 2014, 19(2): 186-199.

[57] Ichikawa S, Matsuzaki H, Moustafa A, et al. Seismic-resistant bridge columns with ultra-high performance concrete segments[J]. Journal of Bridge Engineering, 2016, 21(9): 04016049.

[58] Ibrahim A, Wu Z, Fahmy M, et al. Experimental study on cyclic response of concrete bridge columns reinforced by steel and basalt FRP reinforcements[J]. Journal of Composites for Construction, 2016, 20(3): 04015062.

[59] Shrestha K C, Saiidi M S, Cruz C A. Advanced materials for control of post-earthquake damage in bridges[J]. Smart Materials and Structures, 2015, 24(2): 025035.

[60] Hosseini F, Gencturk B, Lahpour S, et al. An experimental investigation of innovative bridge columns with engineered cementitious composites and Cu-Al-Mn super-elastic alloys[J]. Smart Materials and Structures, 2015, 24(8): 085029.

[61] Haraldsson O S, Janes T M, Eberhard M O, et al. Seismic resistance of socket connection between footing and precast column[J]. Journal of Bridge Engineering, 2013, 18(9): 910-919.

[62] Wang Z, Ge J, Wei H. Seismic performance of precast hollow bridge piers with different construction details[J]. Frontiers of Structural and Civil Engineering, 2014, 8(4): 399-413.

[63] Ou Y C, Oktavianus Y, Tsai M S. An emulative precast segmental concrete bridge column for seismic regions[J]. Earthquake Spectra, 2013, 29(4): 1441-1457.

[64] Kim D H, Moon D Y, Kim M K, et al. Experimental test and seismic performance of partial precast concrete segmental bridge column with cast-in-place base[J]. Engineering Structures, 2015, 100: 178-188.

[65] Mehrsoroush A, Saiidi M S. Cyclic response of precast bridge piers with novel column-base pipe pins and pocket cap beam connections[J]. Journal of Bridge Engineering, 2016, 21(4): 04015080.

[66] 王军文,张伟光,李建中. 预应力混凝土空心墩拟静力试验与数值分析[J]. 桥梁建设, 2015, 45(3): 63-69.

[67] Kim H S, Chin W J, Cho J R, et al. An experimental study on the behavior of shear keys ac-

cording to the curing time of UHPC[J]. Engineering, 2015, 7(4): 212-218.

[68] Park Y J, Ang A S. Mechanistic seismic damage model for reinforced concrete[J]. Journal of Structural Engineering, 1985, 111(4): 722-739.

[69] Kumar S, Usami T. Damage evaluation in steel box columns by cyclic loadingtests[J]. Journal of Structural Engineering, 1996, 122(6): 626-634.

[70] Chai Y H, Romstad K M, Bird S M. Energy-based linear damage model for high intensity seismic loading[J]. Journal of Structural Engineering, 1995, 121(5): 857-864.

[71] 王东升, 冯启民, 王国新. 考虑低周疲劳寿命的改进Park-Ang地震损伤模型[J]. 土木工程学报, 2004(11): 41-49.

[72] 罗文文, 李英民, 韩军. 考虑加载路径影响的改进Park-Ang损伤模型[J]. 工程力学, 2014, 31(7): 112-118.

[73] 任继勤, 张简宁, 冀宣齐. 国内外危化品运输事故对比研究[J]. 化工管理, 2020(1): 1-3.

[74] 朱新明, 蒋志刚, 白志海. 交通恐怖袭击特点及反恐措施研究[J]. 国防交通工程与技术, 2011, 9(1): 4-7, 31.

[75] Bigs J M. Introduction to structure dynamics[M]. New York: McGraw-Hill Incorporated, 1964.

[76] 倪振华. 振动力学[M]. 西安: 西安交通大学出版社, 1994.

[77] Tuler F, Butcher B. A criterion for the time dependence of dynamic fracture[J]. International Journal of Fracture Mechanics, 1968, 4(4): 431-437.

[78] 邓荣兵, 金先龙, 陈向东, 等. 爆炸冲击波作用下桥梁损伤效应的数值仿真[J]. 上海交通大学学报, 2008(11): 1927-1930.

[79] 张开金. 爆炸荷载作用下混凝土桥梁的损伤特性研究[D]. 西安: 长安大学, 2009.

[80] 朱劲松, 邢扬. 爆炸荷载作用下城市桥梁动态响应及其损伤过程分析[J]. 天津大学学报(自然科学与工程技术版), 2015(6): 510-519.

[81] Suthar K N. The effect of dead load, live and blast loads on a suspension bridge[D]. Maryland: University of Maryland, 2007.

[82] Tang E K C, Hao H. Numerical simulation of a cable-stayed bridge response to blast loads, Part Ⅰ: model development and response calculations[J]. Engineering Structures, 2010, 32(10): 3180-3192.

[83] Hao H, Tang E K C. Numerical simulation of a cable-stayed bridge response to blast loads, Part Ⅱ: damage prediction and FRP strengthening[J]. Engineering Structures, 2010, 32(10): 3193-3205.

[84] Hashemi S K, Bradford M A, Valipour H R. Dynamic response of cable-stayed bridge under blast load[J]. Engineering Structures, 2016, 127: 719-736.

[85] Pan Y, Ventura C E, Cheung M M S. Performance of highway bridges subjected to blast loads[J]. Engineering Structures, 2017, 151: 788-801.

[86] Wang W, Liu R, Wu B. Analysis of a bridge collapsed by an accidental blast loads[J]. Engineering Failure Analysis, 2014, 36: 353-361.

[87] 匡志平, 杨秋华, 崔满. 爆炸荷载下钢筋混凝土梁的试验研究和破坏形态[J]. 同济大学

学报(自然科学版),2009(9):1153-1156.

[88] Zhang D, Yao S, Lu F, et al. Experimental study on scaling of RC beams under close-in blast loading[J]. Engineering Failure Analysis, 2013,33:497-504.

[89] Yan B, Liu F, Song D, et al. Numerical study on damage mechanism of RC beams under close-in blast loading[J]. Engineering Failure Analysis, 2015,51:9-19.

[90] Liu Y, Yan J, Huang F. Behavior of reinforced concrete beams and columns subjected to blast loading[J]. Defence Technology, 2018,14(5):550-559.

[91] Krauthammer T, Shahriar S, Shanaa H M. Response of reinforced concrete elements to severe impulsive loads[J]. Journal of Structural Engineering, 1990,116(4):1061-1079.

[92] 方秦,柳锦春,张亚栋,等. 爆炸荷载作用下钢筋混凝土梁破坏形态有限元分析[J]. 工程力学,2001(2):1-8.

[93] 陈力,方秦,还毅,等. 强动载作用下钢-筋混凝土梁破坏模式的有限元分析[J]. 北京工业大学学报,2008(6):580-585.

[94] 杨涛春,李国强. 接触爆炸荷载下钢-混凝土组合梁的破坏模式研究[J]. 结构工程师,2009(1):34-40.

[95] Qu Y, Li X, Kong X, et al. Numerical simulation on dynamic behavior of reinforced concrete beam with initial cracks subjected to air blast loading[J]. Engineering Structures, 2016, 128: 96-110.

[96] Zhang C, Gholipour G, Mousavi A A. Nonlinear dynamic behavior of simply-supported RC beams subjected to combined impact-blast loading[J]. Engineering Structures, 2019, 181: 124-142.

[97] 田力,朱运华. 冲击波和破片联合作用下 RC 柱的损伤分析[J]. 建筑科学与工程学报,2017(2):64-70.

[98] Li J, Hao H. Numerical study of concrete spall damage to blast loads[J]. International Journal of Impact Engineering, 2014, 68:41-55.

[99] Kyei C, Braimah A. Effects of transverse reinforcement spacing on the response of reinforced concrete columns subjected to blast loading[J]. Engineering Structures, 2017, 142:148-164.

[100] Thai D, Kim S. Numerical investigation of the damage of RC members subjected to blast loading[J]. Engineering Failure Analysis, 2018, 92:350-367.

[101] Burrell R P, Aoude H, Murat S. Response of SFRC columns under blast loads[J]. Journal of Structural Engineering, 2015, 141(9):4014209.1-4014209.15.

[102] 李国强,瞿海雁,杨涛春,等. 钢管混凝土柱抗爆性能试验研究[J]. 建筑结构学报,2013(12):69-76.

[103] Li J, Wu C, Hao H. An experimental and numerical study of reinforced ultra-high performance concrete slabs under blast loads[J]. Materials & Design, 2015, 82:64-76.

[104] Yao S, Zhang D, Chen X, et al. Experimental and numerical study on the dynamic response of RC slabs under blast loading[J]. Engineering Failure Analysis, 2016, 66:120-129.

[105] Li J, Wu C, Hao H, et al. Experimental and numerical study on steel wire mesh reinforced

concrete slab under contact explosion[J]. Materials & Design,2017,116:77-91.

[106] Zhou X Q,Kuznetsov V A,Hao H,et al. Numerical prediction of concrete slab response to blast loading[J]. International Journal of Impact Engineering,2008,35(10):1186-1200.

[107] 徐坚锋. CFRP 钢管混凝土柱抗爆动力响应研究[D]. 西安:长安大学,2014.

[108] 张宇,李国强,陈可鹏,等. 桥梁结构抗爆安全评估研究进展[J]. 爆炸与冲击,2016(1):135-144.

[109] E B W. Blast-resistant highway bridges:design and detailing guidelines[R]. 2010.

[110] Yuan S,Hao H,Zong Z,et al. A study of RC bridge columns under contact explosion[J]. International Journal of Impact Engineering,2017,109:378-390.

[111] 宗周红,唐彪,高超,等. 钢筋混凝土墩柱抗爆性能试验[J]. 中国公路学报,2017,30(9):51-61.

[112] Williams G,Holland C,Williamson E,et al. Blast-resistant highway bridges:design and detailing guidelines[J]. Structures Under Shock and Impact,2008,98:75-83.

[113] Winget D G,Marchand K A,Williamson E B. Analysis of blast loads on substructures[C]// Proceedings of structures under shock and impact,2004.

[114] Rutner M,Astaneh-asl A,Son J. Blast resistant performance of steel and composite bridge piers[C]// Protection of Bridge Piers Against Blast for the 6th Japanese German Bridge Symposium,Munich,2005.

[115] 王勇楠. 钢管混凝土墩柱 CFRP 抗爆加固研究[D]. 济南:山东建筑大学,2016.

[116] 闫秋实,邵慧芳,李亮. 冲击荷载作用下装配式钢筋混凝土梁力学性能研究[J]. 工程力学,2017(4):196-205.

[117] Zhang X,Hao H,Li C. Experimental investigation of the response of precast segmental columns subjected to impact loading[J]. International Journal of Impact Engineering,2016,95:105-124.

[118] Choi J,Choi S,Kim J J,et al. Evaluation of blast resistance and failure behavior of prestressed concrete under blast loading[J]. Construction and Building Materials,2018,173:550-572.

[119] Li J,Hao H,Wu C. Numerical study of precast segmental column under blast loads[J]. Engineering Structures,2017,134:125-137.

[120] Chen W,Hao H,Chen S. Numerical analysis of prestressed reinforced concrete beam subjected to blast loading[J]. Materials & Design (1980-2015),2015,65:662-674.

[121] Fan Y,Chen L,Fang Q,et al. Blast resistance of externally prestressed RC Beam:a theoretical approach[J]. Engineering Structures,2019,179:211-224.

[122] Moreira L S,Sousa J B M,Parente E. Nonlinear finite element simulation of unbonded prestressed concrete beams[J]. Engineering Structures,2018,170:167-177.

第 2 章　混合体系装配式桥墩的抗震性能

目前已针对采用不同连接方式的装配式桥墩开展了一些试验和理论研究。采用这些连接方式后，装配式桥墩虽然具有良好的抗震性能，但其连接构造设计与力学分析的复杂性、理论分析和数值分析模型建立的难易性、施工简便性、造价等仍存在一些问题，需提出一种具有新型连接构造的装配式桥墩，要求其抗震性能优异、设计思路与受力明确、施工简便、造价经济，便于对其开展理论分析和数值分析，因而一种新型的混合体系装配式桥墩应运而生。

本章提出了一种将整体现浇桥墩与预制节段拼装桥墩两者优势相结合的新型混合体系装配式桥墩，兼具耗能能力强、自复位能力强和损伤可控的特点，具有很好的应用前景，并对其抗震设计理念进行了具体阐述。参考国内外规范和已有相关研究，从理论分析角度对混合体系装配式桥墩的抗震性能目标进行分析，并基于性能的抗震设计思想，提出了混合体系装配式桥墩的抗震性能等级和性能目标。在此基础上，从试验、理论分析和数值模拟的角度对混合体系装配式桥墩开展系统性深层次的研究。通过对不同连接形式的装配式桥墩开展试验研究来深入探究不同类型桥墩的抗震性能和损伤破坏机理等；基于此，通过理论分析给出混合体系装配式桥墩抗震性能的解析计算方法；最后，再通过 OpenSees 有限元分析软件建立不同类型装配式桥墩的数值模型，并与试验结果进行对比，基于此，对混合体系装配式桥墩进行关键参数分析，旨在研究这些关键参数（轴压比、底部节段纵筋配筋率、底部节段高度等）对此类型桥墩抗震性能的影响，为今后相近类型的预制节段拼装桥墩抗震设计与研究提供参考。

2.1　混合体系装配式桥墩设计理念与抗震性能目标

2.1.1　混合体系装配式桥墩设计理念

对于整体现浇桥墩[图 2-1a)]，地震作用下其墩柱可形成塑性铰，通过塑性铰机制来耗散能量，但震后残余位移较大。考虑当前桥梁延性抗震设计理论应用广泛，工程师能够使用现有规范中的设计方法和建议参数来进行抗震设计，如墩柱强度和变形验算中的弯矩、剪力计算系数等。此设计理论及方法较为成熟，可较准确计算结构强度要求和相应尺寸。

预制节段拼装桥墩[图 2-1b)]具有自复位能力强、残余位移小等优点，但其滞回耗能能力相对较差。并且，预制节段拼装桥墩结构复杂，体系不确定性和技术难点多，导致传统墩柱设计施工规范中的相关规定无法适用于此类桥墩体系。为了应对此问题，工程实践中常对预制节段拼装桥墩采取弹性设计，以避免地震作用下墩柱混凝土受拉边缘出现拉应力，防止节段接缝发生开合现象。但弹性设计需要设计较大的墩柱截面来满足性能要求，从而增加结构材料用量及造价[1]。

在以往研究[1-2]的基础上,本书考虑一种采用混合体系的装配式桥墩结构[图 2-1c)],采用多个预制混凝土节段,通过截面中心配置的体外预应力束连接,但底部节段与承台一同浇筑,以期在地震作用下形成塑性铰,耗散地震能量,而墩柱上部仍采用预制节段拼装技术,构造特点如图 2-2 所示。

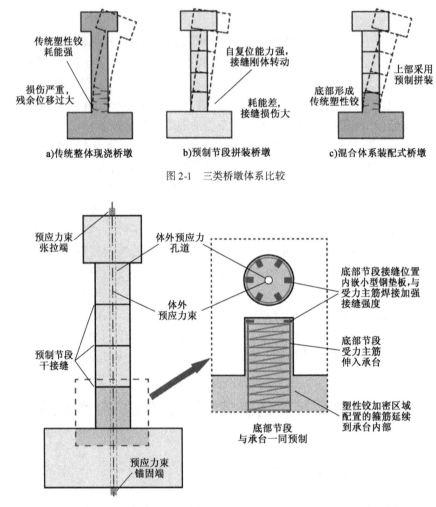

图 2-2 本书提出的混合体系构造特点

地震作用下混合体系装配式桥墩与整体现浇桥墩主要破坏区域均为墩柱底部,但二者在抗震机理上有明显差异:一是前者可利用底部节段塑性铰机制和其上方接缝张开闭合行为来共同抵抗地震作用,而整体现浇桥墩主要依靠底部塑性铰机制抗震;二是前者通过竖向配置后张法预应力束将各节段连接,较大提升了其自复位能力,减小了其残余位移。鉴于这些差异,有必要对混合体系装配式桥墩的抗震性能开展深入研究。

2.1.2 混合体系装配式桥墩抗震性能目标

我国《公路桥梁抗震设计规范》(JTG/T 2231-01—2020)[3]和《铁路工程抗震设计规范》(GB

50111—2006)[4]采用单一设防标准、一阶段设计的方法。在具体操作上主要针对设计水平的地震,按照结构自身的荷载-位移特性选取相应的性能系数对设计反应谱进行折减,并从强度和位移两个方面对结构进行设计和验算;对于小震下的正常使用性能不做验算,认为其自动满足。

然而,《建筑抗震设计规范》(GB 5011—2010)[5]则采用了三水准设防、两阶段设计方法,即"小震不坏、中震可修、大震不倒",第一阶段取第一水准的地震动参数计算结构的弹性地震作用标准值和相应的地震作用效应,进行构件截面的承载力验算;第二阶段设计采取第三水准的地震动参数进行结构薄弱部位的弹塑性层间变形验算,并采取相应的构造措施。《公路桥梁抗震设计规范》(JTG/T 2231-01—2020)[3]以及《城市桥梁抗震设计规范》(CJJ 166—2011)[6]分别给出了两个等级的地震动参数,即E1地震作用和E2地震作用,进行两个阶段的抗震设计。

然而,美国Loma Prieta(1989年)地震和Northridge(1994年)地震、日本阪神大地震(1995年)的震害表明,基于不倒塌的抗震设计在保护生命安全方面还是比较有效的,但难以避免巨大的经济损失。因此,美国学者提出了基于性能的抗震设计思想(Performance-based Design Philosophy),而且越来越多的学者已认同将来的抗震设计应是基于性能的抗震设计。这种思想主要包括以下三个部分:①结构抗震性能等级的定义;②抗震性能目标的选择;③通过正确设计实现性能目标[7]。

1)混合体系装配式桥墩抗震性能等级的定义

抗震性能等级是指结构在满足某一特定设防地震等级需求时,所能够容忍的最大损伤程度。性能等级的定义是桥梁基于性能的抗震设计理论首先需要解决的问题。近年来,装配式结构基于性能的抗震设计研究逐渐成为热点;Kwan和Billington[8]率先提出了针对装配式桥墩的两水准性能等级划分;Wight[9]提出了针对装配式砌体结构的两水准性能等级划分;陈家勇[11]提出了针对装配式桥墩的三水准性能等级划分。

本书参考我国建筑结构抗震设计中"小震不坏、中震可修、大震不倒"三级性能目标的抗震设计理念,结合已有研究成果[10-13],针对所提出的新型混合体系装配式桥墩的潜在破坏特点(塑性铰转动、接缝开合混凝土压溃、预应力屈服等),对其进行三水准划分,如表2-1所示。

混合体系装配式桥墩性能水准等级的划分　　　　　表2-1

三水准性能等级	混合体系装配式桥墩墩柱各构件状态	使用功能
性能目标Ⅰ(小震)	预制墩柱轻微破坏,预制墩柱发生一定程度的破坏	正常使用
性能目标Ⅱ(中震)	接缝位置出现裂缝甚至压碎现象,预制墩柱发生严重破坏	修复后可正常使用
性能目标Ⅲ(大震)	塑性铰区域和接缝位置受损严重,预应力束发生屈服,预应力损失严重	严重的使用隐患

(1)性能目标Ⅰ(小震)

混合体系装配式桥墩盖梁、承台、墩柱发生轻微破坏,体系无须修复可继续使用。在地震过程中与震后,桥墩整体结构使用工程正常。

(2) 性能目标Ⅱ(中震)

混合体系装配式桥墩墩柱发生一定程度的损伤破坏,接缝位置附近出现混凝土裂缝,保护层混凝土发生部分剥落,但是经过一般修复处理仍可继续使用。

(3) 性能目标Ⅲ(大震)

混合体系装配式桥墩的预制墩柱发生严重损伤破坏,塑性铰区核心混凝土压溃;墩柱受拉侧纵筋屈服甚至断裂,混凝土产生大面积裂缝;受压侧纵筋压曲,保护层混凝土压碎、剥落;预应力束进入屈服阶段,预应力发生损失;结构不丧失承载能力,不发生危害安全的倒塌。

2) 混合体系装配式桥墩抗震性能目标的选择

对于装配式桥墩,抗震性能目标可以包含构件材料的性能目标(如特殊位置构件的材料应力和应变限定等)和结构整体的性能目标(如不同水准下的墩顶位移或偏转角、极限状态下墩柱的残余位移限值等)。

根据相关试验[14-15]过程和已有研究成果,可知在一般情况下,混合体系装配式桥墩在地震荷载作用下,塑性铰区的节段接缝将发生开合现象,受拉一侧,受力钢筋将经历屈服、硬化、断裂三个状态;受压一侧,受压边缘混凝土将经历抗压屈服、剥落、压溃三个状态。

针对上述特点,本节选取墩柱受压边缘混凝土压应变、受力主筋拉应变、预应力束应力水平等为材料性能目标,建立与上述三水准性能等级的对应关系。

(1) 性能目标Ⅰ(小震)

混凝土压应变:针对混合体系装配式桥墩,为满足正常使用的最低要求,塑性铰区域墩柱受压一侧保护层混凝土应不发生剥落现象,为此可将混凝土的压应变取为 $\varepsilon_c = 0.004$,一般认为,超过此值,受压区混凝土将发生剥落现象。

受力主筋拉应变:根据文献[16,17]中城市高架桥墩"基本完好"设计水平对应的钢筋拉应变限值,可取 $\varepsilon_s = 0.015$。

(2) 性能目标Ⅱ(中震)

混凝土压应变:此阶段下,可以认为墩柱部分混凝土保护层已经剥落,核心区约束混凝土的极限压应变可根据《公路桥梁抗震设计规范》(JTG/T 2231-01—2020)[3]中式(B.0.2-3)计算,表达式如式(2-1)所示:

$$\varepsilon_{cu} = 0.004 + \frac{1.4\rho_s f_{kh} \varepsilon_{su}^R}{f'_{cc}} \tag{2-1}$$

式中,ε_{cu} 为约束混凝土的极限压应变;ρ_s 为约束钢筋的体积配箍率;f_{kh} 为箍筋抗拉强度标准值(kN/m²);ε_{su}^R 为约束钢筋的折减极限应变,一般可取 0.09;f'_{cc} 为约束混凝土的峰值应力(kN/m²),一般可取混凝土抗压强度标准值的 1.25 倍。根据上一节的数据,可计算出该水准下混凝土压应变的限值约为 $\varepsilon_{cu} = 0.012$。

受力主筋拉应变:根据 ACT-18 研究报告[17]中混凝土桥梁"可恢复性破坏"性能水准下定义的钢筋应变值,可取 0.08 或 2/3 的极限拉应变,此处保守选取 $\varepsilon_s = 0.06$,以防止主筋发生过早的脆性断裂。

(3) 性能目标Ⅲ(大震)

混凝土压应变:根据已有试验结果和震害报告,在墩柱严重破坏阶段,受压核心区约束混凝土极限压应变可取 $\varepsilon_c = 0.018$。

受力主筋拉应变：一般认为，结构倒塌时受力主筋的最大拉应变约为 0.12，此处保守取值 $\varepsilon_s = 0.10$。

预应力束应力水平：为了防止预应力和墩柱自复位能力的损失，在本书提出的混合体系装配式桥墩中，预应力束的应力水平极限值不应进入屈服状态，因此保守选取限值为 80% 的极限抗拉强度标准值。

综上所述，各性能水准下的构件材料性能目标及墩柱整体位移性能目标对应关系可列入表 2-2。其中，墩柱残余变形限值（卸载时，荷载降至零时对应的墩顶位移与墩身有效高度之比）1% 参考日本 JRA 规范(2002)[18] 取值。

混合体系装配式桥墩性能目标限值 表 2-2

三水准性能等级	混凝土压应变 ε_c	受力主筋拉应变 ε_s	约束箍筋拉应变 ε_s^*	预应力束应力水平	墩柱残余变形
性能目标Ⅰ	0.004（保护层）	0.015[16-17]	—	—	—
性能目标Ⅱ	0.012（核心区）[5]	0.06[17]	—	—	—
性能目标Ⅲ	0.018（核心区）	0.10	0.09	80%	1%[18]

2.2 采用不同连接形式的装配式桥墩抗震性能试验

2.2.1 不同连接形式的装配式桥墩试件设计

为了系统性地研究混合体系装配式桥墩的抗震性能，采用拟静力试验方法研究不同连接形式的装配式桥墩的抗震性能。设计了 3 个不同结构体系的桥墩试件，分别是整体现浇式、半预制半现浇式（混合体系装配式）和预制节段拼装式三种形式。

单墩模型试件设计采用统一尺寸，如图 2-3 所示。柱身截面为直径 370mm 的圆，承台几何尺寸为 1200mm×700mm×500mm，加载端几何尺寸为 500mm×500mm×400mm。为方便锚固预应力筋，在承台底部掏空一个 360mm×120mm×120mm 的凹槽。墩顶到加载支座中心距离为 200mm，墩柱有效高度为 1800mm。试件的有效剪跨比为 4.86，三根预应力筋沿加载方向布置，相邻的预应力筋间距为 133mm。

浇筑试件用的商用混凝土强度等级为 C50，混凝土的轴心抗压强度设计值(f_c)为 23.1MPa。纵筋采用直径 12mm 的 HRB400 热轧钢筋，其抗拉强度标准值为 400MPa。箍筋采用 HPB335 光圆钢筋，抗拉强度标准值为 335MPa，直径为 8mm，箍筋间距 80mm，S1 试件塑性铰区和 S2、S3 试件底部节段箍筋间距为 50mm。试件内预应力钢筋采用直径 15.24mm 的 7 股高强度低松弛钢绞线，预应力筋屈服强度和抗拉强度标准值分别达到 1670MPa 和 1860MPa。所有接缝均为干接缝。预应力筋对截面产生的轴压比为 10%，对混凝土产生的压应力为 2.3MPa。各试件的重要参数见表 2-3。

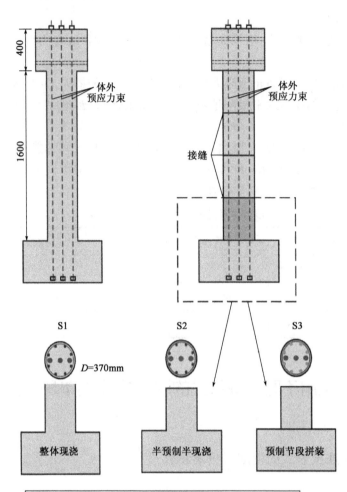

图 2-3 试验整体设计方案(尺寸单位:mm)

各试件的重要参数　　　　　　　　　　　　表 2-3

试件编号	结构体系	预应力(kN)			轴压比（%）	纵筋率（%）	箍筋间距（mm）
		左	中	右			
S1	整体现浇式	75	90	75	10	0.89	80/50
S2	半预制半现浇式	75	90	75	10	0.89	80/50
S3	预制节段拼装式	75	90	75	10	0.89	80/50

2.2.2 试件材料选择及其性能

1）混凝土性能

混凝土采用商用 C50 混凝土，测试力学性能的混凝土与浇筑时的混凝土为同一批次且养护条件相同,测试抗压强度的试件为150mm×150mm×150mm立方体试块。测得的混凝土立方体强度为47.0MPa。测试过程和结果见图2-4及表2-4。

图2-4 混凝土强度测试

混凝土强度测试结果　　　　　　　　　　　　　　　　　表2-4

试块编号	1	2	3	4	5	6
破坏荷载(kN)	1060	1036	1008	1080	1126	1036
抗压强度(MPa)	47.1	46.0	44.8	48.0	50.0	46.0

2)预应力系统

预应力筋选用直径为15.24mm的钢绞线,强度级别为1860MPa。根据出厂检测报告,抽取的6个试件实测抗拉强度达到1960MPa,峰值力达到275kN,屈服力达到250kN,峰值力总伸长率5%,弹性模量200GPa。锚具采用相对应的欧维姆单孔夹片锚具。

2.2.3 桥墩试件制作

1)节段浇筑

装配式桥墩各混凝土构件的主要制作过程如下:

(1)根据图纸设计要求指导工人绑扎钢筋,制作钢筋笼,如图2-5所示。

图2-5 承台及墩身钢筋笼制作

(2)如图 2-6 所示,在各个试件设定好的位置粘贴应变片(包括纵筋应变片和箍筋应变片)时,采取严格的工艺流程:打磨钢筋→用丙酮清洗打磨面→粘贴相应的应变片→涂 703 乳白胶绝缘→防潮→包裹浸有环氧树脂的纱布。

图 2-6　钢筋应变片

(3)立模,包括承台、墩身、加载端模板,并用木模固定预留的各类 PVC 管道(图 2-7)。承台和加载端选用木模板,墩身模板选用内径为 370mm、厚度为 15mm 的供水 PVC 管。

图 2-7　墩身和承台模板

(4)在模板内浇筑混凝土并振捣(图 2-8),预留各类材性试块。

图 2-8　浇筑及振捣

(5)拆除模板,墩身模板采用切割法拆除,按照规范要求对试件和拼装接头进行洒水保湿养护,养护 28d 至设计强度,如图 2-9 所示。

图 2-9　拆下的模板及浇筑好的构件

2)节段拼装

节段拼装工作在浇筑的 40d 后进行,此时混凝土已经达到设计强度。拼装的主要工具为桥式起重机,其特点是可以使挂在吊钩或其他取物装置(吊绳)上的各个桥墩节段在空间实现垂直方向升降或水平方向自由运移。拼装工作主要步骤为:首先将承台吊至指定位置,方便接下来的预应力筋穿设,紧接着在两侧的预应力筋孔道内各放置 φ20mm 的钢筋,用于定位各节段,然后依次吊装各节段和加载端,如图 2-10 所示。为了避免接缝间由于制作误差引起的晃动,拼装过程中在接缝处涂抹约 2mm 厚水泥浆。拼装工作完成后 24h 抽出钢筋,及时穿设钢绞线,准备张拉。

图 2-10　拼装墩身穿设钢绞线

3)预应力筋张拉

预应力筋采用单端张拉,锚固端和张拉端均采用夹片式锚具。张拉千斤顶型号为 YDC240QXB200,编号为 16198,最大作用力 240kN。该张拉设备由柳州欧维姆机械股份有限公司生产,于 2016 年 11 月 24 日由江苏东大工程检测技术有限公司检测合格。根据江苏东大工程检测技术有限公司出具的检测报告,该设备油压表读数(y,MPa)和标定压力值(x,kN)之间的回归方程和相关系数为:$y = 0.214x + 0.4045$。根据设计张拉力 90kN(中间预应力筋)、

75kN(两侧预应力筋)和此回归方程,推算出油表读数分别为19.7MPa和16.5MPa。预应力张拉过程如图2-11所示。

a)S1试件张拉

b)S2、S3试件张拉

c)承台底部锚固端

d)墩顶张拉端

e)中间预应力筋油表读数

f)右侧预应力筋油表读数

图2-11　预应力张拉过程

2.2.4　试验装置及测量系统

1)试验装置

拟静力试验系统由三通道全数字电液伺服协调加载控制系统及数据采集系统、竖向电液伺服作动器、水平电液伺服高性能作动器、反力架及液压伺服油源组成。加载装置如图2-12所示。

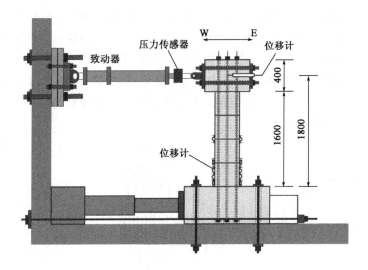

图 2-12 加载装置示意图(尺寸单位:mm)

2) 加载制度

位移加载控制、力加载控制以及力和位移的混合加载控制是目前三种主流的拟静力试验加载控制方法。三者之中,位移加载控制应用最为广泛。这种方法又可具体分为变幅位移加载控制、等幅位移加载控制,以及变幅、等幅混合位移加载控制。根据试验的目的和条件,选择不同的加载方法。

(1) 变幅位移加载控制

当需要试验的构件性能不太确定,作为探索性的研究,可以采用变幅位移加载控制来研究它的强度、变形和耗能等性能;在研究该试件恢复力模型时,变幅位移加载控制也经常被采用。

(2) 等幅位移加载控制

等幅位移加载控制是指在整个低周往复加载试验过程中,始终按同一位移大小进行加载。这种方法可以用于研究目标构件的刚度退化规律和强度降低率。

(3) 变幅、等幅混合位移加载控制

这种方法是将等幅、变幅两种位移控制方法相结合,形成一种新的加载控制方法。此方法可用于研究目标试件的综合抗震性能,是一种较为常用的加载控制方法。

本次试验采用变幅、等幅混合位移加载控制的方式,如图 2-13 所示。采样频率 2 次/s,每级做 2 次加载循环。开始的位移幅值分别为 ±1.8mm、±3.6mm、±5.4mm,后位移幅值为 ±9mm、±18mm、±27mm……以后每级递增 9mm,直到位移幅值达到 90mm,之后每级递增 18mm。加载频率为 0.01Hz。加载过程中,试件在某级加载位移出现破坏现象(开裂、保护层混凝土剥落等)时,持载,进行破坏现象的观察和画线标记工作,直至试件破坏(纵筋断裂、核心混凝土压碎、倾斜角过大),加载结束。

3) 测试方法和测点布置

试验主要测试内容有:S1 试件塑性铰区域的弯曲变形、S2 试件和 S3 试件底部节段弯曲变形、S2 试件和 S3 试件接缝张开、墩顶力-位移曲线以及纵向钢筋和箍筋的应变等。

试件的曲率不能通过位移传感器直接测得,而要根据位移测量值计算得到。由于节段曲率测量对测量装置精度要求极高,此处的位移计采用π型(PI)位移计。由于接缝处可能张开较大,超过PI-5型位移计的量程,因此,在接缝处都使用量程相对较大的YHD型位移计。S1试件在弯曲变形时,会在两侧混凝土纤维中产生拉变形、压变形,如图2-14所示。混凝土纤维的应变可采用型号为BX120-50AA的混凝土应变片来量测,其栅长50mm,栅宽3mm,电阻值为120Ω,灵敏系数为2.0±1%。

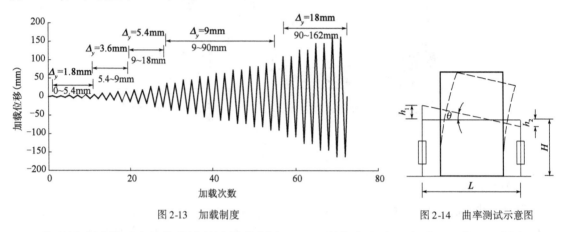

图2-13 加载制度　　　　　　图2-14 曲率测试示意图

若布置在试件两边的位移计的读数分别为 h_1、h_2,则在高度为 H 的位置,截面的转角 θ 可表达为:

$$\theta = \frac{h_1 - h_2}{L} \tag{2-2}$$

试件在高度 H 范围内的平均曲率 ϕ 为:

$$\phi = \frac{\theta}{H} = \frac{h_1 - h_2}{LH} \tag{2-3}$$

式中,θ 为截面转角;ϕ 为截面平均曲率。

为方便描述,将钢筋应变片分为纵筋应变片和箍筋应变片,纵筋应变片和箍筋应变片用电阻应变片测量,钢筋电阻应变片型号为BFH120-3AA-D100,电阻值约为120Ω,灵敏系数为2.0±1%,栅长×栅宽为3mm×2mm。S1试件应变片分布于塑性铰区域,S2、S3试件应变片分布于底部节段附近,主要集中于接缝附近。箍筋应变片和纵筋应变片一一对应,箍筋应变片粘贴于距离纵筋应变片最近的箍筋上,如图2-15所示。

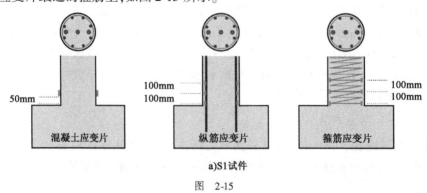

a)S1试件

图 2-15

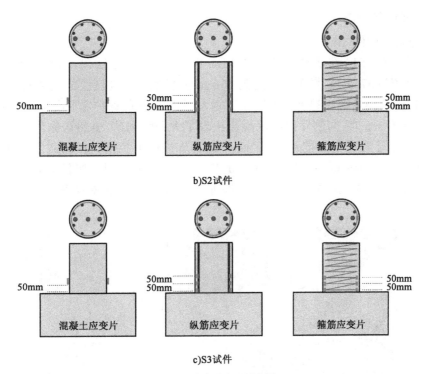

b) S2试件

c) S3试件

图 2-15 应变片布置示意图

如图 2-16 所示,S1 试件从墩底至 0.8m 处均设置位移计,S2、S3 试件在底部节段和接缝处设置位移计。结合之前其他学者的研究成果,考虑上面的接缝不会张开,且 PI 位移计和 TDS 通道有限,最上面的两个接缝处不设置位移计。液压伺服系统可以输出墩顶力和位移,在墩顶处设置一个 YWD-200 型位移计以校核墩顶位移。

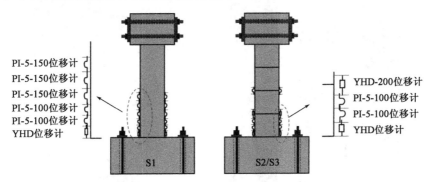

图 2-16 位移计设置示意图

2.2.5 试件的破坏形态及试验结果分析

对 3 个混凝土桥墩试件进行低周反复荷载作用下的拟静力试验,分析各个试件在试验加载过程中和加载后的破坏形态,并对试验结果进行整理和对比分析,包括荷载-位移滞回特性、耗能能力、残余位移以及曲率等。

1)各试件破坏形态

(1)整体现浇试件(S1)

整体现浇试件(S1)在墩顶位移为3.6mm时,桥墩底部首次出现拉裂缝,裂缝长度约30cm(墩身直径为37cm)。墩顶位移达到45mm时,拉裂缝高度已经扩展到80cm,裂缝宽度最大已达到2mm,距离墩底越近的裂缝宽度越大,此时两侧的保护层混凝土开始剥落。墩顶位移等级达到72mm时,两侧保护层混凝土出现了大面积剥落,虽然未露出纵筋和箍筋,但是两侧的混凝土已经完全不能承载,轻轻一碰就从试件上脱落。在加载至108mm的过程中,墩顶位移达到70mm时,试件发出沉闷的响声,左侧纵筋断裂。加载至108mm,核心混凝土压碎,试件彻底破坏,试验停止。S1试件加载过程中桥墩整体及底部节段破坏状态如图2-17所示。

a)墩顶位移3.6mm

b)墩顶位移45mm

c)墩顶位移108mm

图 2-17

d)最终状态

图 2-17　S1 试件加载过程中桥墩整体及底部节段破坏状态

(2) 半预制半现浇试件(S2)

半预制半现浇试件(S2)在墩顶位移达到 3.6mm、-3.6mm 时,底部节段和倒数第二节段之间的接缝开始张开,张开宽度约 0.5mm。墩顶位移达到 18mm、-18mm 时,底部节段上部右侧和左侧相继出现压裂缝,裂缝长度约 8cm。墩顶位移达到 36mm 时,压裂缝从底部节段上部向下部扩展,底部节段保护层混凝土开始剥落。墩顶位移达到 -63mm、72mm 时,底部节段上部两侧保护层混凝土出现大面积剥落,箍筋外露,核心混凝土未破坏。墩顶位移达到 144mm、-144mm 时,桥墩倾斜角度过大,试验停止。S2 试件加载过程中桥墩整体及底部节段破坏状态如图 2-18 所示。

a) 墩顶位移 3.6mm

b) 墩顶位移 36mm

图 2-18

c)墩顶位移72mm

d)墩顶位移144mm

图 2-18 S2 试件加载过程中桥墩整体及底部节段破坏状态

(3) 预制节段拼装试件(S3)

预制节段拼装试件(S3)在墩顶位移达到9mm时,底部接缝张开。墩顶位移达到 -27mm、36mm时,墩柱底部出现压裂缝。墩顶位移达到 -36mm、45mm时,墩柱底部保护层混凝土开始剥落。墩顶位移达到108mm时,墩柱底部保护层混凝土严重剥落。墩顶位移达到144mm时,墩柱倾斜角度较大,试验终止。S3 试件加载过程中桥墩整体及底部节段破坏状态如图 2-19 所示。

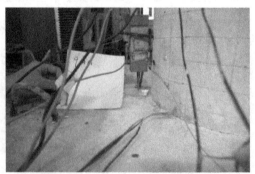

a)墩顶位移9mm

图 2-19

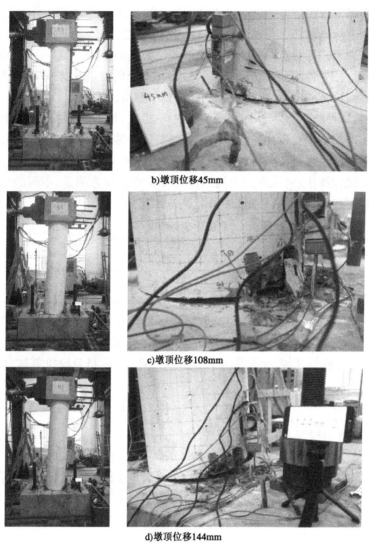

b) 墩顶位移45mm

c) 墩顶位移108mm

d) 墩顶位移144mm

图2-19 S3试件加载过程中桥墩整体及底部节段破坏状态

由上述不同结构体系的桥墩拟静力试验破坏状态可以看出,整体现浇试件(S1)与半预制半现浇试件(S2)、预制节段拼装试件(S3)的试验破坏现象具有较大差异,各试件具体的主要特征如下:

整体现浇试件(S1)的破坏主要集中在距墩底40cm高度内(塑性铰区域)。在加载早期,多条较为分散的水平微裂缝出现在塑性铰区的保护层混凝土,随着墩顶位移的增加,裂缝慢慢向桥墩上部扩展,裂缝宽度也随之慢慢增加,达到一定程度后,裂缝不再向上扩展,裂缝数量也不再增多,只是表现为裂缝宽度的增加。加载中期主要是塑性铰区保护层混凝土出现轻微的压碎剥落现象。在加载后期,随着混凝土的成片剥落,出现了箍筋变形、纵筋拉断、核心混凝土压碎的破坏现象。最后的破坏状态是墩底40cm内出现大量、集中、严重的破坏现象,试件残余位移较大,此类型桥墩可修复性较差。

对于半预制半现浇试件(S2),加载前期底部节段和倒数第二节段之间的接缝出现张开的现象,随着墩顶位移的增加,接缝张开的程度越来越大,底部节段和倒数第二节段之间接触的面积越来越小，底部节段出现压裂缝。在加载后期主要是接缝附近混凝土出现大量剥落，箍筋外露，但核心混凝土尚未破坏。与整体现浇试件(S1)相比，半预制半现浇试件(S2)混凝土的剥落属轻度破坏，最大破坏状态只是出现了底部节段箍筋的外露。而且，除了底部节段和倒数第二节段的接缝出现了接缝交替张开的破坏现象外，上面的接缝均未出现接缝张开闭合的现象。在加载后期，倒数第二节段之间和底部节段出现相对转动。

预制节段拼装试件(S3)和半预制半现浇试件(S2)在试验过程中出现的破坏现象有相似之处，两者的破坏现象均主要发生在接缝处。预制节段拼装试件(S3)破坏主要集中在底部节段和承台的接缝位置，在往复荷载的作用下，底部节段保护层混凝土发生剥落，箍筋外露，核心混凝土尚未破坏，试验终止后，观察到两侧的预应力筋松弛较为明显，中间的预应力筋未见明显松弛现象，可修复性较高。各试件破坏情况见表2-5。

各试件破坏情况 表2-5

试件编号	损伤区域	损伤程度	残余位移	可修复性
S1	塑性铰区域	严重	较大	较差
S2	接缝附近	一般	很小	较好
S3	接缝附近	较小	很小	较好

综上所述，预制装配式试件(S2、S3)的破坏过程和破坏现象与整体现浇试件(S1)有较大区别。半预制半现浇试件(S2)和预制节段拼装试件(S3)破坏现象较为类似。整体现浇试件(S1)的破坏集中于塑性铰区域，半预制半现浇试件(S2)和预制节段拼装试件(S3)破坏集中于接缝处。

2）试验结果分析

（1）荷载-位移滞回特性

目标构件的总体刚度可以通过滞回环对角线的斜率反映，每个滞回环包围的面积则是荷载正反交变一周时试件所耗散的能量，滞回环越饱满，越有利于结构的耗能[19-20]。各试件的滞回曲线如图2-20所示，S1试件的滞回环较为饱满，S2、S3试件的滞回环较为狭窄，主要原因是S2、S3试件的纵筋在接缝处不连续，S1试件内8根连续的纵筋(HRB400)的拉伸使得滞回环饱满。各试件关键点见表2-6。

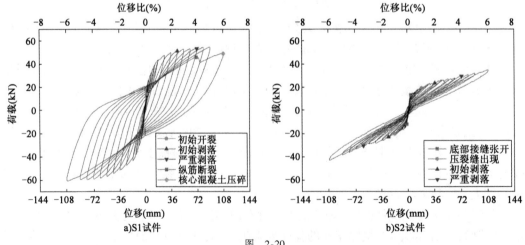

图 2-20

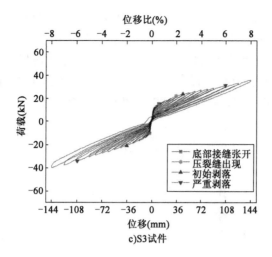

c)S3试件

图2-20 不同体系试件荷载-位移滞回曲线

由表2-6数据可以看出,整体现浇试件(S1)和半预制半现浇试件(S2)在位移达到3.6mm级别时就已经开裂,预制节段拼装试件(S3)在墩顶位移达到5.4mm级别时才开裂。S1的最大荷载 > S2的最大荷载 > S3的最大荷载,S3可以达到的峰值位移最大。

各试件关键点 表2-6

试件编号	首次开裂		最大荷载（kN）	峰值位移（mm）	峰值位移荷载（kN）
	F_{cr}（kN）	y_{cr}（mm）			
S1	-19.25	-3.6	-62.65	±108	-62.65
S2	14.35	3.6	-45.5	±108	-45.5
S3	-12.95	-5.4	-41.65	±144	-41.65

注:F_{cr}-桥墩试件开裂时所对应的墩顶力;y_{cr}-桥墩试件开裂时所对应的加载位移。

（2）耗能能力

试件的耗能能力通过累积滞回耗能表示,累积滞回耗能表示试件从加载开始到加载结束过程中累积耗散的能量,在图形上的体现即每个滞回环面积之和[21-22],如图2-21所示。

$$E_{AD} = \sum_{i=1}^{n} \Delta W_i \quad (2-4)$$

式中,E_{AD}为试件的累积滞回耗能;i为加载级数;ΔW_i为第i级加载下的滞回耗能。

由于S1试件纵筋连续,耗能一定好于S2和S3,仅对S2、S3试件的耗能进行统计对比。S2、S3试件在每一个加载循环下的滞回耗能如图2-22所示。由图2-22可以看出每个等级的加载循环内,S2试件的耗能能力均优于S3试件。

（3）残余位移

残余位移是构件经历加载变形到卸载至零后,此时构件无法恢复的塑性变形。对于桥墩来说,主要表现为

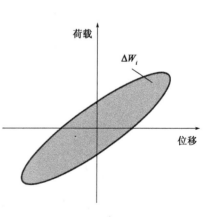

图2-21 滞回环面积示意图

墩顶的水平位移和墩身底部的转角。在桥墩试件荷载-位移滞回曲线上的体现即卸载段与 X 轴的交点，即当力卸载至零时墩顶的塑性变形。若桥墩残余位移小，则有利于震后的继续运营，有利于开展救援工作；震后结构的修复也可顺利开展，减小经济损失。从这个角度来看，残余位移是一项重要的抗震性能评价指标[23]。如图 2-23 所示，图中横坐标 (D_{res}) 为当墩顶侧向位移绝对值达到最大位移后，力为零时对应的墩顶侧向位移值。

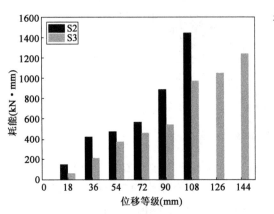

图 2-22 S2、S3 试件耗能对比

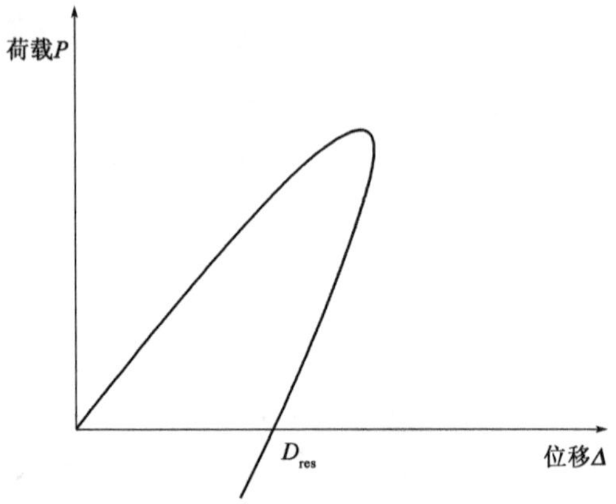

图 2-23 残余位移定义示意图

图 2-24 所示为 3 个试件的残余位移与墩顶位移的关系曲线，均以 mm 为单位。从图 2-24 可以看出，S1 试件残余位移随着加载级数的提高而不断增加，最终残余位移绝对值达到 59.5mm；相比之下，S2 试件和 S3 试件的残余位移则小很多，加载前期 S2 试件、S3 试件的残余位移几乎为零，即使到加载后期，最终的残余位移也不超过 10mm；S2 试件的残余位移略大于 S3 试件。

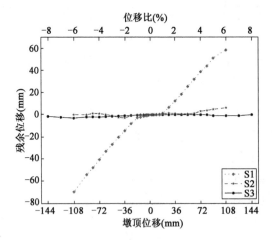

图 2-24 各试件残余位移对比

(4) 曲率

桥墩在地震中的破坏一般发生在桥墩潜在塑性铰区域，因此分析塑性铰区域的弯曲变形较为重要。根据试验实测数据，按照 2.2.4 节的计算方法，计算得到墩身距墩底一定距离处

(根据位移计布置情况确定)的曲率,包括此区域在荷载位移等级为±18mm、±36mm、±54mm、±72mm时的最大曲率分布曲线,如图2-25所示。

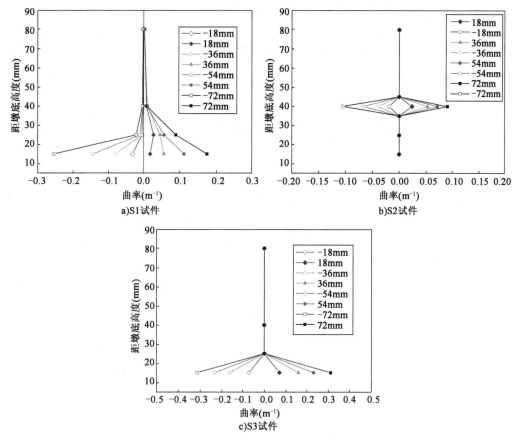

图2-25 各试件曲率分布图

由图2-25可以看出S1试件曲率主要分布于墩身底部40cm处,且距离墩底越近,曲率越大。S2试件和S3试件曲率分布有相同之处,曲率主要集中于距离墩底最近的接缝处,桥墩其他位置曲率接近于0。

本节从试验研究方法的角度首先介绍了桥墩抗震试验研究方法的选择、不同类型桥墩试件的设计、试件所用材料选择及其性能、试件的制作过程以及加载装置和测量系统,通过对整体现浇桥墩(S1试件)、混合体系装配式桥墩(S2试件)和预制节段拼装桥墩(S3试件)进行拟静力试验,讨论了不同结构形式桥墩的破坏过程、荷载-位移滞回曲线、耗能能力、残余变形、曲率等拟静力评价指标结果。试验结果表明:

(1)整体现浇桥墩在往复荷载作用下破坏较严重,可修复性较差,预制节段拼装桥墩在往复荷载作用下损伤较小,损伤主要集中于柱脚小范围内,可修复性较好,混合体系装配式桥墩损伤程度介于两者之间。

(2)整体现浇桥墩峰值承载力最大,预制节段拼装桥墩峰值承载力最小,混合体系装配式桥墩峰值承载力介于两者之间。

(3)整体现浇桥墩耗能能力好于混合体系装配式桥墩,混合体系装配式桥墩耗能能力好于预制节段拼装桥墩。

(4)整体现浇桥墩残余位移较大,混合体系装配式桥墩和预制节段拼装桥墩都具有较小的残余位移,在竖向预应力的作用下自复位能力较强。

(5)在低周往复荷载作用下,整体现浇桥墩的曲率集中在塑性铰附近(距墩底40cm高度内),且弯矩越大,曲率越大;而预制节段拼装桥墩的曲率主要集中在距离墩底最近的接缝附近。

2.3 混合体系装配式桥墩抗震性能解析计算方法

在桥梁结构抗震分析中,常用的桥墩理论分析方法有计算结构水平荷载-位移曲线(Push-over Curve)的解析计算方法和基于集中塑性铰和滞回模型(Hysteretic Model)的塑性铰分析方法两大类。这两类方法能够从宏观上反映结构在弹性和极限状态时的性能,具有分析思路固定、易于掌握的特点,适用于只需对总体荷载-位移关系进行分析的情况,特别适合于结构体系的分析研究,能够作为结构承载力的有效分析工具[24]。

表2-7列出了近年来针对装配式桥墩的解析计算方法和塑性铰分析方法的主要运用情况。

装配式桥墩理论分析方法研究概览　　　　　　表2-7

研究者	年份	方法	主要特点
Hewes 和 Priestley[25]	2001	解析计算方法(单塑性铰)	钢套筒约束底部节段
Zhan-Yu Bu 等[26-28]	2012、2013、2016	解析计算方法(单塑性铰)	内置耗能钢筋
Yu-Chen Ou 等[14]	2010	解析计算方法(单塑性铰)	基于耗能钢筋黏结滑移
Shota Ichikawa 等[29]	2016	解析计算方法(单塑性铰)	UHPC
Hewes 和 Priestley[25]	2001	塑性铰分析滞回模型	旗帜形滞回曲线
Palermo 等[30]	2005	塑性铰分析滞回模型	并联弹簧
葛继平[24]	2008	塑性铰分析滞回模型	集中塑性铰方法
Mitoulis 等[31]	2016	塑性铰分析滞回模型	新型结构、转动弹簧
Zhan-Yu Bu 等[32]	2016	塑性铰分析滞回模型	刚度退化旗形滞回曲线
Hwasung Roh[33]	2009	等效柔度模型	刚度、柔度矩阵
Chung-Che Chou 等[34]	2006、2013	解析计算方法(多塑性铰)	钢套筒约束节段、外置耗能装置
Yu-Chen Ou 等[35]	2007	解析计算方法(多塑性铰)	内置耗能钢筋
Yu-Chen Ou 等[36]	2013	解析计算方法(多塑性铰)	混合连接预制桥墩
Yu-Chen Ou 等[37]	2007	塑性铰分析滞回模型	Peak-oriented 模型
Chung-Che Chou 等[38]	2008	塑性铰分析滞回模型	刚度退化旗形滞回曲线

本节提出一种适用于混合体系装配式桥墩的抗震性能解析计算方法。通过基于弯矩-曲率关系的推导计算,获得混合体系装配式桥墩水平承载力-位移的关系式。考虑混合体系装配式桥墩设计参数的影响,解析方法包含以下几个部分。

2.3.1 材料模型

解析计算方法中的材料模型将决定迭代过程的极限状态(Limit State)和终止条件(Termination),如核心区混凝土边缘压应变不大于材料极限压应变以防止混凝土过早压溃,耗能钢筋拉伸应变不大于材料断裂应变以防止钢筋过早断裂等。选取合理的材料模型是获取力-位移关系的关键,需要仔细考量。混合体系装配式桥墩抗震性能解析计算方法中常见的材料模型参数如表2-8所示。

混合体系装配式桥墩抗震性能解析计算方法中常见的材料模型参数　　　　表2-8

研究者	年份	混凝土本构关系	钢筋极限应变 (或断裂应变)	预应力屈服 应变	预应力极限 应变
Hewes 和 Priestley[25]	2001	Mander 等[39]	无钢筋	0.0086	0.03
Chung-Che Chou 等[34]	2013	Mander 等[39]	0.02	—	控制应力
Zhan-Yu Bu 等[27]	2013	Kent-Scott-Park[40]	0.12	≈0.008	0.035
Yu-Chen Ou 等[35]	2007	Mander 等[39]	≈0.08 *	混凝土先破坏	—
Yu-Chen Ou 等[36]	2010	Mander 等[39]	通过损伤指数定义	—	—
Yu-Chen Ou 等[37]	2013	Mander 等[39]	0.06	—	—

注:*处为所选钢筋材料的断裂应变;对于钢筋极限应变为0.12时,考虑疲劳系数为0.7。

2.3.2 解析计算方法选取

混合体系装配式桥墩由于设计参数的影响,需要采用两种分析方法进行计算,分别为解析计算方法Ⅰ——单塑性铰,以及解析计算方法Ⅱ——双塑性铰。底部节段高度H_b的选取将显著影响混合体系装配式桥墩塑性铰的形成,因此,可以将底部节段高度H_b与墩身开裂弯矩M_{cr}在理想弯矩分布图上对应的高度H_0的大小关系作为选取何种解析计算方法的主要依据。

如图2-26a)所示,当底部节段高度H_b小于开裂弯矩对应的高度H_0时,接缝位置的弯矩$M_{joint} > M_{cr}$,桥墩底部接缝将出现显著的开合现象(上部接缝开合可忽略),此时底部接缝位置的非线性力学行为将成为混合体系装配式桥墩的主要耗能方式,需选取解析计算方法Ⅰ——单塑性铰进行分析。

如图2-26b)所示,当底部节段高度H_b大于开裂弯矩对应的高度H_0时,接缝位置的弯矩$M_{joint} < M_{cr}$,桥墩底部节段的墩底位置将发生显著的开裂变形和纵筋屈服现象,形成传统塑性铰,并成为混合体系装配式桥墩的主要耗能方式。对比之下,底部接缝位置的开合将显著减小,对桥墩耗能的贡献也将降低,但接缝位置的塑性变形仍不可忽视。这种情况下,需选取解析计算方法Ⅱ——双塑性铰进行分析。

1)解析计算方法Ⅰ——单塑性铰

首先介绍单塑性铰法,主要步骤如下:

(1)分析阶段

如前文所述,对图2-27a)中的情况,可以使用单塑性铰法进行分析,分析过程主要基于Hewes 和 Priestley 提出的解析计算方法,分为三个阶段。

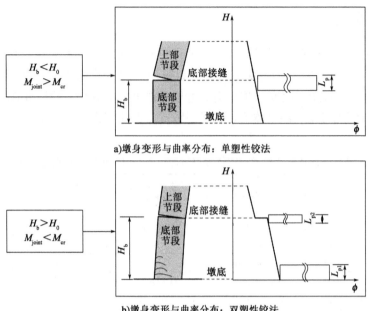

a) 墩身变形与曲率分布:单塑性铰法

b) 墩身变形与曲率分布:双塑性铰法

图 2-26 本节的解析计算方法和选取条件

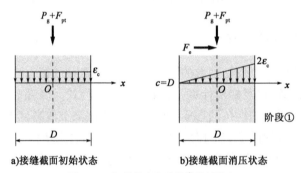

a) 接缝截面初始状态　　　　b) 接缝截面消压状态

图 2-27 初始状态和阶段①消压状态

阶段①:弹性阶段(Elastic Stage),即消压阶段(De-compression)。此时,$c = D$(其中,c 为中性轴高度,D 为截面直径,下同)。

阶段②:伪屈服阶段(Pseudo-yielding Stage)。此阶段将发生接缝位置的刚体转动。此时,$c = D/2$。

阶段③:塑性阶段(Plastic Stage)。此阶段将发生接缝位置的刚体转动,预应力伸长。此时,$c < D/2$。

因此,水平荷载下结构水平承载力 F 和位移 Δ_{total} 将按上述阶段分为 F_e 和对应的 Δ_e、F_{py} 和 Δ_{py} 以及 F_p 和 Δ_p 三部分。

基本假定如下:

①假定截面变形始终保持平截面。

虽然在单塑性铰模型中接缝位置将发生较显著的塑性变形,但是为了方便分析,仍采用钢筋混凝土桥墩分析中常用的平截面假定,混凝土应变沿截面高度呈线性变化。

②假定塑性铰出现在底部接缝区域。

假定塑性铰出现在接缝位置,墩底截面无显著塑性变形,底部节段内曲率沿墩身高度线性分布。考虑到接缝附近的底部节段和上部节段均有一定程度的损伤,假定塑性铰区的等效塑性铰长度 $L_p = 0.7D$,稍大于 Hewes 和 Priestley 所采用的 $0.5D$。

③假定上部接缝无开合。

假定除了底部接缝以外,上部接缝均无开合现象,曲率沿墩身高度线性分布。

④假定预应力束始终位于截面中心。

(2) 分析过程

阶段①:在此阶段,混合体系装配式桥墩墩柱的力学行为应保持在弹性范围内,如图 2-27b) 所示,假定混凝土受压纤维应变在一端为 0,在另一侧为 $2\varepsilon_c$。在此时刻,中性轴高度 $c = D$,预应力束并未发生拉伸现象,截面法向压力应与恒载压力 P_g 和预应力束初始张拉力 F_{pt} 之和平衡,如式(2-5)所示:

$$F_{pt} + P_g = \int_{-D/2}^{D/2} \sigma_c dA \tag{2-5}$$

若将混凝土边缘纤维压应变对原点取矩,可得截面弯矩抵抗矩 M_e:

$$M_e = \int_{-D/2}^{D/2} \sigma_c x dA \tag{2-6}$$

$$F_e = \frac{M_e}{h} \tag{2-7}$$

此时,墩柱水平承载力 F_e 可由式(2-7)求得,其中 h 为截面至加载点的距离,曲率 ϕ_e、转角 θ_e 和因弹性变形产生的墩顶水平位移 Δ_1 可由式(2-8)~式(2-10)依次求出。

$$\phi_e = \frac{2\varepsilon_c}{c} \tag{2-8}$$

$$\theta_e = \phi_e \frac{h}{2} \tag{2-9}$$

$$\Delta_1 = \Delta_e = \phi_e \frac{h^2}{3} \tag{2-10}$$

阶段②:在此阶段,混合体系装配式桥墩底部接缝将张开,中性轴逐渐由受拉边缘向截面中心移动,直至中性轴高度 $c = D/2$,如图 2-28b) 所示。此时,预应力束并未拉长,仍采用式(2-5)中的力平衡关系,截面弯矩抵抗矩 M_{py} 和水平承载力 F_{py} 可分别由式(2-11)和式(2-12)求得:

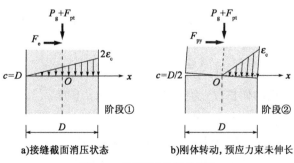

a) 接缝截面消压状态　　b) 刚体转动,预应力束未伸长

图 2-28　阶段①向阶段②过渡

$$M_{py} = \int_0^{D/2} \sigma_c x \mathrm{d}A \qquad (2\text{-}11)$$

$$F_{py} = \frac{M_{py}}{h} \qquad (2\text{-}12)$$

此时的截面曲率 ϕ 将包含消压阶段产生的弹性曲率 ϕ_e 和刚体转动产生的塑性曲率 ϕ_p，如式(2-13)所示。其中弹性曲率 ϕ_e 可由式(2-14)中的线性关系求得，因此，塑性曲率 ϕ_p 的计算可以根据式(2-15)获得。

$$\phi = \phi_e + \phi_p = \frac{\varepsilon_c}{c} \qquad (2\text{-}13)$$

$$\phi_e = \frac{F_{py}}{F_e}\phi_e \qquad (2\text{-}14)$$

$$\phi_p = \phi - \phi_e \qquad (2\text{-}15)$$

塑性曲率 ϕ_p 与接缝塑性转角 θ_p 有关，引入基本假定中定义的等效塑性铰长 $L_p = 0.7D$，根据式(2-16)和式(2-17)可以得到截面的塑性转角 θ_p 及因塑性变形产生的墩顶水平位移 Δ_p，进而获得阶段②的墩顶水平位移 Δ_2，见式(2-18)。

$$\theta_p = \phi_p \cdot L_p = \left(\phi - \frac{F_{py}}{F_e}\phi_e\right)L_p \qquad (2\text{-}16)$$

$$\Delta_p = \theta_p L_p \qquad (2\text{-}17)$$

$$\Delta_2 = \frac{F_{py}}{F_e}\Delta_e + \Delta_p = \frac{F_{py}}{F_e}\Delta_e + \theta_p L_p \qquad (2\text{-}18)$$

阶段③：在此阶段，截面中性轴继续向受压区边缘移动，此时中性轴高度 $c < D/2$，预应力束受拉伸长，如图2-29b)所示。因此，在力和弯矩平衡关系中，应考虑变化的预应力带来的影响。

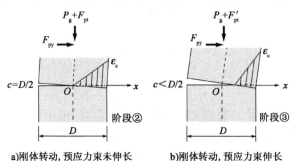

a)刚体转动，预应力束未伸长　　b)刚体转动，预应力束伸长

图2-29　阶段②向阶段③过渡

假定中性轴高度 c，预应力束伸长导致应变增量 $\Delta\varepsilon_{pt}$ 可由式(2-19)求得：

$$\Delta\varepsilon_{pt} = \frac{\Delta L_{pt}}{L_{pt}} = \frac{\theta_p(D/2 - c)}{L_{pt}} \qquad (2\text{-}19)$$

式中，ΔL_{pt} 为预应力束的伸长；L_{pt} 为预应力束的无黏结长度。

由此，新的预应力 F_{pt}^* 的表达式可由式(2-20)表示：

$$F_{pt}^* = F_{pt} + \Delta F_{pt} = F_{pt} + \Delta\varepsilon_{pt}E_{pt}A_{pt} \qquad (2\text{-}20)$$

继而采用迭代步骤，求得合理的中性轴高度 c，以满足式(2-21)所示的力平衡关系。将求

得的中性轴高度 c 代入式(2-22)~式(2-27),即可获得对应的水平承载力-位移关系。

$$F_{pt}^* + P_g = \int_0^c \varepsilon_c E_c dA \tag{2-21}$$

$$M = \int_0^c \sigma_c x dA + F_{pt}^*\left(\frac{D}{2} - c\right) \tag{2-22}$$

$$F = M/h \tag{2-23}$$

$$\phi = \frac{F}{F_e}\phi_e + \phi_p = \frac{\varepsilon_c}{c} \tag{2-24}$$

$$\theta_p = \left(\phi - \frac{F}{F_e}\phi_e\right)L_p \tag{2-25}$$

$$\Delta_p = \theta_p L_p \tag{2-26}$$

$$\Delta_3 = \frac{F}{F_e}\Delta_e + \Delta_p = \frac{F}{F_e}\Delta_e + \theta_p L_p \tag{2-27}$$

综合可得,三个阶段的水平承载力所对应的位移值分别为:

$$\begin{cases} \Delta_1 = \Delta_e = \phi_e \dfrac{h^2}{3} \\ \Delta_2 = \dfrac{F_{py}}{F_e}\Delta_e + \theta_p L_p \\ \Delta_3 = \dfrac{F}{F_e}\Delta_e + \theta_p L_p \end{cases} \tag{2-28}$$

2) 解析计算方法 Ⅱ——双塑性铰

基本假定如下:

①假定截面变形始终保持平截面,双塑性铰模型中接缝位置处发生显著塑性变形的可能性较大,为了方便分析,采用钢筋混凝土桥墩分析中常用的平截面假定,混凝土应变沿截面高度呈线性变化。

②假定塑性铰出现在上部接缝区域和底部潜在塑性铰区域,形成双塑性铰。

假定塑性铰出现在上部接缝区域,墩底截面无显著塑性变形,底部节段内曲率沿墩身高度线性分布,塑性铰区的等效塑性铰长度[25] $L_p = 0.5D$。

假定塑性铰出现在底部潜在塑性铰区域,区域内曲率沿墩身高度线性分布,塑性铰区的等效塑性铰长度可仍采用 $L_p = 0.08h_{total} + 0.022f_y d_b L_p$,其中 h_{total} 为墩身有效高度,d_b 为受力主筋直径;f_y 为受力主筋屈服强度。

③假定其余接缝无开合。

假定除了上部接缝以外,其余接缝均无开合现象,曲率沿墩身高度线性分布。

④假定预应力束始终位于截面中心。

对于双塑性铰法,可基于迭代过程进行分析,主要步骤如下:

(1) 截面分析

首先采用编制程序对底部塑性铰区域截面和上部接缝截面进行弯矩-曲率分析,得到两个截面的弯矩-曲率关系曲线。本书提出的混合体系装配式桥墩构造不同于文献[12]中的体系,因此在底部节段内部仍需要考虑上部接缝张开引起的变化轴力所带来的影响。

在分别获得的弯矩-曲率关系曲线中,标定出:①底部节段截面混凝土开裂;②上部接缝截面张开;③底部节段截面屈服;④底部节段截面极限状态等阶段下,曲率与弯矩的临界值,并根据底部节段截面的弯矩-曲率临界值绘出曲率分布曲线。

(2) 构件分析

在构件分析阶段,需要将底部节段与上部接缝以上的节段分开讨论,上部接缝以上的墩身部分需要作为隔离体进行分析,如图 2-30 所示。

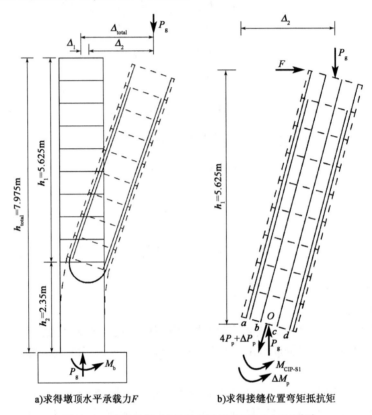

a) 求得墩顶水平承载力 F　　b) 求得接缝位置弯矩抵抗矩

图 2-30　双塑性铰模型中接缝位置的隔离体受力分析[12]

Δ_1、Δ_2-分别为由上部接缝转动产生的位移分量和由底部塑性铰区产生的位移分量;Δ_{total}-墩顶总位移;P_g-恒载压力;h_1-上部节段高度;h_2-底部塑性铰区高度;M_b-底部塑性铰区截面的弯矩抵抗矩;$4P_p + \Delta P_p$-预应力筋初始预应力和由于张拉预应力筋所产生的预应力二者之和;M_{CIP-S1}-底部塑性铰区对墩柱底部接缝 S_1 中心 O 的力矩;ΔM_p-由于预应力筋张拉对底部接缝 S_1 中心节点 O 所产生的力矩

墩顶总位移 Δ_{total} 由上部接缝转动和底部塑性铰区产生的位移分量 Δ_1 和 Δ_2 组成,即

$$\Delta_{total} = \Delta_1 + \Delta_2 \tag{2-29}$$

在弹性阶段,底部塑性铰区截面的弯矩抵抗矩 M_b 的表达式为:

$$M_b = Fh + P_g \Delta_{total} \tag{2-30}$$

式中,F 为墩顶水平承载力;h 为墩底截面至加载点的高度;P_g 为恒载压力;Δ_{total} 为墩顶总位移。上部接缝位置的弯矩抵抗矩 M_{joint} 表达式为:

$$M_{joint} = Fh_1 + P_g \Delta_2 - \Delta M_p \tag{2-31}$$

式中，h_1 为接缝截面至加载点的高度；ΔM_p 为接缝张开导致的预应力束伸长所引起的弯矩抵抗矩。

根据上一步弯矩-曲率分析获得的各阶段曲率，可以获得大致的弹性墩顶位移值和弹性承载力，再由迭代步骤和接缝开裂时塑性转角和位移关系，以及截面弯矩与承载力的平衡关系，可以获得不同阶段接缝处的弯矩与水平承载力。迭代步骤可参考文献[12]。

2.4 混合体系装配式桥墩参数化设计方法

本部分基于 OpenSees 有限元分析软件建立上述三种不同类型桥墩的数值有限元分析模型，对其进行数值拟静力加载，并将各桥墩的数值拟静力加载结果与试验结果相对比。经验表明，采用该种建模方法建立的桥墩模型具有较好的适用性，基于上述已验证的建模方法，对预制节段拼装桥墩进行抗震设计关键参数分析，用上述模型对轴压比、底部节段纵筋配筋率、底部节段高度等参数进行分析，旨在研究上述参数对此类型桥墩抗震性能的影响，为今后相近类型的预制节段拼装桥墩抗震设计与研究提供参考。

2.4.1 轴压比

轴压比的定义为柱的轴向压力设计值与混凝土抗压强度和截面面积的乘积的比值。计算公式为：

$$u = \frac{N}{f_c A} \tag{2-32}$$

式中，N 为柱的轴向压力；f_c 为混凝土抗压强度设计值；A 为柱的截面面积。

在拟静力试验中，墩柱的轴压比完全由预应力筋的初始预应力提供，数值模拟过程中，通过改变预应力筋的初始张拉力来控制桥墩的轴压比，模拟的三种工况列于表2-9。

不同轴压比试件设计参数 表2-9

工况	试件编号	轴压比(%)	底部节段纵筋率(%)	底部节段高度(mm)
1	HY-U1	0.1	0.8	40
2	HY-U2	0.15	0.8	40
3	HY-U3	0.2	0.8	40

在不同轴压比(0.1、0.15、0.2)的情况下，混合体系装配式桥墩的滞回曲线、骨架曲线计算结果如图2-31～图2-33 所示。

由图2-31～图2-33 可以看出，在低轴压(0.1～0.2)的作用下，随着轴压比的变大，滞回环越发饱满，说明桥墩的耗能能力随之增强。

为便于比较，将不同轴压比下桥墩的骨架曲线(即在低周反复荷载试验中每次循环的荷载-位移曲线达到的最大峰点的轨迹)和耗能曲线绘制于一幅图中，见图2-34 和图2-35。

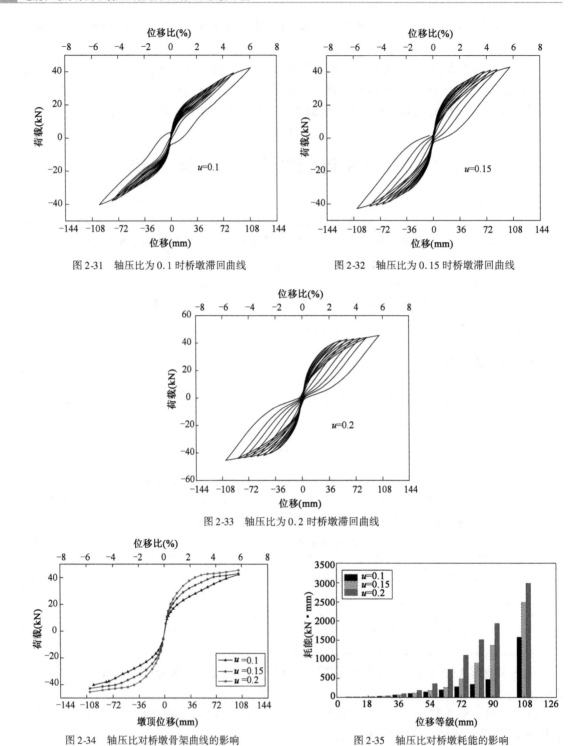

图2-31 轴压比为0.1时桥墩滞回曲线

图2-32 轴压比为0.15时桥墩滞回曲线

图2-33 轴压比为0.2时桥墩滞回曲线

图2-34 轴压比对桥墩骨架曲线的影响

图2-35 轴压比对桥墩耗能的影响

由图2-34可以看出,混合体系装配式桥墩的骨架曲线随着轴压比的提高而升高,墩顶位移等级在0~36mm范围时,轴压比为0.2时的骨架曲线随着墩顶位移的增大上升较快;在荷载位移等级较大时,轴压比为0.15和0.1时的骨架曲线上升较快,轴压比为0.2时的骨架曲线上升较慢,三种工况下的侧向水平荷载差值逐渐减小。

由图2-35可以看出,墩顶位移为0~36mm时,轴压比对混合体系装配式桥墩的耗能影响不大;但在墩顶位移较大时,随着轴压比的逐渐增大,桥墩耗能也逐渐增大。在位移等级为108mm时,轴压比为0.2的桥墩耗能近似为轴压比为0.1的桥墩耗能的2倍。

2.4.2 底部节段纵筋配筋率

纵向钢筋是混合体系装配式桥墩受拉一侧除预应力束之外的主要受力构件,对约束混凝土墩柱的延性有较大影响,因此在抗震设计中,对纵向钢筋含量有特殊要求。试验表明,过高和过低的纵向钢筋含量对结构抗震都是不利的,所以各国抗震设计规范对桥墩纵向最小、最大配筋率进行了规定,部分国家(地区)规范对桥墩纵筋配筋率取值建议如表2-10所示。

部分国家(地区)规范对桥墩纵筋配筋率取值建议　　表2-10

规范名称	下限	上限	其他要求
美国AASHTO规范[41]	1%	6%	受压构件必须沿截面周边布置至少8根间距相同的纵向钢筋,最大间距不超过200mm;塑性铰区内纵向钢筋不允许通过搭接或者拼接焊接
美国加利福尼亚州规范Caltrans[42]	1%	4%	
欧洲规范EN 1998-2[43]	—	—	
中国《公路工程抗震规范》(JTG B02—2013)[44]	0.4%	—	—
中国《公路桥梁抗震设计规范》(JTG/T 2231-01—2020)[3]	0.6%	4%	柱纵向钢筋之间的距离不应超过20cm,至少每隔一根宜用箍筋或拉筋固定

由于预制拼装桥墩节段内部的纵筋在接缝处不连续,纵筋不承受拉力,此类型桥墩对纵筋配筋率要求较低,最低配筋率即可满足要求。参考不同国家(地区)规范对桥墩纵筋的要求,选取0.6%~0.8%作为桥墩底部节段纵筋率数值模拟的取值范围,如表2-11所示。

不同底部节段配筋率试件设计参数　　表2-11

工况	试件编号	轴压比(%)	底部节段纵筋配筋率	底部节段高度(mm)
1	HY-R1	10	0.6%	40
2	HY-R2	10	0.7%	40
3	HY-R3	10	0.8%	40

在不同底部节段纵筋配筋率(0.6%、0.7%、0.8%)下,混合体系装配式桥墩的滞回曲线、骨架曲线计算结果如图2-36~图2-38所示。

随着混合体系装配式桥墩底部节段纵筋配筋率的提高,滞回环由饱满趋于干瘪,在加载前中期,配筋率越低,耗能越多,到加载后期,0.7%配筋率的桥墩耗能超过了0.6%配筋率的桥墩。结合滞回曲线和耗能对比图可以推测,之所以出现配筋率高,耗能反而更差的情况,是因为底部节段高配筋率限制了底部节段的转动耗能,此时的主要耗能方式是节段接缝的张开闭合,而低配筋率的桥墩底部节段可以通过转动耗能,底部节段内的纵筋发挥作用,提升了桥墩的耗能能力。

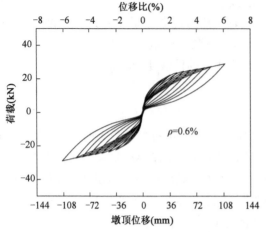

图 2-36　底部节段纵筋配筋率为 0.6% 时桥墩滞回曲线

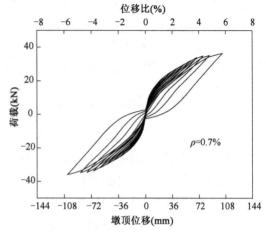

图 2-37　底部节段纵筋配筋率为 0.7% 时桥墩滞回曲线

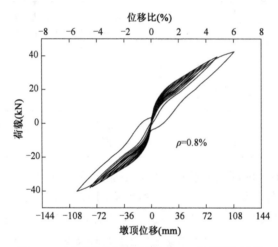

图 2-38　底部节段纵筋配筋率为 0.8% 时桥墩滞回曲线

为便于比较,将不同纵筋配筋率时桥墩的骨架曲线和耗能曲线绘制于一幅图中,见图 2-39 和图 2-40。

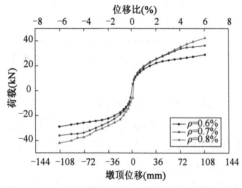

图 2-39　底部节段纵筋配筋率对桥墩骨架曲线的影响

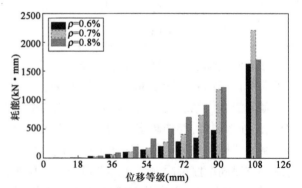

图 2-40　底部节段纵筋配筋率对桥墩耗能的影响

从图 2-40 可知,在底部节段高度为 40cm 的情况下,混合体系装配式桥墩的骨架曲线随着底部节段纵筋配筋率的提高而升高。底部节段纵筋配筋率较低时,底部节段更容易形成塑性铰转动,预应力筋的伸长率需求就小一些,因此骨架曲线就越低;反之,底部节段纵筋配筋率较高时,底部节段不容易形成塑性铰转动,预应力筋的伸长率需求就大一些,因此骨架曲线就越高。和整体现浇的桥墩相比,混合体系装配式桥墩对底部节段纵筋配筋率的要求稍低一些。由图 2-40 可以看出,底部节段纵筋配筋率对桥墩耗能的影响相对较小。

2.4.3 底部节段高度

混合体系装配式桥墩体系是介于预制节段拼装体系和整体现浇体系之间,结合两者特点的一种特殊的桥墩体系。混合体系装配式桥墩的底部节段高度是此类型桥墩的重要参数。底部节段高度越高,此类型桥墩的性能就越接近整体现浇桥墩;底部节段高度越低,此类型桥墩的性能就越接近预制节段拼装体系桥墩。不同底部节段高度试件设计参数见表 2-12。

不同底部节段高度试件设计参数　　　　　　表 2-12

工况	试件编号	轴压比(%)	底部节段纵筋配筋率(%)	底部节段高度(cm)
1	HY-H1	10	1	20
2	HY-H2	10	1	40
3	HY-H3	10	1	60

在不同底部节段高度(20cm、40cm、60cm)下,混合体系装配式桥墩的滞回曲线、骨架曲线计算结果如图 2-41~图 2-43 所示。

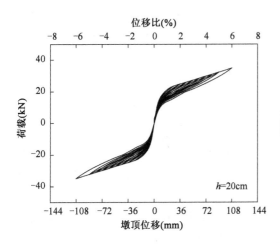

图 2-41　底部节段高度为 20cm 时桥墩滞回曲线

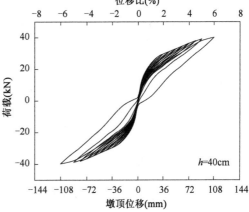

图 2-42　底部节段高度为 40cm 时桥墩滞回曲线

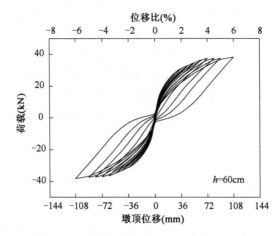

图 2-43 底部节段高度为 60cm 时桥墩滞回曲线

从图 2-41~图 2-43 中的滞回曲线可以看出,随着底部节段高度(h)的提高,滞回环越来越饱满,耗能能力也逐渐提升。在循环加载的前期,桥墩骨架曲线随着底部节段高度的增加而提高,到加载后期,底部节段高度 $h=60$cm 的桥墩骨架曲线出现平直段,另外两种工况的骨架曲线一直在上升,在位移等级达到 81mm 时,底部节段高度 $h=40$cm 的骨架曲线高度超过 $h=60$cm 的桥墩骨架曲线。

为便于比较,将不同底部节段高度时桥墩的骨架曲线和耗能曲线绘制于一幅图中,分别见图 2-44 和图 2-45。

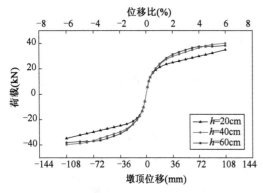

图 2-44 底部节段高度对桥墩骨架曲线的影响

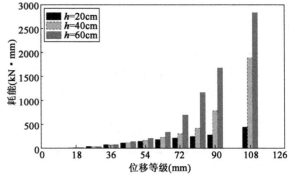

图 2-45 底部节段高度对桥墩耗能的影响

从图 2-44 可知,底部节段高度由 20cm 增加到 40cm 时,混合体系装配式桥墩的骨架曲线也随着升高;而底部节段高度由 40cm 增加到 60cm 时,其骨架曲线变化不大。由图 2-45 可以看出,随着底部节段高度的增加,桥墩在循环荷载作用下的耗能逐渐增大。在位移等级为 108mm 时,底部节段高度为 60cm 的桥墩耗能近似为底部节段高度为 20cm 的桥墩耗能的 6 倍。

本节基于 OpenSees 有限元分析模型,对混合体系装配式桥墩的重要抗震设计参数进行参数分析(包括轴压比、底部节段纵筋配筋率和底部节段高度),得出以下结论:

综合轴压比、底部节段纵筋配筋率和底部节段高度三个参数对混合体系装配式桥墩抗震性能的影响规律可以发现,对于一个给定轴压比和底部节段纵筋配筋率的混合体系装配式桥墩,存在一个较为合适的底部节段高度(h_0)使得此桥墩抗震性能相对于底部节段高度小于h_0的桥墩有较大提升(其他参数完全相同)。

本章参考文献

[1] OU Y C,OKTAVIANUS Y,TSAI M S. An emulative precast segmental concrete bridge column for seismic regions[J]. Earthquake Spectra,2013,29(4): 1441-1457.

[2] Motaref S,Saiidi M S,Sanders D. Shake table studies of energy-dissipating segmental bridge columns[J]. Journal of Bridge Engineering,2014,19(2): 186-199.

[3] 中华人民共和国交通运输部. 公路桥梁抗震设计规范:JTG/T 2231-01—2020[M]. 北京:人民交通出版社股份有限公司,2020.

[4] 中华人民共和国建设部. 铁路工程抗震设计规范:GB 50111—2006[M]. 北京:中国计划出版社,2006.

[5] 中华人民共和国住房和城乡建设部,中华人民共和国国家质量监督检验检疫总局. 建筑抗震设计规范(2016年版):GB 50011—2010[S]. 北京:中国建筑工业出版社,2010.

[6] 中华人民共和国住房和城乡建设部. 城市桥梁抗震设计规范:CJJ 166—2011[S]. 北京:中国建筑工业出版社,2011.

[7] 叶爱君,管仲国. 桥梁抗震[M]. 2版. 北京:人民交通出版社,2011.

[8] Kwan W P,Billington S L. Unbonded posttensioned concrete bridge Piers. Ⅱ: seismic analyses [J]. Journal of Bridge Engineering,2003,8(2):102-111.

[9] Wight J K. Changes to expect in the 2008 edition of the ACI building code (ACI 318-08)[J]. Concrete International,2007(7):49-53.

[10] 陈家勇. 预制装配桥墩的构造设计及抗震性能研究[D]. 南京:东南大学,2014.

[11] 汪磊,周应新,陈孔令. 中日公路桥梁抗震规范的对比及启示[J]. 公路,2010(8):67-74.

[12] 郑建波. 钢筋混凝土框架结构基于位移的抗震性能指标研究[D]. 上海:同济大学,2009.

[13] 中华人民共和国住房和城乡建设部,中华人民共和国国家质量监督检验检疫总局. 建筑工程抗震设防分类标准:GB 50223—2008[S]. 北京:中国建筑工业出版社,2008.

[14] Ou Yu-chen,Mu-Sen Tsai,Kuo-Chun Chang,et al. Cyclic behavior of precast segmental concrete bridge columns with high performance or conventional steel reinforcing bars as energy dissipation bars [J]. Earthquake Engineering & Structural Dynamics, 2010, 39 (11): 1181-1198.

[15] Motaref S,Saiidi M S,Sanders D. Shake table studies of energy-dissipating segmental bridge columns[J]. Journal of Bridge Engineering,2014,19(2):186-199.

[16] 刘艳辉. 基于性能抗震设计理论的城市高架桥抗震性能研究[D]. 成都:西南交通大学,2008.

[17] Rojahn C,Mayes R,Anderson D G,et al. Seismic design criteria for bridges and other highway structures[J]. National Center for Earthquake Engineering Research,1997.

[18] Japan Road Association. Design specification of highway bridge:part Ⅴ—seismic design[S]. Tokyo:Japan Road Association,2002.

[19] 高婧,葛继平,林铁良,等.干接缝节段拼装桥墩拟静力试验研究[J].振动与冲击,2011,30(4):211-216.

[20] Sun Z Y,Wu G,Wu Z S,et al. Seismic behavior of concrete columns reinforced by steel-FRP composite bars[J]. Journal of Composites for Construction,2011,15(5):696-706.

[21] Leitner E J,Hao H. Three-dimensional finite element modelling of rocking bridge piers under cyclic loading and exploration of options for increased energy dissipation[J]. Engineering Structures,2016,118:74-88.

[22] 张于晔.采用钢纤维混凝土的桥墩抗震性能研究[D].上海:同济大学,2013.

[23] Zhang Q,Alam M S. Evaluating the seismic behavior of segmental unbounded posttensioned concrete bridge piers using factorial analysis[J]. Journal of Bridge Engineering,2015,21(4):04015073.

[24] 葛继平.节段拼装桥墩抗震性能试验研究与理论分析[D].上海:同济大学,2008.

[25] Hewes J T,Priestley M J. Seismic design and performance of precast concrete segmental bridge columns[R]. San Diego:University of California at San Diego,2002.

[26] 布占宇,谢旭,丁勇,等.后张预应力预制桥墩抗震解析计算方法[J].建筑科学与工程学报,2012,29(3):61-67.

[27] Bu Z Y,Ou Y C. Simplified analytical pushover method for precast segmental concrete bridge columns[J]. Advances in Structural Engineering,2013,16(5):805-822.

[28] Bu Z Y,Guo J,Zheng R Y,et al. Cyclic performance and simplified pushover analyses of precast segmental concrete bridge columns with circular section[J]. Earthquake Engineering and Engineering Vibration,2016,15(2):297-312.

[29] Ichikawa S,Matsuzaki H,Moustafa A,et al. Seismic-resistant bridge columns with Ultra-high-performance concrete segments[J]. Journal of Bridge Engineering,2016,21(9):04016049.

[30] Palermo A,Pampanin S,Calvi G. Concept and development of hybrid solutions for seismic resistant bridge systems[J]. Journal of Earthquake Engineering,2005,9(6):899-921.

[31] Stergios,Mitoulis A,Rodríguez J R. Seismic performance of novel resilient hinges for columns 2 and application on irregular bridges[J]. Journal of Bridge Engineering,2016,22(2):04016114.

[32] Bu Z Y,Ou Y C,Song J W,et al. Hysteretic modeling of unbonded post-tensioned precast segmental bridge columns with circular section based on cyclic loading test[J]. Journal of Bridge Engineering,2016,21(6):4016016.1-4016016.14.

[33] Roh H,Reinhorn A M. Analytical modeling of rocking elements[J]. Engineering Structures,2009,31(5):1179-1189.

[34] Chung-Che C,Chen Y. Cyclic tests of post-tensioned precast CFT segmental bridge columns with unbonded strands[J]. Earthquake Engineering & Structural Dynamics,2006,35:159-175.

[35] Chou C,Hsu C. Hysteretic model development and seismic response of unbonded post-ten-

sioned precast CFT segmental bridge columns[J]. Earthquake Engineering & Structural Dynamics,2007,37(6):919-934.

[36] Chou C C,Chang H J,Hewes J T. Two-plastic-hinge and two dimensional finite element models for post-tensioned precast concrete segmental bridge columns[J]. Engineering Structures, 2013,46(1):205-217.

[37] Ou Y C,Chiewanichakorn M,Aref A J,et al. Seismic performance of segmental precast unbonded posttensioned concrete bridge columns[J]. Journal of Structural Engineering,2007, 133(11):1636-1647.

[38] Ou Y C,Oktavianus Y,Tsai M S. An emulative precast segmental concrete bridge column for seismic regions[J]. Earthquake Spectra,2013,29(4):1441-1457.

[39] Mander J B,Priestley M J N,Park R. Theoretical stress-strain model for confined concrete [J]. Journal of Structural Engineering,1988,114(8):1804-1826.

[40] Scott B D,Park R,Priestley M J N. Stress-strain behavior of concrete by overlapping hoops at low and high strain rates[J]. Aci Journal,1982,79(1):13-27.

[41] Sideris P. Large-scale seismic testing of a hybrid sliding-rocking post-tensioned segmental bridge system[J]. Journal of Structural Engineering,2014,140(6):04014025-04014025.

[42] Sideris P,Aref A J,Filiatrault A. Quasi-static cyclic testing of a large-scale hybrid sliding-rocking segmental column with slip-dominant joints[J]. Journal of Bridge Engineering,2014, 19(10):04014036.

[43] Sideris P. Nonlinear quasi-static analysis of hybrid sliding-rocking bridge columns subjected to lateral loading[J]. Engineering Structures,2015,101:125-137.

[44] 中华人民共和国交通运输部. 公路工程抗震规范:JTG B02—2013[J]. 北京:人民交通出版社,2014.

第 3 章 UHPFRC 局部增强装配式桥墩的抗震性能及其震后修复

3.1 概 述

预制节段拼装桥墩具有对环境影响小、施工工期短、施工安全性好、施工质量易保证等优点,这使其成为国内外桥梁工程界备受瞩目的研究热点。通过归纳分析迄今的节段拼装桥墩的抗震性能,发现主要的结构损伤集中于底部节段及其附近区域。

鉴于此,本章主要从底部节段的新型材料使用和构件形式出发设计预制节段拼装桥墩,以达到提高墩柱的抗震性能的目的。为了提高预制节段拼装桥墩的承载能力、耗能能力等抗震性能,在受力明显的底部节段采用超高性能纤维增强混凝土(UHPFRC)代替普通混凝土。本章对设计的四个预制节段拼装桥墩的试件进行了拟静力试验以研究其抗震性能。随后,根据拟静力试验的试件建立三维实体单元有限元模型,并通过设计参数分析研究其对预制节段拼装桥墩的抗震性能的影响。最后介绍了装配式桥墩的震后修复方法。

本章研究空心预制节段拼装桥墩以及底部节段组合构件形式墩柱的地震损伤、发展和改进其抗震设计方法,研究成果可为增强预制节段拼装桥墩的抗震性能、扩大其应用范围提供重要基础,对提高采用此类桥墩的桥梁结构地震安全性具有重要意义。

3.2 UHPFRC 局部增强装配式桥墩抗震性能试验

3.2.1 试件设计

以底部节段的形式为参数,共设计了 4 种装配式桥墩构造形式进行对比分析,如图 3-1 所示,分别为普通预制节段拼装桥墩 PSBC-1、底部节段为实心 UHPFRC 的预制节段拼装桥墩 PSBC-2、底部节段为空心 UHPFRC 的预制节段拼装桥墩 PSBC-3、底部节段采用 UHPFRC 空心节段与内柱组合而成的预制节段拼装桥墩 PSBC-4。

对四种装配式桥墩试件进行循环往复的拟静力试验,分析研究底部节段采用 UHPFRC 的预制节段拼装桥墩在墩顶水平力集中荷载作用下的抗震性能;探讨比较底部节段采用空心或实心的预制节段拼装桥墩的抗震性能;分析底部节段采用组合结构的预制节段拼装桥墩的结构形式合理性，为预制节段拼装桥墩的理论模型计算、优化设计以及参数分析提供试验基础。

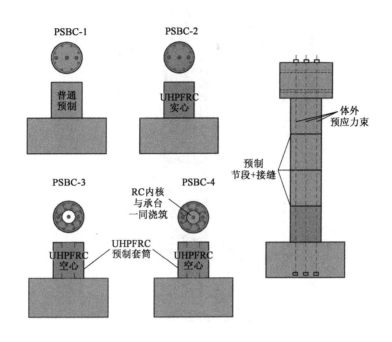

图 3-1 设计方案简图

注：RC 意为钢筋混凝土，英文全称为 Reinforced Concrete。

四个墩柱模型试件设计采用统一的尺寸，如图 3-2 所示[1]。加载端尺寸为 500mm × 500mm × 400mm，墩柱采用直径为 350mm 的圆柱截面，承台尺寸为 1200mm × 700mm × 500mm。为了锚固预应力筋，在承台底部掏空了 360mm × 120mm × 120mm 的凹槽。加载杆中心到墩顶的距离为 200mm，墩柱的加载有效高度为 1800mm（加载杆中心到承台上表面的距离）。试件的有效剪跨比为 5.14（加载方向即沿着圆截面直径的方向，试件高度的设计考虑试验条件的限制）。由于试验条件的限制，在本试验中，预应力筋（一条线上的三根筋）的布置不是双重对称的。在实际桥梁工程中，由于地震可能从不同的方向作用于桥梁，因此预应力筋的设计应为圆柱，双轴对称。由于本试验对桥墩试件施加单向循环荷载，采用预应力筋的单轴对称布置进行折中。

普通混凝土采用商品混凝土，其强度等级为 C50，抗压强度标准值为 32.4MPa，抗压强度设计值为 23.1MPa。UHPFRC 采用湖南大学提供的材料，其理论强度为 150～200MPa。纵筋采用 HRB400 热轧钢筋，直径为 12mm 或 8mm，抗拉强度标准值为 335MPa。箍筋采用 HPB335 光圆钢筋，直径为 6mm，其抗拉强度标准值为 335MPa。预应力钢筋采用公称直径为 15.24mm 的高强度低松弛钢绞线（由 7 根直径为 5mm 的钢丝构成），其预应力筋的抗拉强度标准值为 1860MPa，其屈服强度为 1674MPa（0.9×1860MPa）。各试件的底部节段截面图如图 3-3 所示，设计参数见表 3-1。

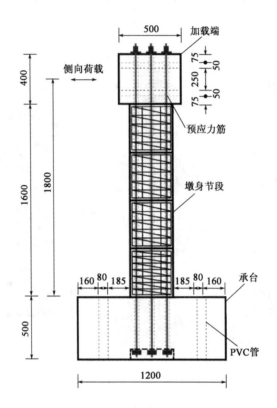

图 3-2 试件结构尺寸示意图(尺寸单位:mm)

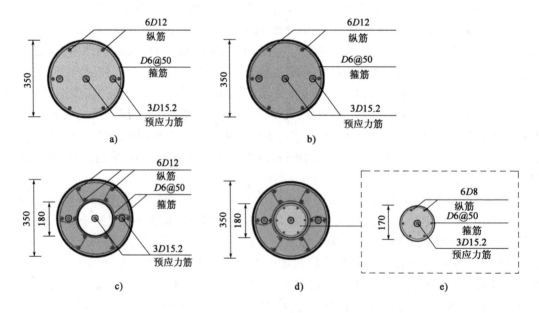

图 3-3 各试件的底部节段截面图(尺寸单位:mm)

各试件设计参数 表3-1

试件编号	有效墩柱高度(mm)	预应力筋	纵筋	箍筋	轴压比	底部节段的组合
PSBC-1	1800	3D15.2	6D12	D6@50/80	0.10/0.10	实心 RC
PSBC-2	1800	3D15.2	6D12	D6@50/80	0.10/0.03	实心 UHPFRC
PSBC-3	1800	3D15.2	6D12+6D12	D6@50/80	0.10/0.04	空心 UHPFRC
PSBC-4	1800	3D15.2	6D12+6D8	D6@50/80	0.10/0.04	空心 UHPFRC+内部 RC

注:1. 箍筋中 $D6@50/80$ 表示箍筋直径为6mm,桥墩的底部节段区域箍筋间距为50mm,其余节段箍筋间距为80mm。
2. 轴压比中两数值分别表示整体墩柱的轴压比和空心节段的轴压比。

3.2.2 试件材料选择及性能

1) 普通混凝土

试验采用的混凝土强度等级为 C50。混凝土配合比见表3-2。

C50 混凝土配合比(单位:kg·m³) 表3-2

水灰比	水泥	石子	砂	水	减水剂
0.36	478	1186	610	172	3.59

为了确定试验中混凝土的实际抗压强度和弹性模量,浇筑混凝土时预留了同一批次的试验需要的混凝土立方体试块(150mm×150mm×150mm)。在相同的外界环境条件下对预留的混凝土试块和墩柱构造进行养护。在满足龄期要求后,按照《普通混凝土力学性能试验方法》(GB/T 50081—2019)进行混凝土立方体试件28d抗压强度试验,测得的抗压强度值如表3-3所示。

试件实测混凝土抗压强度 表3-3

试件编号	1	2	3	4	5	6	平均值
抗压强度(MPa)	46.0	47.1	44.8	50.0	46.0	48.0	47.0

2) 超高性能纤维增强混凝土(UHPFRC)

试验中使用的超高性能混凝土材料由超高韧性混凝土干混料加入若干水搅拌而成。其中混杂纤维由平直纤维(直径0.12mm,长度8mm)和端钩纤维(直径0.2mm,长度13mm)两种纤维组成,其比例为7:8。混杂纤维的体积含量为3%,水灰比为8%。其材料状况如图3-4所示。

同普通混凝土一样,为了测得试验中 UHPFRC 的实际抗压强度,浇筑时预留了同一批次的试验需要的混凝土立方体试块(150mm×150mm×150mm),并在相同的外界环境条件下(蒸汽养护)对预留 UHPFRC 进行养护。满足要求后,进行立方体试件抗压强度试验,测得的抗压强度值如表3-4所示。

图 3-4 UHPFRC 照片

试件实测 UHPFRC 抗压强度 表 3-4

试件编号	1	2	3	4	5	6	平均值
抗压强度(MPa)	137.76	153.58	180.98	190.06	168.69	175.70	167.8

3）钢筋和预应力筋

本试验试件中墩身的纵筋是直径为 12mm 的 HRB400 热轧螺纹钢筋，箍筋是由直径为 6mm 的 HPB300 光圆钢筋制作而成的螺旋钢筋。试件 PSBC-4 的底部组合节段中的内部墩柱的纵筋为直径 8mm 的 HRB400 热轧螺纹钢筋。钢筋实测力学性能见表 3-5。

钢筋实测力学性能 表 3-5

钢筋直径(mm)	屈服强度(MPa)	极限强度(MPa)
6	376	478
8	344	456
12	356	482

本试验试件采用的预应力钢绞线，直径为 15.24mm，极限抗拉强度为 1860MPa，抗拉强度平均为 1964MPa（≥1860MPa），峰值力平均为 275kN（≥260kN），屈服力平均为 251kN（≥229kN），最大总伸长率平均为 5.1%（≥3.5%），弹性模量平均为 199GPa[（195±10）GPa]，应力松弛性能为 5.77%（≤6%）。

3.2.3 试验现象及结果分析

本节主要描述四个预制节段拼装桥墩在拟静力试验过程中展现的直观明显的试验现象，并对测量系统测得的试验数据进行整理。直观试验现象主要有：混凝土的开裂及裂缝的延展、节段之间接缝的张开闭合、保护层混凝土的破碎和剥落以及钢筋的屈服或断裂等。测量系统测量的数据有：滞回曲线、接缝的张开闭合变化、钢筋和混凝土的应变变化等。基于此，最后对四个不同的预制节段拼装桥墩的抗震性能的差异进行比较分析，并对底部节段采用组合结构的预制节段拼装桥墩的抗震性能进行初步的研究。

1) 试件损伤过程描述

(1) 普通预制节段拼装桥墩 PSBC-1

对于普通预制节段拼装桥墩 PSBC-1,其底部节段与上三个节段均使用 C50 混凝土浇筑而成。当加载位移等级为 -5.4mm(位移比为 0.3%)时(默认加载端推向为正、拉向为负),在底部节段(受拉向)与承台上表面之间首次观察到细小的接缝张开现象,如图 3-5 所示。当位移等级为 9mm(位移比为 0.5%)时,桥墩底部接缝处也首次出现轻微的接缝张开现象,如图 3-6 所示。

 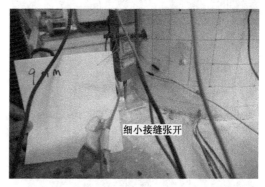

图 3-5 受拉向接缝首次出现细小接缝张开(-5.4mm)　　图 3-6 受推向接缝首次出现细小接缝张开(9mm)

当墩顶水平位移首次达到 -27mm(位移比为 1.5%)时,受拉向侧底部节段柱脚首次出现一条细长受压裂缝,如图 3-7 所示。当墩顶水平位移首次达到 36mm(位移比为 2%)时,受推向侧底部节段柱脚首次出现一条细长受压裂缝,如图 3-8 所示。

 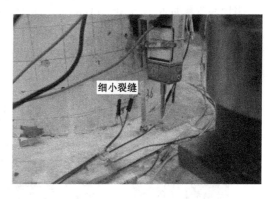

图 3-7 受拉向首次出现细小裂缝(-27mm)　　图 3-8 受推向首次出现细小裂缝(36mm)

当墩顶水平位移首次加载至 -36mm(位移比为 2%)时,受拉向侧底部节段柱脚细长裂缝形成的保护层区域开始剥落,如图 3-9 所示。当墩顶水平位移首次达到 45mm(位移比为 2.5%)时,受推向侧底部节段柱脚形成新的竖向受压裂缝,之前的裂缝沿竖向发展,区域保护层轻微剥落,如图 3-10 所示。

当墩顶水平位移加载至 108mm(位移比为 6%)时,底部节段柱脚左侧约 30mm 以下的保护层较大程度剥落,如图 3-11 所示。当位移等级到 -108mm(位移比为 6%)时,底部节段柱脚右侧约 70mm 以下的保护层较大范围剥落,如图 3-12 所示。

图3-9 受拉向柱脚保护层轻微剥落(−36mm)

图3-10 受推向柱脚保护层轻微剥落(45mm)

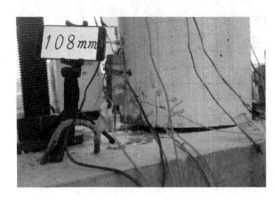
图3-11 受拉向柱脚保护层较大程度剥落(108mm)

图3-12 受推向柱脚保护层较大范围剥落(−108mm)

当加载端侧向位移达到144mm时,底部节段柱脚两侧的混凝土保护层已出现大面积剥落,接缝张开明显可见预应力筋,可见混凝土内部裂缝,裂缝竖向延伸发展到150mm高度。墩身两侧底部的混凝土遭受严重的破坏,导致墩身倾斜角度过大,考虑试件安全问题,结束加载过程,墩柱试件PSBC-1的最终损坏状态如图3-13所示。

a)整体状态

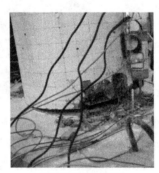
b)受推向墩身底部

c)受拉向墩身底部

图3-13 试件PSBC-1的最终损坏状态

(2)实心UHPFRC底部节段拼装桥墩PSBC-2

对于实心UHPFRC底部节段拼装桥墩PSBC-2,其底部节段(Seg1)由超高性能纤维增强混凝土UHPFRC浇筑而成,尺寸与其他三个节段相同,而其他三个节段(Seg2、Seg3和Seg4)均使用 C50 混凝土浇筑而成。当墩顶侧向位移达到 3.6mm（位移比为 0.2%）时，受推向墩身底部 UHPFRC 节段与承台之间的接缝出现轻微的张开现象，如图 3-14 所示。当墩顶侧向位移达到 -5.4mm（位移比为 0.3%）时，受拉向墩身底部 UHPFRC 节段底部接缝开始张开，如图 3-15 所示。

图 3-14　受推向底部接缝轻微张开(3.6mm)　　　图 3-15　受拉向底部接缝轻微张开(-5.4mm)

当墩顶侧向位移达到 13.5mm（位移比为 0.75%）时，墩柱整体出现侧向滑移现象，底部节段推向滑移约 7mm，如图 3-16 所示。当墩顶侧向位移达到 27mm（位移比为 1.5%）时，底部 UHPFRC 节段的柱脚边缘的混凝土压碎剥落，露出 UHPFRC 材料中的混杂钢纤维，如图 3-17 所示。

图 3-16　墩柱侧向滑移(13.5mm)　　　图 3-17　柱脚边缘混凝土压碎(27mm)

当墩顶侧向位移达到 162mm（位移比为 8%）时，墩身两侧底部 UHPFRC 节段的柱脚边缘处的混凝土因严重的局部承压而发生严重的变形，UHPFRC 中的钢纤维外露但混凝土没有发生剥落现象，同时发生较大的侧向滑移，墩身倾斜角度也过大。考虑试件安全问题，结束加载过程，墩柱试件 PSBC-2 的最终损坏状态如图 3-18 所示。

(3) 空心 UHPFRC 底部节段拼装桥墩 PSBC-3

对于空心 UHPFRC 节段拼装桥墩 PSBC-3，其底部节段（Seg1）是由超高性能纤维增强混凝土 UHPFRC 浇筑而成的空心节段，其他三个节段（Seg2、Seg3 和 Seg4）均为由 C50 混凝土材料浇筑而成的实心节段。当墩顶侧向位移达到 -3.6mm（位移比为 0.2%）时，底部 UHP-FRC 节段的柱脚受拉向侧首次出现轻微的接缝张开现象，如图 3-19 所示。当墩顶水平位移达到 5.4mm(位移比为 0.3%)时,底部 UHPFRC 节段的柱脚受推向侧出现轻微的接缝张开现象,如图 3-20 所示。

a)整体状态

b)受推向墩身底部

c)受拉向墩身底部

图 3-18　试件 PSBC-2 的最终损坏状态(8%)

图 3-19　受拉向柱脚轻微接缝张开(-3.6mm)

图 3-20　受推向柱脚轻微接缝张开(5.4mm)

当墩顶侧向位移分别达到 -5.4mm 和 9mm 时,底部 UHPFRC 节段(Seg1)和第二节段(Seg2)之间的接缝处出现沿着接缝的细微的裂纹,直到试验终止,接缝仍然没有出现肉眼可见的接缝张开现象,如图 3-21 所示。

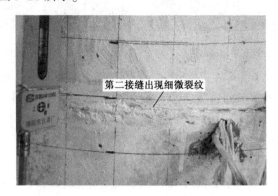

图 3-21　第二接缝最终发展状况(-5.4mm)

当墩顶侧向位移达到 -108mm(位移比为 6%)时,底部 UHPFRC 节段(Seg1)的柱脚受推向的混凝土出现肉眼可见的开裂现象,柱脚边缘受压变形外凸,如图 3-22 所示。当墩顶水平位移达到126mm（位移比为7%）时，承台与底部UHPFRC节段（Seg1）之间的普通混凝土因强度差被挤压而产生轻微的破碎，如图3-23所示。

图3-22　柱脚变形及混凝土开裂（-108mm）　　图3-23　底部接缝之间混凝土轻微挤压破碎（126mm）

当墩顶侧向位移达到-144mm（位移比为8%）时，底部UHPFRC节段的柱脚产生较大的受压变形因而钢纤维外露，保护层混凝土碎裂，底部接缝张开的宽度较大，整体墩身的倾斜角度也较大，为了安全考虑，试验终止。试件PSBC-3的最终损坏状态如图3-24所示。

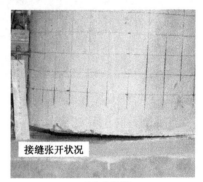

a)整体状态　　　　　b)受推向柱脚　　　　　c)受拉向柱脚

图3-24　试件PSBC-3的最终损坏状态（8%）

（4）混合体系装配式桥墩PSBC-4

对于混合体系装配式桥墩PSBC-4，其底部结构为由超高性能纤维增强混凝土UHPFRC浇筑而成的空心节段（与试件PSBC-3的底部节段相同）和与承台共同浇筑的小直径凸起内柱组合而成，上面其他三个节段（Seg2、Seg3和Seg4）为由C50混凝土浇筑而成的普通实心节段。当墩顶侧向位移达到-3.6mm（位移比为0.2%）时，底部节段（Seg1）与上一节段（Seg2）之间的受推向接缝出现轻微的张开现象，如图3-25所示。当墩顶侧向位移达到5.4mm（位移比为0.3%）时，Seg1与Seg2之间的受拉向接缝也出现轻微的张开现象，同时底部节段与承台之间的受拉向接缝也出现轻微的张开现象。当墩顶侧向位移达到-5.4mm（位移比为0.3%）时，底部节段与承台之间的受推向接缝也出现轻微的张开现象，如图3-26所示。

当墩顶侧向位移达到-13.5mm（位移比为0.75%）时，第二接缝处Seg2的受拉向边缘产生水平的压裂缝，如图3-27所示。当墩顶侧向位移达到18mm（位移比为1%）时，在第二接缝处Seg2的受推向边缘又开始产生水平的压裂缝，如图3-28所示。

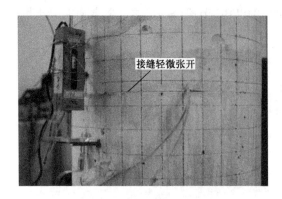
图3-25 第二接缝轻微张开(-3.6mm)

图3-26 第一接缝轻微张开(-5.4mm)

图3-27 受拉向第二接缝处压裂缝(-13.5mm)

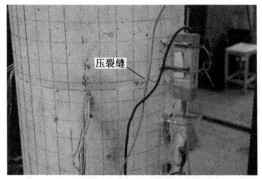
图3-28 受推向第二接缝处压裂缝(18mm)

当墩顶侧向位移达到-45mm(位移比为2.5%)时,在接缝张开闭合行为和第二节段(Seg2)底部区域压裂缝延展的同时,底部UHPFRC节段的第二接缝处开始出现轻微的压裂缝,另一侧的接缝边缘也发生轻微的受压变形,如图3-29和图3-30所示。

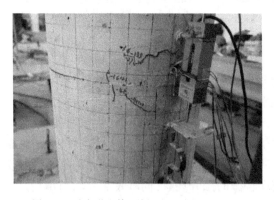
图3-29 底部节段第二接缝处压裂缝(-45mm)

图3-30 第二接缝处的混凝土受压变形(45mm)

当墩顶侧向位移达到-72mm(位移比为4%)时,受推向的第二节段(Seg2)在第二接缝处的保护层混凝土小范围被压碎剥落,如图3-31所示。而受压向的接缝处的保护层没有出现较大的受压裂缝或压碎剥落的现象,只是UHPFRC节段的边缘受压变形程度变大,第二节段(Seg2)的受压裂缝延展。

图 3-31 第二接缝保护层混凝土压碎剥落(-72mm)

当墩顶侧向位移达到108mm(位移比为6%)时,在受推向的第二节段(Seg2)的第二接缝处上约100mm的范围内保护层混凝土严重剥落,箍筋外露,核心混凝土开裂;受拉向的第二节段接缝处也出现小范围的保护层剥落现象;底部接缝整个加载过程中没有出现较大的接缝张开闭合行为,而第二接缝出现较大的接缝张开闭合现象,此时墩身倾斜的角度出现较大,为了结构安全考虑,结束试验加载。试件 PSBC-4 的最终损坏状态如图 3-32 所示。

a)整体状态　　　　　　b)受推向第二接缝处　　　　　　c)受拉向第二接缝处

图 3-32 试件 PSBC-4 的最终损坏状态(6%)

(5)各试件损伤现象比较分析

试件 PSBC-1、PSBC-2 和 PSBC-3 都属于完全预制节段拼装桥墩,主要区别在于底部节段的材料和结构形式(实心或空心);试件 PSBC-4 与其他试件的不同之处在于底部节段的构件组合形式(空心节段或空心套筒组合节段)。各试件损伤状况见表3-6。

各试件损伤状况　　　　表 3-6

试件编号	损伤区域	损伤行为	损伤状况
PSBC-1	底部普通节段柱脚	底部接缝张开闭合	混凝土保护层剥落
PSBC-2	底部节段柱脚	底部接缝张开闭合	UHPFRC 柱脚边缘受压变形
PSBC-3	底部节段柱脚	底部接缝张开闭合	UHPFRC 柱脚边缘受压变形
PSBC-4	第二普通节段柱脚	第二接缝张开闭合	第二节段柱脚保护层剥落,箍筋外露

普通预制节段拼装桥墩 PSBC-1 与试件底部节段采用 UHPFRC 的 PSBC-2 和 PSBC-3 相比，试件的损伤主要通过底部接缝的张开闭合行为，作用集中在底部接缝处。试件 PSBC-1 的损伤主要集中在底部接缝的接触面上，以及接触面上节段柱脚范围内的混凝土的开裂、压碎和剥落等，其他位置没有明显的损伤。在很小的墩顶侧向位移时，底部接缝就轻微张开，在循环荷载作用下，接缝发生张开闭合的行为。随着位移等级的增加，接缝张开的宽度也逐渐增加，也在底部节段柱脚水平向上延伸而发展成受压裂缝，同时混凝土局部受压导致的压碎程度也越来越大。最终保护层混凝土压碎剥落，没有出现箍筋纵筋的屈服等现象。

试件 PSBC-2 和试件 PSBC-3 的底部节段均由超高性能纤维增强混凝土 UHPFRC 浇筑而成。其主要的损伤也是通过底部接缝的张开闭合行为产生的。同样地，在位移比很小的情况下，底部接缝就会张开，随着循环作用产生张开闭合的行为。然而，与试件 PSBC-1 不同的是，由于底部 UHPFRC 在材料属性上的高性能（高抗压抗拉强度、高韧性），底部节段柱脚处本该有混凝土的裂缝发展，然而此时保护层混凝土压碎剥落等现象都不再出现，反而产生柱脚处的 UHPFRC 受压变形导致混凝土受压挤出和内部的钢纤维外露等现象。遗憾的是，可能由于预应力筋锚固和接缝间黏结的原因，试件 PSBC-2 在试验加载过程中出现较大的墩柱侧向位移。

对于底部采用组合构件形式的试件 PSBC-4，和试件 PSBC-3 不同的是底部 UHPFRC 空心节段和与承台共同浇筑的小直径内柱黏结而成的底部节段。由于底部节段被固结在承台上，其损伤主要发生在底部节段与上一节段之间的接缝处，表现为接缝的张开闭合行为。在较小的位移比下，底部接缝和第二接缝都会张开，但是随着位移比的变大，底部接缝不会再变化，而第二接缝的张开宽度会逐渐变大。同时，随着第二接缝的张开闭合变化，第二节段（普通混凝土）在接缝上的范围内也会出现裂缝的发展延伸，受压侧混凝土的压碎和剥落，最终导致第二节段的柱脚处混凝土的保护层混凝土严重剥落和箍筋外露的破坏。

2）试验数据分析

基于试验过程中得到的实测数据，对其整理分析，得到试件的抗震性能参数：滞回曲线、耗能能力、接缝张开、残余位移和曲率等，从而通过这些参数对各试件的抗震性能进行分析。

(1) 滞回曲线

桥墩结构在循环往复作用下得到的加载端荷载-位移关系曲线称为滞回曲线，是结构抗震性能的综合响应，是分析结构的抗震性能的基础。滞回曲线描述了结构的刚度退化特性和耗散地震能量的能力等信息。在每个滞回环中，曲线斜率的变化代表了结构刚度的变化，滞回环的面积大小反映了结构塑性变形耗散地震能量的能力。

从循环试验中获得的各个试件的实测侧向荷载-侧向位移（位移比）滞回曲线如图 3-33 所示。图中还显示了位移比以便与位移进行比较。由于预应力筋的预应力水平设计得比较低，以尽量减少预应力筋的屈服，因此在试验过程中，预应力筋始终处于弹性状态。因此，在较大的横向位移水平下，墩柱试件仍然能保持很好的承载能力，且试件的后屈服刚度也较大。加载端侧向位移较小时，各试件结构基本处于弹性阶段，因此表现为滞回环的集中重叠。随着位移比的增加，接缝张开闭合行为、混凝土的开裂及裂缝延展甚至混凝土的剥落损伤、钢筋损伤、墩柱侧向滑移、预应力筋松弛等现象发生，滞回环向外扩散，其面积也相应增大。

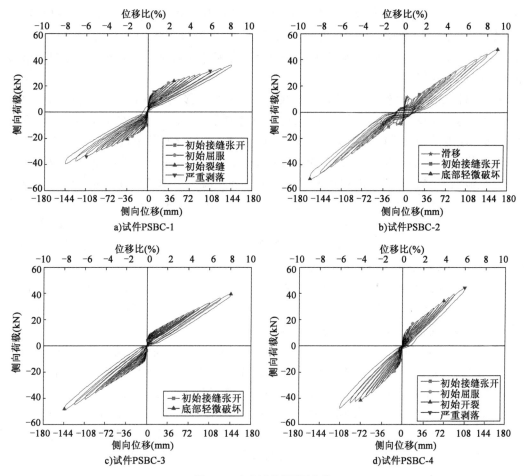

图 3-33 各个试件的滞回曲线

滞回曲线上也被标记了几个临界加载阶段点。"初始接缝张开"(Initial Joint Opening)表示接缝开口超过 0.1mm 时的状态。"初始屈服"(Initial Yielding)是指混凝土压缩应变达到 0.002$\mu\varepsilon$ 时的状态[2]。对于预制节段拼装桥墩,由于纵向钢筋沿墩柱方向上是不连续的,所以在循环荷载作用下的纵筋应变非常小。所以通过节段预制拼装桥墩的钢筋应变状况来确定"初始屈服"是比较不容易的。但是,接缝处的混凝土的压缩应变通常比较大,且在循环荷载作用下容易发生混凝土的损伤。因此,本书选择混凝土压缩应变作为"初始屈服"的指标。"初始开裂"(Initial Cracking)是指首次出现可见裂纹时的状态,通常在接缝张开达到较大程度时出现。"严重剥落"(Severe Spalling)表现为明显的混凝土剥落现象。

对于试件 PSBC-1,在 0.3% 的负方向(-0.3%循环)观察到"初始接缝张开",如图 3-33a)所示。"初始屈服"发生在 2% 位移比的第一个循环中。"初始开裂"发生在 2.5% 的位移比中。在 6% 的位移比下发现了"严重混凝土剥落"。此滞回曲线展示了其较小的刚度退化、较强的自复位能力。试样 PSBC-1 的极限侧向荷载(正负方向的最大值)为 39.2kN。

试样 PSBC-2 在 0.2% 位移比下的侧向荷载突然增加,如图 3-33b)所示。这是由于预应力筋和锚头的界面之间发生了滑动。在 0.2% 位移比下,试件 PSBC-2 的预应力筋的一端与锚头之间发生滑动,并伴有响声,人耳可以明显听到。在安装过程中,预应力筋与锚头之间的接口处存在一个小间隙，可能导致滑动。在1.3%位移比下观察到"初始接缝张开"。可以看出，在9%位移比下，最大残余位移为21.7mm。试件PSBC-2的极限侧向荷载为51.9kN，比试件PSBC-1大32.4%。结果表明，在底部节段采用超高性能纤维增强混凝土可以显著提高节段拼装桥墩的侧向承受能力。

对于试件PSBC-3，"初始接缝张开"出现在0.1%的位移比中，如图3-33c)所示。由于混凝土应变未达到$0.002\mu\varepsilon$，曲线上无法观察到"初始屈服点"。由于试件PSBC-3的底部节段采用了超高刚度的超高性能纤维增强混凝土（UHPFRC），因此底部节段的混凝土应变和试件PSBC-2一样都非常小。此外，在整个加载过程中，几乎没有肉眼可见的混凝土开裂和剥落现象。结果表明，采用带空心截面的超高性能纤维增强混凝土（UHPFRC）底部节段可以有效地降低节段拼装桥墩在侧向循环荷载作用下的结构损伤。试件PSBC-3的极限侧向荷载为48.4kN，比试件PSBC-2约小6.7%，这主要是因为试件PSBC-3的循环试验在较小的侧向位移等级（8%的位移比）下就停止了加载。而在相同的8%位移比下，试件PSBC-3的最大侧向荷载反而比试件PSBC-2的最大侧向荷载45.9kN大5.4%。

图3-33d)所示为试件PSBC-4的滞回曲线。"初始接缝张开"发生在位移比为0.15%时接缝Seg1~Seg2的周围。在位移比1%循环中观察到"初始屈服"。"初始开裂"出现在2%的位移比循环中。Seg2的保护层混凝土在6%的位移比循环中发生了"混凝土严重剥落"。由于试件PSBC-4的内柱与承台整体浇筑，在大的侧向位移比下，塑性铰可能会在底部节段形成。由于内柱的横向约束作用，Seg1与承台之间接缝的张开和剪切滑动显著减小。在相同的循环荷载作用下，试件PSBC-4的Seg1与Seg2之间的接缝发生了一个较大的接缝张开，以实现与试件PSBC-3相同的加载端顶横向位移。对于试件PSBC-4，类似试件PSBC-3的滑移和混凝土损伤转移到了Seg1和Seg2之间的接缝上。由于Seg1采用强度较大的超高性能纤维增强混凝土（UHPFRC），在相对较大的6%位移比循环作用下，混凝土的严重损伤主要集中在Seg2底部区域。因此，与试件PSBC-3相比，试件PSBC-4在相同的位移比下产生了更大的侧向荷载和更大的能量耗散能力。试件PSBC-4在6%位移比下的极限侧向力为48.1kN，比同一位移比下的试件PSBC-3约大18.2%。

(2) 耗能能力

桥墩的耗能能力是指该桥墩结构在荷载作用下发生塑性变形吸收能量的能力，反映了桥墩抵抗和吸收地震能量的能力，是评价结构抗震性能的一个重要指标。通常采用累积耗能能力、等效黏滞阻尼系数、能量耗散系数等来评价桥墩的耗能能力，本节分别采用前两个指标来研究桥墩的耗能能力。

① 累积耗能能力

耗能能力与滞回环密切相关，累积耗能能力为循环荷载作用下的每个滞回环所包围的面积累计之和。

图3-34显示了所有试件在不同侧向位移等级下的耗能能力。从中可以看出：

a. 累积耗能能力的大小为（6%位移比之前）：试件PSBC-2＞试件PSBC-4＞试件PSBC-1＞试件PSBC-3。

b. 试件PSBC-2比试件PSBC-1表现出更大的耗能能力。对于试件PSBC-2而言，采用实心超高性能纤维增强混凝土（UHPFRC）底部节段的桥墩比底部节段采用试件PSBC-1的普通钢筋混凝土的桥墩消耗更多的能量。在 8% 位移比水平下，试件 PSBC-2 的累积耗能约为 8162kN·mm，而试件 PSBC-1 的累积耗能约为 4915kN·mm。

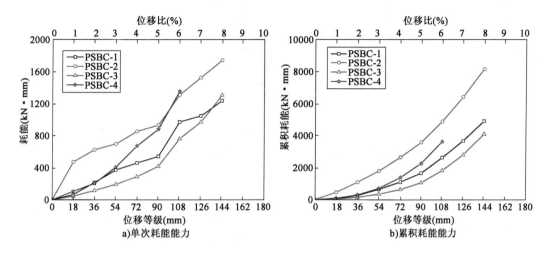

图 3-34　耗能能力

c. 与试件 PSBC-2 相比，试件 PSBC-3 在各位移等级下的能量耗散均比较小。这可能是由于与试件 PSBC-2 的实心底部节段相比，试件 PSBC-3 采用 UHPFRC 空心底部节段，也更有可能是预应力筋滑移引起的墩柱错动导致的。

d. 试件 PSBC-4 的耗能能力明显大于试件 PSBC-3，试件 PSBC-3 的结构设计与 PSBC-4 相同，只是没有内柱。试件 PSBC-4 在较大的位移等级下，由于内柱塑性铰的逐渐形成以及相应的混凝土损伤，消耗了相当大的能量。因此，在较高的位移等级水平下，试件 PSBC-4 相对于试件 PSBC-3 的耗能能力优势更为显著。在 6% 位移幅值水平下，试件 PSBC-4 的累积耗能约为 3628kN·mm，明显大于累积耗能约为 1827kN·mm 的试件 PSBC-3。

e. 试件 PSBC-2 的累积耗能能力是所有试件中最大的，主要原因是其在 0.5% ~ 1% 位移比中出现了预应力筋滑移和节段之间侧向错动的作用，使滞回曲线出现陡降（滞回退化），直接使得滞回环面积增大和累积耗能能力增大。这与理想结果稍微有点差距。

②等效黏滞阻尼系数

等效黏滞阻尼系数也是评价桥墩结构耗能能力的重要系数。

等效黏滞阻尼系数可定义为：

$$\xi_{eq,h} = \frac{1}{2\pi} \frac{A_1}{A_2} \quad (3-1)$$

式中，A_1、A_2 分别为图 3-35 中阴影部分 S_{ABCDEF} 和 $S_{OBG} + S_{ODE}$ 的面积，分别代表滞回耗能和弹性变形能。

计算得到的等效黏滞阻尼系数如图 3-36 所示。

从图 3-36 中可以看出，不同试件的等效黏滞阻尼系数和位移的曲线各有不同，具体如下：

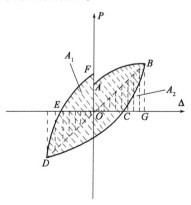

图 3-35　等效黏滞阻尼系数计算图

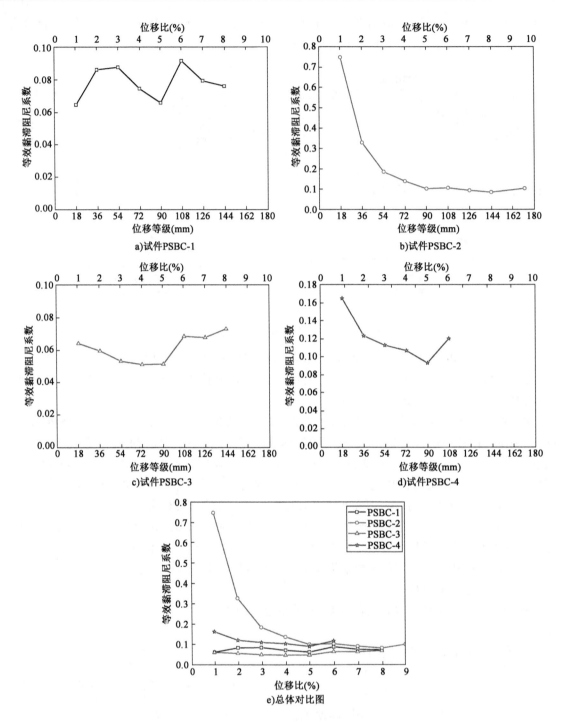

图 3-36 各试件的等效黏滞阻尼系数

a. 试件 PSBC-1 的等效黏滞阻尼系数随着位移等级的增加呈上升下降再上升下降的趋势。

b. 除了试件 PSBC-1,其他试件在位移等级相对较低时,等效黏滞阻尼系数随着位移等级的增大均呈下降的趋势。当位移等级超过一定数值后,等效黏滞阻尼系数呈上升的趋势,说明随着桥墩构件混凝土损伤程度的增加,其耗能能力在逐渐增加。

c. 由于底部节段构件组合形式的缘故,试件 PSBC-4 的损伤耗能机制区别较大,其等效黏滞阻尼系数明显比试件 PSBC-3(底部节段没有采用固结内柱)大。在 6% 位移比时,试件 PSBC4 的等效黏滞阻尼系数比试件 PSBC-3 的约高出 76.2%。

d. 试件 PSBC-2 的等效黏滞阻尼系数与其他试件明显不同,其数值较大,高于其他试件。其主要原因是试件 PSBC-2 在试验前期 0.5%~1% 位移幅值等级期间发生预应力滑移作用使得节段侧向滑移,使得骨架曲线出现一个突然的下降段,从而导致较大的滞回环面积,最终使得其等效黏滞阻尼系数相对较大。

(3)接缝张开

与整体现浇桥墩不同的是,预制节段拼装桥墩是由若干预制节段拼装而成。在循环反复加载作用下,受力关键区域的两节段之间可能会发生接缝张开的现象。因此,接缝张开也是研究节段拼装桥墩的抗震性能的重要指标之一。本书中节段与节段之间通过干接缝法黏结,在试验过程中会出现接缝张开的现象。本节的试验中,通过位移传感器来测量接缝之间的张开距离。图 3-37 所示显示了四个试件(东、西侧两个方向)在不同位移比下的接缝张开最大值。

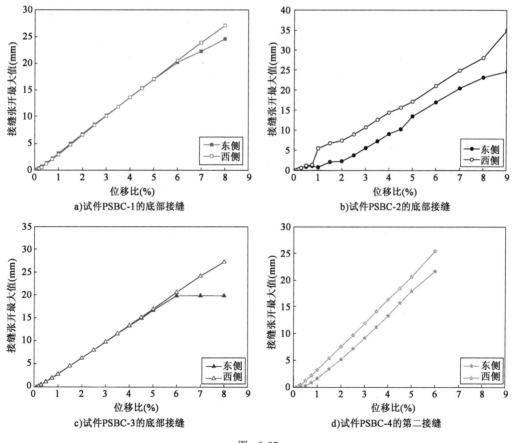

图 3-37

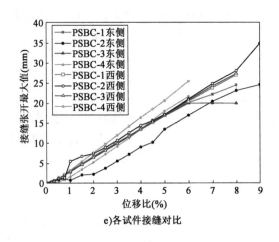

e) 各试件接缝对比

图 3-37 接缝张开图

从图中可以看出:

① 一般情况下,接缝张开的峰值随位移比的增大而增大。

② 除试件 PSBC-4 外,试件的接缝张开闭合主要集中在承台和 Seg1 之间的接缝处。对于试件 PSBC-4,在 Seg1 和 Seg2 之间的接缝处观察到最大的接缝张开宽度。

③ 4 个试件西侧的接缝张开的峰值一般均大于东侧的接缝张开峰值。这可能是由于加载方向的顺序以及 3 根预应力筋中侧边的预应力值的不同而导致的试验误差。当墩柱试件被拉向西侧(东侧接缝张开)时,由于残余位移,实际的墩柱侧向位移会小于推向东侧(西侧接缝张开)的试件的位移。然后,试件将在西侧表现出较大的接缝张开峰值。另外,由于可能存在的安装误差,两侧预应力筋的预应力不完全相同,也造成两侧接缝张开的不对称。

④ 对于在 6% 位移比下的西侧的接缝张开宽度,试件 PSBC-4 的最大值为 25.5mm,而其他 3 个试件的接缝张开相似,张开宽度范围为 20~21mm。主要原因可能是试件 PSBC-4 的接缝张开闭合行为主要发生在 Seg1 与 Seg2 之间的接缝处,导致在同一位移比下的接缝张开角度较大。

⑤ 试件 PSBC-3 的接缝张开数值在 6% 位移比后存在一个水平段,这主要是由于试验过程中此刻后墩柱东侧的测量接缝张开大小的位移测量装置发生故障不能正常工作。按照实际预想, 6% 位移比后东侧的接缝张开数值依旧不断增加,且与西侧接缝张开值有着略微的差别。

(4) 残余位移

残余位移是指构件从加载变形、卸载到荷载为零时对应的构件不可恢复的塑性变形[3]。对桥墩墩柱来说,残余位移在拟静力试验滞回曲线上对应为卸载段与 X 坐标轴的交点,即卸载到荷载为零时的墩顶侧向位移。桥墩的残余位移如果小,则不仅有利于桥梁结构在地震作用中的安全性,以及地震后的安全使用和救援工作,而且能降低震后修复的费用。因此,残余位移也是评价桥墩抗震性能的重要指标。图 3-38 所示为残余位移定义图,其中 A 点为滞回曲线某一环的卸载段与横坐标的交点,OA 的长度值为荷载 P 卸载为零时的位移变形值,即残余位移 Δ_{res}。

图 3-39 显示了四个试件在不同位移比下的残余位移曲线。

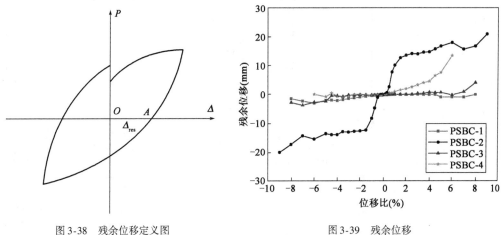

图 3-38　残余位移定义图　　　　图 3-39　残余位移

由图可以看出：

① 在 8% 位移比时，试件 PSBC-1 和试件 PSBC-3 的残余位移分别为 1.5mm 和 4.1mm，与试件 PSBC-2 相比相对较小。

② 由于侧边的预应力筋与锚固端在 0.2% 位移比下发生了滑动，由预应力筋向墩柱试件 PSBC-2 提供的压应力也同时减小了。这也减少了底部节段和基承台之间的摩擦作用，导致底部节段与基承台之间的相对滑动。因此，PSBC-2 的残余位移相对较大（最大为 21.7mm）。以此为鉴，在今后的预应力混凝土结构施工中，应避免预应力筋安装时的施工误差，尽量减少预应力筋与锚头之间的滑移引起的残余位移。

③ 对于试件 PSBC-4，在 6% 位移比下，最大残余位移约为 13.5mm，而试件 PSBC-4 在相反方向上的残余位移非常小。这可能是由试验过程中试件的混凝土破坏不对称造成的。

（5）转角

试件的曲率不能通过位移传感器直接测得，而要根据位移测量值计算得到。墩柱试件在弯曲变形时，两侧混凝土纤维分别产生拉、压变形。转角值等于墩柱在加载方向两侧测得的垂直位移差与两个位移传感器的横向距离之比。相比于整体现浇桥墩，本试验中节段拼装桥墩的接缝转角所在的 H 范围不好确定，不好确定是节段的高度还是整体墩身的高度。为此，用转角分布来替换曲率分布研究墩柱的此特性。图 3-40 所示为在不同位移比下沿着节段拼装桥墩试件不同墩柱高度的转角分布。随着位移比的增加，推向（西向东）和拉向（东向西）方向的转角都会增加。如图 3-40a)~c) 所示，对于试件 PSBC-1、PSBC-2 和 PSBC-3，接缝的转角主要集中在承台和节段 Seg1 之间的接缝，随着位移比的增加，接缝转角逐渐增大。在 8% 位移比下，试件 PSBC-1、PSBC-2 和 PSBC-3 的最大接缝转角分别为 0.045、0.057 和 0.052。试件 PSBC-4 的转角集中在 Seg1 和 Seg2 之间的接缝，在 6% 位移比时接缝的最大旋转为 0.044，如图 3-40d) 所示。

超高性能纤维增强混凝土在底部节段的应用，在一定程度上提高了混凝土的节段刚度，限制了混凝土的变形，使接缝的旋转量比试件 PSBC-1 大。在 2% 位移比和 2% 位移比之前，试件 PSBC-2 在推向的接缝旋转大于试件 PSBC-3 的接缝旋转，这可能是由于在 2% 位移比之前，Seg1 和 Seg2 之间接缝的剪切滑动造成的。

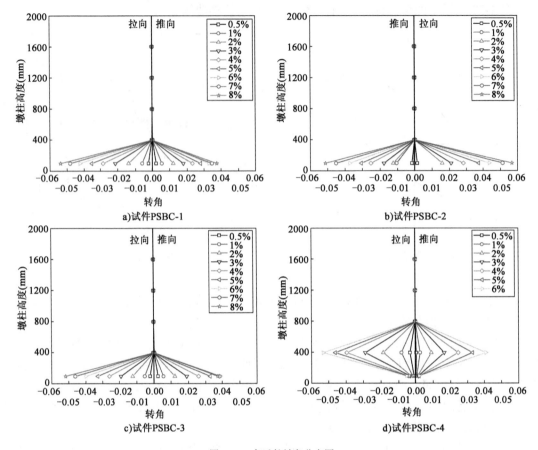

图 3-40 各试件转角分布图

3.3 桥墩抗震性能精细数值分析

目前,桥梁的抗震性能的试验研究方法主要包括:拟静力试验、拟动力试验以及振动台试验等。通过这些试验方法对桥梁结构以及其缩小比例构件模型进行抗震性能研究。然而,试验研究方法周期较长,所需费用较高,试验条件以及操作过程对试验结果影响相对较大。近年来,国内外有限元软件的开发和引进使得有限元法数值模拟计算分析方法在工程问题的分析中得到愈加广泛的应用。有限元分析法成为分析研究桥梁抗震问题的一个重要工具。

3.3.1 数值模型建立

本章采用ABAQUS分析软件建立了上述试件的同尺寸、同属性材料、同加载方式的三维实体单元模型并进行数值分析,并将数值模拟计算的结果与拟静力试验的结果进行了对比分析,验证了模拟方法及所建模型的可用性。

1)单元选择

ABAQUS分析软件具有如实体单元、梁单元、杆单元等八种单元类型,可以根据具体分析问题选择合适的单元类型,可以保证计算结果尽可能精确,工作量又不会过大[4-5]。本节的计算模型中,混凝土和 UHPFRC 均采用八节点六面体线性减缩积分的三维实体(Solid)单元 C3D8R,纵筋和箍筋采用两节点三维线性桁架(Truss)单元 T3D2,而预应力筋采用一阶三维两节点线性插值的梁(Beam)单元 B31,见表 3-7。

各材料的单元类型 表 3-7

材料	混凝土	UHPFRC	纵筋和箍筋	预应力筋
单元类型	实体单元 C3D8R	实体单元 C3D8R	桁架单元 T3D2	梁单元 B31

2)相互作用

如图 3-41 所示,预制节段拼装桥墩的各个部件(Part)之间的相互作用(连接方式)的模拟,主要分为三种:

(1)各个节段之间的相互作用(即加载端与节段 4、节段 4 与节段 3、节段 3 与节段 2、节段 2 与节段 1、节段 1 与承台)。

(2)钢筋(包括纵筋、箍筋和预应力筋)与混凝土之间的相互约束作用。

(3)荷载加载点与加载端之间的相互作用。

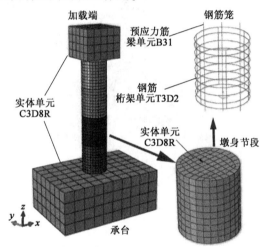

图 3-41 典型墩柱模型的建模图

各个节段之间主要是通过表面与表面接触(Surface-to-surface Standard)的方式将两个节段的两个面进行连接,滑动公式选择有限滑移(Finite Sliding)。在创建节段之间相互作用之前,需要对接触行为属性进行定义,相邻的两节段之间接触面的接触属性主要由法向行为和切向行为构成。其中法向行为采用"硬"接触,并允许接触后分离,以使接触面可以承受压力,并使受拉时两接触面可以分离(模拟节段之间的接缝张开闭合行为)。其中,接触面的切向行为可通过设置摩擦公式为罚函数法,并取摩擦系数为 0.5 进行模拟[6-7]。

对于底部采用 UHPFRC 空心套筒和普通混凝土内柱的组合结构,二者之间也是通过表面与表面接触连接,但是滑动公式选择小滑移(Small Sliding),接触定义为黏性行为(Cohesive Behavior)。普通混凝土内柱与承台之间采用绑定(Tie)连接,UHPFRC 套筒与承台之间的连接方式与其他节段之间连接方式相同。

纵筋和箍筋通过创建内置区域(Embedded Region)的方式被嵌入混凝土区域中,模拟钢筋与混凝土之间的黏结作用,但不考虑混凝土与钢筋之间的黏结滑移效应。对于无黏结后张法预应力筋与混凝土之间的相互约束作用,主要是将预应力筋梁单元的两端的一小段长度进行边缘分区(Partition Edge)操作分割成三个部分,然后通过内置区域的方法将分割出的两端嵌入加载端和承台的混凝土区域中,但忽略预应力筋与混凝土之间的相互作用,以模拟预应力筋的张拉端和锚固端的约束行为。

如图 3-42 所示,对加载端的加载面进行拆分,即在加载面的中间确定一条与边平行的中心线。对于荷载加载点与加载端之间的相互作用,主要是通过设置参考点的方式将参考点 RP-1 与加载端的加载面的中心线进行 MPC 多点约束,约束类型为绑定。循环荷载将通过这个参考点作用到加载端及整个墩柱模型上。而计算分析后的墩柱的响应也可以由加载端传递给参考点 RP-1。

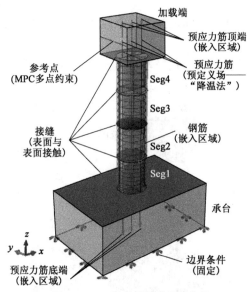

图 3-42 ABAQUS 相互作用的定义

3) 边界条件和加载方式

为了模拟试件在试验过程中的边界约束状况,把加载端和承台均设置成刚体,对承台底部进行固结(设置其底部表面边界条件为完全固定:U1 = U1 = U3 = UR1 = UR2 = UR3 = 0)。对于其加载方式(位移控制)的模拟,基于上述参考点 RP-1 与加载端 MPC 多点约束的方法,在参考点 RP-1 上创建类型为位移(Displacement)的边界条件,指定约束的方向 X 并逐次修改每个分析步对应的位移比。将每个位移等级循环分为 4 个分析步,例如 1% 位移比的四个分析步对应的幅值分别设置为 0 ~ 0.01、0.01 ~ 0、0 ~ -0.01 和 -0.01 ~ 0。

对于后张法预应力筋的初始应力的模拟,主要是通过设置预定义场——"降温法"对预应力筋梁单元施加初始预应力。原理是将预应力筋设置为梁单元,定义一个线膨胀系数,当给这个梁单元施加一个负的温度值后,梁单元会由于热胀冷缩的原理产生一个轴向的拉力,就相当于预应力筋的初始拉应力。其"降温法"公式可表示为:

$$T = \frac{N}{\alpha EA} \tag{3-2}$$

式中,T 为预定义温度场中需要设置的温度值;N 为预应力筋的初始拉力值;E 为预应力筋的弹性模量,取 1.95×10^5 MPa;α 为在材料属性定义中所设置的预应力筋的线膨胀系数,取 1×10^{-5};A 为预应力筋的截面面积,本节试验中采用的预应力钢绞线的公称直径为 15.2mm,截面面积为 181.46mm²。

采用次"降温法"设置预应力的初始张拉力,由式(3-2)可知,每降低1℃,预应力筋梁单元将产生大约 353.85 N 的张拉力。根据本章轴压比 0.10 的要求,墩柱截面产生的总轴力为 240kN,则 ABAQUS 中该模型的梁单元一共需要给的温度约为 -678 ℃。由于试验中的三根预应力筋分配的张拉力不相同,所以对应的 ABAQUS 模型中的三根预应力筋梁单元所给的降温值也不同,具体数值如表 3-8 所示。

ABAQUS 模型中不同位置的预应力筋梁单元的降温值   表 3-8

位置	一侧	中间	另一侧
张拉力值(kN)	75	90	75
所需降温值(℃)	211.955	254.35	211.955

4)网格划分

有限元模型在网格划分上的差异一定程度上会影响整个模型计算的精度。一般情况下,网格划分得越精细,得到的结果就会相对越精确。与此同时,精细的网格划分也增加了模型的分析计算成本。由于本研究中计算的试件模型的构件尺寸相对较小,计算中采用较细的网格以获得更精确的结果。

ABAQUS 中划分网格主要是通过种子工具等来控制网格密度,并选择相应的单元类型,最后生成三维网格。具体的网格划分情况如图 3-43 所示。对于加载端 Beam 和承台 Footing,通过全局种子的方法并设置近似全局尺寸为 0.15 对其进行网格划分。而由于节段墩身是整个模型计算分析的重点,因此近似全局尺寸被设置为 0.05,其网格比加载端和承台的网格更加精细。为了尽量保证分析计算的精确性,在实心节段与底部空心节段之间的接触面上,网格大小最好应该相同。对实心节段的截面进行拆分,再采用局部种子对底部空心节段的边界条件按个数指定网格数量与上部实心节段网格数量相同的方法进行划分,此方法可以使得两节段接触面之间保持网格大小相同,如图 3-43 所示。对于本节中的三维模型,一般尽量采用结构化网格或扫掠网格以提高计算精度和计算效率。

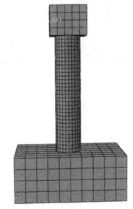

a)整体桥墩模型的网格划分情况

图 3-43

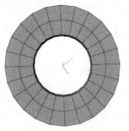 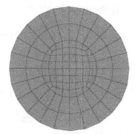 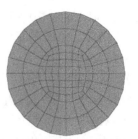

b) 空心节段截面网格划分　　c) 实心节段截面网格划分　　d) 组合构件形式的网格划分

图 3-43　网格划分

3.3.2　数值计算结果与试验结果对比

为了验证数值模型的准确性,将数值结果的损伤模式和侧向荷载-位移比滞回曲线与试验结果进行了比较。图 3-44 和图 3-45 显示了试件 PSBC-1 和试件 PSBC-3 在 8% 漂移率下试验结果和数值模拟结果的损伤模式。从图 3-44a) 可以看出,由于在试验中大位移水平处的轴向压缩应力,底部节段的一侧的保护层混凝土发生剥落。通过数值模型模拟出该处混凝土的损伤状态,如图 3-44b) 所示,图中的灰色部分表示具有高轴向应变的混凝土构件区域,表示其值大于混凝土的极限应变。在试验过程中,在承台和底部节段之间的接缝处观察到试件 PSBC-3 的保护层混凝土损坏,如图 3-45a) 所示。相应地,在 PSBC-3 的数值模型中的相应位置观察到了相对大的应变,如图 3-45b) 所示。因此,本书采用数值模拟方法建立的模型可以较好地模拟出本桥墩的损伤模式。

 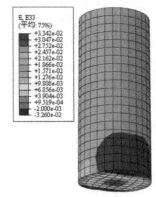

a) 试验中底部节段混凝土损伤　　b) ABAQU 模型中单轴应变云图

图 3-44　试件 PSBC-1 的损伤验证

图 3-46 显示了从试验结果和数值计算结果得出的四个墩柱的滞回曲线。图中虚线代表试验结果,实线表示数值模拟计算结果,可以看出,二者变化规律相同,结果相近,吻合良好。为了清楚地展示数值计算结果和试验结果之间的差异,将最大位移比时的最大侧向荷载及误差列于表 3-9。侧向荷载的预测误差在正向和负向上都相对较小。试件 PSBC-1 在正、负载方向上的误差分别为 13.99% 和 6.07%;对于试件 PSBC-3,误差分别为 9.33% 和 11.39%。而对同一试件侧向荷载的正载向和负载向之间的误差略有不同。在数值模型中,侧向荷载在正载方向和负载方向几乎是对称的,而在试验结果中它们是略微不对称的,这可能是由墩柱的不对

称损伤(混凝土损伤和预应力损失)和试验期间的试验装置误差造成的。总体上,试件的试验结果和数值结果在累积耗能上的误差均比最大侧向荷载的误差要大一点,主要原因是面积的误差累计比单独侧向荷载明显。总的来说,数值模型可以准确地模拟试件 PSBC 在循环试验中的滞回行为。经验证的数值模型将用于下一节中研究设计参数对试件 PSBC 的抗震性能的影响。

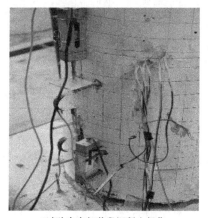
a)试验中底部节段混凝土损伤

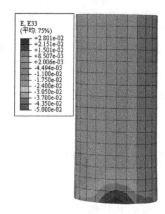
b)ABAQUS模型中单轴应变云图

图 3-45 试件 PSBC-3 的损伤验证

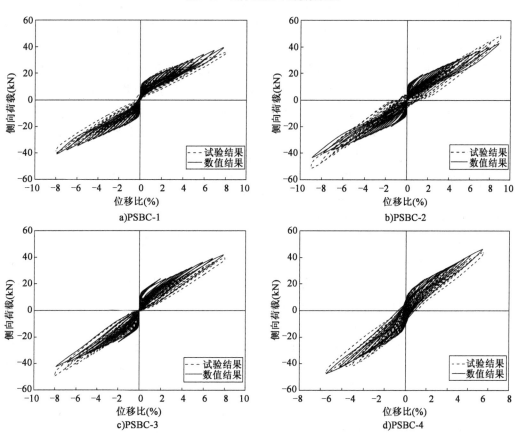

图 3-46 试验结果与数值模型结果的滞回曲线对比

最大位移比时对应的试验结果与数值模型结果对比 表 3-9

试件编号	最大侧向荷载						累积耗能		
	试验（kN）		模拟（kN）		误差（%）		试验（kN）	模拟（kN）	误差（%）
	正向	负向	正向	负向	正向	负向			
PSBC-1	35.93	-38.53	40.96	-40.87	13.99	6.07	2506.53	2241.26	10.58
PSBC-2	43.84	-45.52	40.55	-40.46	7.50	11.12	5186.34	2684.45	48.24
PSBC-3	38.89	-48.04	42.52	-42.57	9.33	11.39	1844.78	1631.31	11.57
PSBC-4	43.72	-46.91	46.61	-47.46	6.61	1.17	2357.28	2003.14	15.02

3.4 UHPFRC 局部增强装配式桥墩参数化设计方法

对于预制节段拼装桥墩以及在其基础上的新型组合结构，在其荷载承载能力和抗震性能的研究上，设计参数分析是非常重要的一个方面。合理的设计参数能有效保证桥墩墩柱从设计到建造实施的结构安全性、稳定性、经济性和耐久性等，使得墩柱获得最优越的抗震性能。由于试验研究的时间长和经济成本非常高，目前预制节段拼装桥墩及新型组合结构的设计参数研究主要采用有限元分析方法。

Li 等[8]对循环荷载作用下的预制节段拼装桥墩的抗震性能进行了数值分析，主要设计参数。试件底部节段采用 Hews[9]所采用的组合结构（钢管混凝土）以提高墩柱延性和减少损伤。通过 ABAQUS 建立三维实体模型对预应力筋的黏结状况（黏结和无黏结）、总体轴压比（10%、20%、27.2%、30%、40%和50%）、底部钢管约束作用（钢管厚度 3mm、6mm、9mm）、底部节段数目（1个节段、2个节段、4个节段）、不同耗能钢筋占比的影响（低碳钢耗能钢筋和 SMA 耗能钢筋）等参数进行研究，分别研究各参数对预制节段拼装桥墩的抗震性能的影响。结果显示：黏结预应力筋能增加墩柱的侧向荷载，但也会导致预应力筋上应力集中，与无黏结预应力筋的墩柱相比，其残余位移更大，墩柱的延性更小；轴压比更高的墩柱具有更高的侧向荷载和耗能能力，但延性较低；底部钢套筒厚度越小，屈服面积越大，耗能越大，但侧向荷载和延性降低；节段数目的影响较小；在节段之间的接缝添加低碳钢可以增加节段拼装桥墩的耗能能力，然而由于低碳钢的塑性变形，此耗能钢筋比的增加可以增加其残余位移，SMA 耗能钢筋在增加耗能能力的同时也可以保持较小的残余位移。

Dawood 和 ElGawady[11]亦通过 ABAQUS 建模进行有限元分析，对系列参数进行研究，研究其对预制节段拼装桥墩的抗震性能的影响，参数包括初始预应力占其屈服应力的比值、预应力占混凝土强度比值、墩柱长细比、底部节段约束钢管的厚度、内部耗能钢筋的配筋率等。其参数如表 3-10 所示。结果显示，使得预制节段拼装墩柱的抗震性能为最优时的初始预应力占其屈服应力的比值范围在40%~60%，预应力占混凝土强度比值在20%以下。提高墩柱长细比会导致其初始刚度和后弹性刚度与名义横向荷载一样下降。采用合适的内部耗能钢筋配筋率保证适宜的耗能能力和较小的残余位移，以避免混凝土的脆性破坏。

参数研究中不同的设计参数值[10]　　　　　　　　　　表 3-10

参数	1	2	3	4	5	6	7	8
初始预应力占其屈服应力的比值(%)	30	40	45	50	60	70	80	90
预应力占混凝土强度比值(%)	13	16	19	22	25	28	31	34
墩柱长细比	3.0	4.5	6.0	7.5	9.0	—	—	—
底部节段约束钢管的厚度(mm)	6.0	4.5	3.0	1.5	—	—	—	—
内部耗能钢筋的配筋率	0.0	0.25	0.44	1.34	1.75	—	—	—

Zhang 和 Alam[12]通过参数分析法对影响无黏结后张法预应力预制节段拼装桥墩的抗震性能的主要参数,以及各参数之间的相互关系进行了分析研究。参数包括:混凝土强度、预应力大小、预应力配筋率、长细比、轴压比等。结果表明:各参数中墩柱屈服力主要由整体轴压比、混凝土强度、截面面积和长细比决定,墩柱的刚度主要由混凝土强度、墩柱尺寸和墩柱高度决定。秦明霞等[13]通过数值模拟的方法研究预应力筋布置方式对预制拼装桥墩耗能和残余位移等的影响。Cai 等[14]通过 OpenSees 对影响带有耗能钢筋的预制节段拼装桥墩的残余位移的设计参数进行了研究,主要参数包括预应力、重力荷载、耗能钢筋比率和剪跨比等。

综上所述,选择 3 个参数对本章中预制节段拼装桥墩的抗震性能进行研究,这 3 个参数为预应力水平、底部节段空心率、底部节段高度比。

3.4.1　设计参数

本部分使用 3.3 节中建立的数值模型,分别选择其中的试件 PSBC-3 和试件 PSBC-4 作为参数研究的参考项。新建模型保持材料属性、单元类型、相互作用、边界条件和荷载等条件不变。基于试件 PSBC-3,改变预应力的初始张拉力大小以研究预应力水平对预制节段拼装桥墩抗震性能的影响,改变 UHPFRC 底部节段截面的空心内径的大小以研究空心率对预制节段拼装桥墩抗震性能的影响。基于试件 PSBC-4,改变墩柱底部组合节段构件的高度以研究底部节段剪跨比对该预制节段拼装墩柱抗震性能的影响。表 3-11 所示为研究预制节段拼装桥墩的抗震性能的 8 个 ABAQUS 墩柱数值模型的设计参数状况。

设计参数状况　　　　　　　　　　表 3-11

试件编号	预应力水平	底部节段空心率(%)	底部节段高度比
PSBC-3-P1	0.07	0.50	0.25
PSBC-3	0.10	0.50	0.25
PSBC-3-P2	0.15	0.50	0.25
PSBC-3-H1	0.10	0.40	0.25
PSBC-3-H2	0.10	0.60	0.25
PSBC-4	0.10	0.50	0.25
PSBC-4-L1	0.10	0.50	0.33
PSBC-4-L2	0.10	0.50	0.40

评价方法主要参考腾格[15]的分析内容,如表 3-12 所示。普通混凝土的压应变为 -0.004ε、-0.012ε 和 -0.018ε,分别代表着受压区混凝土发生剥落、核心混凝土开始开裂剥

落、墩柱严重破坏倒塌。受力主筋应变为 0.015ε、0.06ε 和 0.10ε，分别代表主筋发生屈服、脆性断裂、墩柱严重破坏。箍筋一般只起到约束内部混凝土的作用，其约束应变为 0.09ε 时，代表其发生塑性变形且屈服。预应力筋达到其极限强度的 85% 时，代表预应力筋屈服。对完全预制节段拼装桥墩，墩柱的残余位移要控制在 1% 以内，超过 1% 则代表桥墩结构严重破坏。

混合装配式桥墩性能目标限值[15] 表3-12

性能水准等级	混凝土应变	受力主筋应变	约束箍筋应变	预应力水平	墩柱残余位移
性能目标1	-0.004ε	0.015ε	—	—	—
性能目标2	-0.012ε	0.06ε	—	—	—
性能目标3	-0.018ε	0.10ε	0.09ε	0.85	1%

3.4.2 预应力水平

为了研究预应力水平 ν 对预制节段拼装桥墩的抗震性能的影响，基于数值模型 PSBC-3，本小节建立了另外两个模型 PSBC-3-P1 和 PSBC-3-P2。这三个预制节段拼装桥墩模型的区别仅仅是预应力水平 ν 不同，其他参数保持不变。预应力水平 ν 可定义为：

$$\nu = \frac{F_P}{f'_c A_g} \tag{3-3}$$

式中，F_p 为预应力大小；f'_c 为混凝土强度；A_g 为墩柱截面的毛截面面积。

本书中，不考虑墩柱顶端的固定轴向荷载，仅通过预应力的张拉施加轴向的荷载。此预制节段拼装桥墩的轴压比在数值上等于预应力水平 ν。在此部分参数分析中，三个墩柱模型 PSBC-3-P1、PSBC-3 和 PSBC-3-P2 的预应力水平 ν 分别为 0.07、0.10 和 0.15，见表3-13。模型中也是通过"降温法"对预应力梁单元进行降温。

参数一 表3-13

试件编号	预应力水平	底部节段空心率	底部节段高度比
PSBC-3-P1	0.07	0.5	0.25
PSBC-3	0.10	0.5	0.25
PSBC-3-P2	0.15	0.5	0.25

1) 最大侧向荷载及累积耗能

图3-47 所示为四个具有不同预应力水平的预制节段拼装桥墩的滞回曲线（侧向荷载-位移比曲线）。从图中可以明显看出，墩柱的侧向荷载随着位移比的增大而增大。这三个墩柱模型的最大侧向荷载分别为 31.83kN、41.48kN 和 50.42kN，分别对应预应力水平 ν 为 0.07、0.10 和 0.15 的墩柱模型。预应力水平 ν 为 0.10 的墩柱（PSBC-3）的最大侧向荷载比预应力水平 ν 为 0.07 的墩柱（PSBC-3-P1）的最大侧向荷载高出约 30.3%。预应力水平 ν 为 0.15 的墩柱（PSBC-3-P2）的最大侧向荷载比预应力水平 ν 为 0.1 的墩柱（PSBC-3）的最大侧向荷载高出约 21.6%。可以看出：虽然预应力水平的增大会大幅提高墩柱的最大侧向荷载能力，但是预应力水平对最大侧向荷载的增加速率在慢慢减小。这主要是因为，虽然预应力在循环加载过程中一直处于弹性状态（没有达到预应力筋的屈服点）会使得整个墩柱的最大侧向力逐渐

增大,但是接缝之间的张开闭合行为导致的混凝土的损伤程度也会越来越大,这会在一定程度上约束预应力水平对墩柱的最大侧向承受荷载的作用效果。

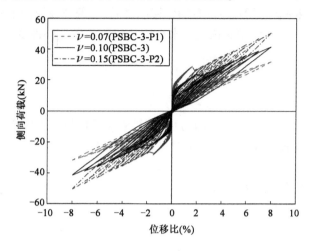

图 3-47　不同预应力水平的墩柱的侧向荷载-位移比关系曲线

图 3-48 所示为三个墩柱模型的滞回曲线的包络曲线。不同预应力水平的计算模型的初始刚度 K_0 分别为 4.76kN/mm、6.75kN/mm 和 8.51kN/mm,最大位移比时的割线刚度(卸载刚度)分别为 0.22kN/mm、0.29kN/mm 和 0.35kN/mm,则刚度比(刚度退化)分别为 0.046、0.043、0.041。可见随着初始预应力水平的增加,墩柱模型初始刚度和最终的割线刚度也逐渐增加,而最终的刚度退化系数却逐渐减小,表示墩柱能够抵抗更多的变形能力。

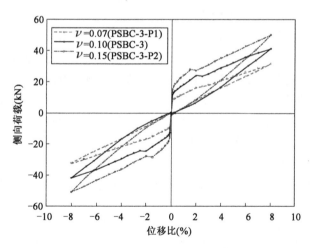

图 3-48　滞回曲线的包络曲线

具有不同预应力水平的三个预制节段拼装桥墩的累积耗能能力,如图 3-49 所示。所谓每一个位移比下的累积耗能等于该位移幅值及之前位移幅值的所有滞回环面积之和。从图中可以看出,累积耗能随着预应力水平的增大而增大。在位移比为 8% 时,三个墩柱模型的累积耗能达到最大值,分别为 1960kN·mm、4026kN·mm 和 5465kN·mm,对应预应力水平 ν 为 0.07、0.10 和 0.15。主要原因是预应力水平大的墩柱在同样的循环荷载作用下,墩柱的底部节段会产生更大的混凝土损伤和更大的接缝张开闭合行为,最终造成更大的累积耗能能力。当三个试件模型位移比分别在2%、2%和1.5%时,其累积耗能开始明显增加,这主要是因为在这之前墩柱主要发生弹性变形,在一定的位移比之后,底部节段混凝土才开始发生塑性变形(混凝土的受压变形)。也表明初始预应力水平较大的墩柱发生塑性变形更早,发生结构损伤更早。

2)应力应变分析

(1)混凝土应变

从整个墩柱模型的应变云图(图3-50)可知,最终位移比下的大应变主要集中在底部节段柱脚处,为方便观察,下面只取底部两个节段进行观察分析。

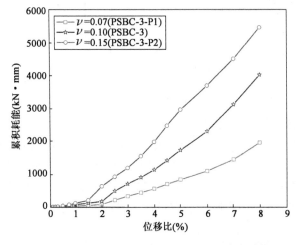

图3-49 不同预应力水平的墩柱模型的累积耗能曲线 图3-50 典型墩柱应变云图

图3-51所示为墩柱模型的底部两节段的侧向应变云图。图3-52所示为墩柱底部截面的应变云图。可以看出,随着混凝土节段拼装桥墩的预应力水平的不断增加,底部节段的接缝处的混凝土应变云图更加复杂,同一处的混凝土的应变逐渐变大。在底部节段的加载方向的两侧从柱脚边缘以上的范围内的混凝土承受压应力的作用,初始预应力水平为0.07时,受压高度约在柱脚边缘向上150mm范围内,随着初始预应力水平的增加,该受压范围逐渐向上延伸直到预应力水平为0.15时达到约175mm。

图3-53所示为墩柱模型混凝土最大受压和受拉应变点的应变-位移曲线。由图3-53a)可以得出,对同一墩柱模型,受压混凝土的受压应变最大受压点(均在加载方向上的负载柱脚范围)的受压应变值随着位移等级的增加而逐渐变大。对初始预应力水平不同的试件模型,在每一位移等级下,最大受压应变点的压应变都是初始预应力水平高的压应变大。其中初始预应力水平为0.15的墩柱模型,在最终位移等级下其受压应变最大点的应变最大,且明显高过其他两个试件模型。即对于一个给定的UHPFRC极限受压应变值,初始预应力水平越大,则该混凝土将更早破坏。

由前文可知,UHPFRC的峰值压应变和极限压应变分别为0.004ε和0.016ε,不同初始预应力水平(0.07、0.10和0.15)分别在0.5%、4.5%和0.02%位移比循环中达到峰值压应变,7%位移比循环(126mm位移等级)、8%位移比循环、6%位移比循环中达到极限压应变。可知,随着初始预应力水平的增加,该类墩柱中底部 UHPFRC 更早达到其极限压应变,即加速其破坏状态的出现。

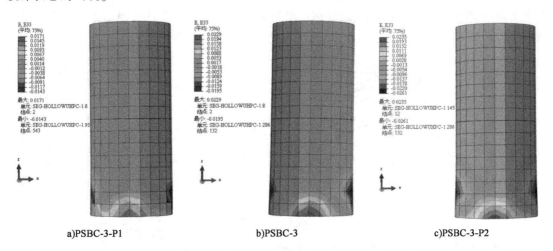

图 3-51 墩柱模型的底部两节段的侧向应变云图

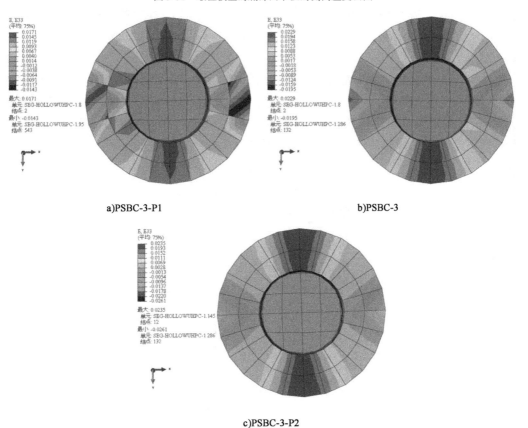

图 3-52 墩柱模型的底部两节段的底部截面应变云图

从图 3-51、图 3-52 以及图 3-53b)可以看出,与加载方向垂直的截面两端的柱脚以及空心内侧主要承受拉应力的作用。随着初始预应力水平的增加,混凝土受拉应力的范围由底部截面的空心内侧逐渐向外侧延伸,受拉应变值也逐渐增大。而当预应力水平为 0.15 时,受拉应变进一步向两侧发展。不同初始预应力水平(0.07、0.10 和 0.15)对应的各墩柱模型的受拉混凝土到达极限抗拉应变 0.011ε 的位移比循环分别为 6%、4% 和 1%,即初始预应力水平的增加使得受拉 UHPFRC 快速达到其极限应变,产生开裂损伤等塑性变形。

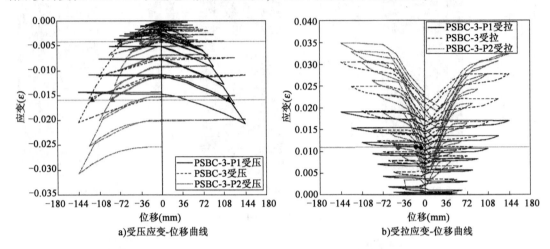

图 3-53 墩柱模型混凝土最大受压和受拉应变点的应变-位移曲线

(2) 钢筋应力应变

图 3-54 所示为墩柱模型中最终状态下的钢筋应力云图,整个循环作用中主要是底部节段内的钢筋在承受应力作用。对于底部节段内的钢筋,其中箍筋所承受的拉应力要比纵筋大得多,纵筋仅起到构造筋的作用,这与箍筋对核心混凝土的环向约束作用是相互印证的。这与传统的整体现浇墩柱的连续纵筋(或节段之间采用连续的纵筋)不同,纵筋将承受较大的应力。

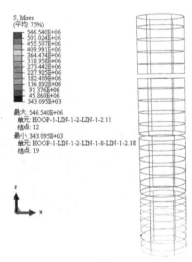

图 3-54 典型钢筋应力云图

三个不同初始预应力水平的墩柱模型的底部节段内部的钢筋应变云图如图 3-55 所示。底部节段内的纵筋几乎没有承受多大的拉应变作用,远小于 0.015ε。在最终状态下,底部节段内部钢筋最大的受拉应变发生在箍筋上,可以看出,箍筋受拉应变最大的位置在柱脚上50mm左右的箍筋上。随着初始预应力水平的增加,箍筋应力大小逐渐变大的同时受拉箍筋的范围也不断向上发展。图3-56所示为底部节段内部钢筋应变最大点处的应变-位移曲线。该箍筋的受拉应变随着位移等级的增加而逐渐变大,不同初始预应力水平在同一位移等级处的应变相差也相对较大,可见初始预应力水平的增加对底部节段的应力集中有重要影响。在最终位移比8%下,各墩柱底部节段内应变最大的箍筋的最大应变分别为0.011ε、0.017ε和0.022ε,均远小于0.09ε,表示箍筋未达到屈服状态,仍可继续工作。

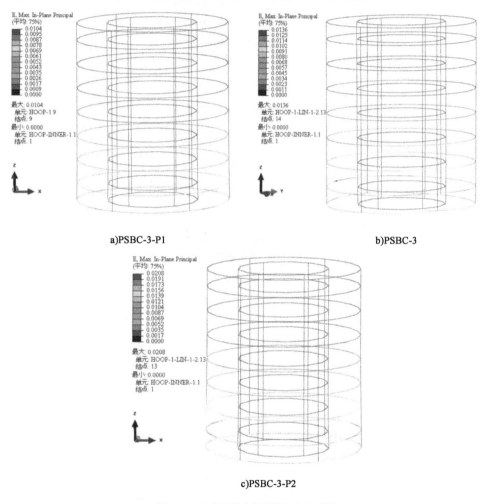

图3-55 底部节段内部的钢筋应变云图

(3) 预应力筋应力

图3-57所示为三个墩柱模型的中间预应力筋的应力-位移曲线。不同初始预应力水平的中间预应力筋的变化规律相同,但应力不同。随着初始预应力水平的增加,预应力筋的应力逐渐变大,但是同一位移等级下,初始预应力水平大的墩柱的预应力筋应力却相对较小。在最大位移等级时,各应力值分别为1187MPa、1066MPa和950MPa,均小于其屈服应力1581MPa(85%的极限强度),满足设计要求。

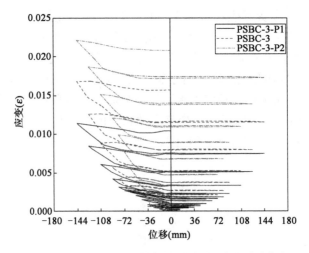

图 3-56　底部节段内部钢筋应变最大点处的应变-位移曲线

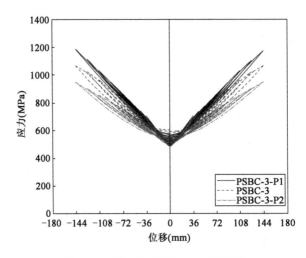

图 3-57　中间预应力筋的应力-位移曲线

3）接缝张开

从图 3-58 可以看出，几个墩柱模型在循环往复作用下会发生接缝张开闭合的现象，主要发生在节段与节段之间的接缝，肉眼可以观察到的是底部节段与承台之间的接缝，然而底部节段和上一节段之间也会出现微小的接缝张开现象。本小节对底部两个接缝的张开闭合过程进行分析。

图 3-59 所示为各模型底部接缝张开闭合曲线。从图中可以看出，底部接缝张开侧张开的宽度大小均随着位移比的增加而逐渐增加，趋近于正比例，这与前部分试验规律比较相近；无论墩柱左侧还是右侧（加载方向上），最大位移比时的接缝张开宽度几乎保持一致，约为25mm，这主要是因为位移比相同，且没有发生较大的节段错动剪切、混凝土损伤和预应力损伤等；而变化比较明显的是，在每个位移比过程中墩柱回到原点（即侧向位移为零时）的接缝（参与接缝）依然张开且张开宽度值逐渐增加，对于不同墩柱模型，此时的底部接缝张开残余值也随着预应力水平的增加而变大，主要原因是预应力水平大的墩柱模型底部接缝处的混凝土受

压损伤更多,导致残余接缝逐渐变大,如各试件模型右侧最终的残余接缝张开值分别为 4.52mm、6.47mm 和 6.57mm,左侧最终的残余接缝张开值分别为 4.54mm、6.48mm 和 6.56mm,两侧的接缝张开宽度只有微小的差别,可忽略不计。

第二接缝(底部节段和上一节段之间的接缝)的张开闭合曲线,如图 3-60 所示。与底部接缝相比,其张开的宽度值非常小,PSBC-3-P2 最大的张开宽度仅有 0.22mm,肉眼几乎无法观测到。其变化规律与底部节段的接缝开合有点不同,即侧向位移回到零的时候,残余接缝张开宽度为零,即没有残余接缝宽度,这主要是因为第二接缝处没有发生混凝土的受压应变损伤。

因此,综合以上结果分析,对底部节段采用 UHPFRC 空心节段的预制节段拼装桥墩,不同初始预应力水平能够有效提高桥墩的侧向荷载承受能力,增强桥墩的地震能量耗散能力,但也会增加加

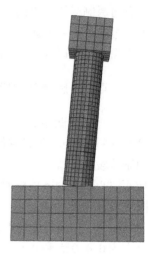

图 3-58 接缝张开应变云图

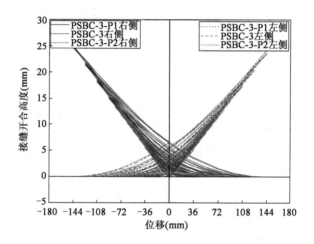

图 3-59 各模型底部接缝张开闭合和位幅值曲线

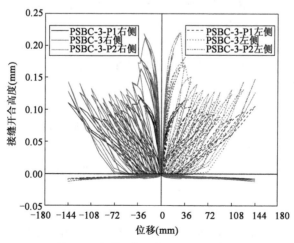

图 3-60 各模型第二接缝张开闭合曲线

载方向两侧受压边缘的混凝土损伤程度、底部节段内受拉箍筋应力损伤，以及增大残余接缝宽度。过高的初始预应力水平将不利于桥墩的抗震性能，在现实桥梁设计中需要仔细综合考虑各方面，得出理想的初始预应力水平。

3.4.3 底部节段空心率

试验部分试件中的两个底部节段是由空心 UHPFRC 节段组合而成的，目的是减少 UHPFRC 材料的用量，但是它们在抗震能力上存在一些不同。为了定量地分析底部节段空心率对预制节段拼装桥墩抗震性能的影响，基于试件模型 PSBC-3 建立另外两个具有不同底部节段截面空心率 ρ 的墩柱模型 PSBC-3-H1 和 PSBC-3-H2。本章中，圆形截面的截面空心率定义为圆环内径与外径的比值。外径不变恒为 350mm，调整空心墩柱的内径大小分别为 140mm、180mm 和 210mm，分别得到墩柱模型 PSBC-3-H1、PSBC-3 和 PSBC-3-H2 的底部节段空心率 ρ 分别为 0.4、0.5 和 0.6，见表 3-14。

参数二 表 3-14

试件编号	预应力水平	底部节段空心率	底部节段高度比
PSBC-3-H1	0.10	0.4	0.25
PSBC-3	0.10	0.5	0.25
PSBC-3-H2	0.10	0.6	0.25

底部节段的截面面积改变后，根据轴压比的公式可知，应该通过调整预应力大小使得轴压比保持不变。然而，除了底部节段的上部三个节段均被设计为实心的圆形截面节段外，改变预应力大小也将改变它们的轴压比。考虑上面节段的普通混凝土抗压强度远小于底部节段 UHPFRC 的抗压强度，采用不同类型节段混凝土的抗压强度算得的轴压比更合适。因此，这三个分析模型中的预应力大小（即计算轴压比）保持不变。

1）最大侧向荷载和累积耗能

具有不同底部节段空心率的三个预制节段拼装墩柱模型（PSBC-3-H1、PSBC-3 和 PSBC-3-H2）的滞回曲线如图 3-61 所示。从图中可以看出，这三个底部节段空心率相差较大，但是其滞回曲线却没有明显差别，其骨架曲线很相近（骨架曲线可通过滞回曲线来反映）。空心率 ρ 为 0.4、0.5 和 0.6 的墩柱的最大侧向荷载分别为 39.84kN、41.48kN 和 39.0kN。在这三个墩柱模型中，底部节段空心率为 0.5 的墩柱模型具有最大的侧向力，比空心率为 0.6 的墩柱模型的最大侧向荷载高 6%，比空心率为 0.4 的墩柱模型的最大侧向荷载高 4%。可以预测，并不是底部节段空心率越大的墩柱具有更大的侧向荷载承载能力，也不是底部节段空心率越小的墩柱的侧向荷载承受能力越小，存在一个合适的空心率使得侧向荷载承载能力最大。但是底部节段空心率对墩柱的最大侧向荷载承受能力的影响作用并不是很大。在结构设计中，在满足强度等承受能力的基础上，可以使用空心节段从而减小 UHPFRC 材料的使用，减少工程费用和运输成本。

三个不同底部节段空心率的墩柱模型的滞回曲线的包络曲线如图 3-62 所示。不同底部节段空心率的计算模型的初始刚度 K_0 分别为 6.45kN/mm、6.75kN/mm 和 6.44kN/mm，最大位移比时的割线刚度（卸载刚度）K_s 分别为 0.28kN/mm、0.29kN/mm 和 0.27kN/mm，则刚度比

(刚度退化K_s/K_0)分别为 0.0434、0.0430 和 0.0419。可见随着底部节段空心率的增加,墩柱模型初始刚度和最终的割线刚度没有呈明显的线性关系,且当底部节段空心率为 0.5 时,其初始刚度和最终的割线刚度均最大,而空心率为 0.4 和 0.6 时的墩柱的两刚度均比较相近。而最终的刚度比随空心率的增加而降低,间接说明底部节段空心率较小的墩柱能承受更多的变形,即空心环的壁厚较小(实心区域面积较小)的墩柱可能承受更大的变形损伤,而导致刚度下降较快。

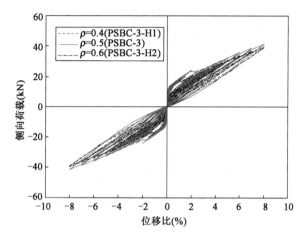

图 3-61 不同底部节段空心率的墩柱的侧向荷载-位移比曲线

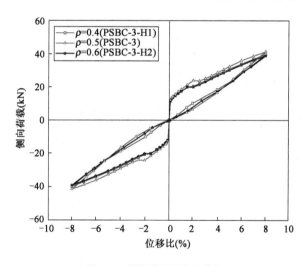

图 3-62 滞回曲线的包络曲线

图 3-63 所示为具有不同底部节段空心率的三个墩柱模型在每一个位移比时的累积耗能曲线。在位移比为 8% 的时候,累积耗能值均达到最大值,且底部节段空心率为 0.5 的墩柱模型的累积耗能值为 4026kN·mm,是三个模型中累积耗能最大的。模型 PSBC-3-H1 和 PSBC-3-H2 的累积耗能分别为 2368kN·mm 和 2905kN·mm。与空心率为 0.5 的墩柱相比,空心率为 0.4(即具有更大的实心区域面积)的墩柱的耗能能力并没有随着 UHPFRC 用量的增加而得到提高。一般认为,空心率更大,经过合理设计的墩柱比那些空心率小的墩柱拥有更好的延

性性能和耗能能力[16-17]。然而,和节段空心率更低的墩柱相比,节段空心率更高的墩柱的约束核心混凝土的面积就相对更小,这可能导致该墩柱在循环荷载作用下的延性能力更小[18]。可以预测,当墩柱采用一个合适的底部节段空心率时,会具有更大的最大侧向荷载能力和耗能能力。本书中,底部 UHPFRC 节段空心率为 0.5 是预制节段拼装桥墩的一个合理的空心率选择。

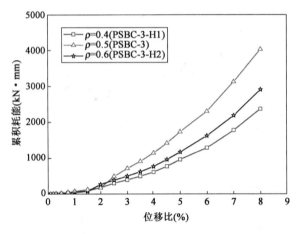

图 3-63　不同空心率的墩柱模型的累积耗能曲线

2) 应力、应变分析

(1) 混凝土的应变

与上一部分相似,不同底部节段空心率的试件模型在最终位移比下的大应变主要集中在底部节段柱脚处,采用底部两个节段进行观察,分析底部节段的应变响应。图 3-64~图 3-66 分别为各墩柱模型底部两节段受拉侧、受压侧和底部截面的应变云图。

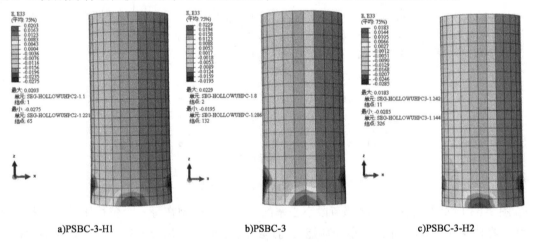

a) PSBC-3-H1　　　　b) PSBC-3　　　　c) PSBC-3-H2

图 3-64　墩柱模型的底部两节段的受拉侧应变云图

由图可以看出,随着混凝土节段拼装桥墩的底部节段空心率的不断增加,底部节段接缝处的混凝土应变云图稍有变化。底部节段加载方向两侧,柱脚边缘以上范围内的混凝土承受压应力的作用,底部节段空心率为 0.4 时,受压高度约在柱脚以上 110mm 以内,随着空心率的增加(实心面积减小),该受压范围逐渐向上延伸,当空心率为 0.6 时(实心面积最小,壁最薄),受压应变在向上延伸的同时,也逐渐向柱脚底截面延伸,如最大压应变发生在底部截面。

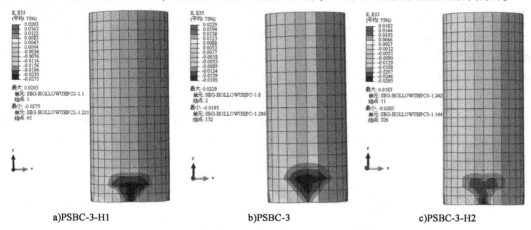

图 3-65　墩柱模型的底部两节段的受压侧应变云图

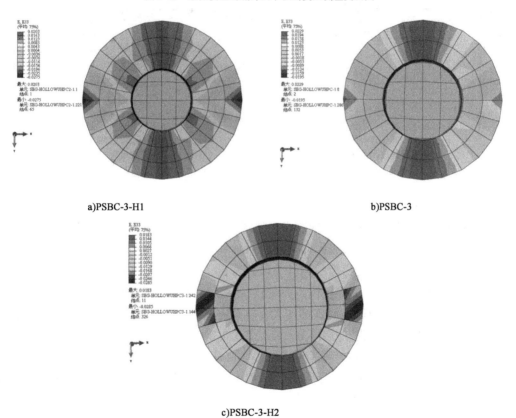

图 3-66　墩柱模型的底部两节段的底部截面应变云图

图 3-67 所示为墩柱模型混凝土最大受压和受拉应变点的应变-位移曲线。

从图 3-67a)可以看出,混凝土的受压应变最大处的受压应变值(绝对值)随着位移等级的增加而逐渐变大。三个不同空心率(0.4、0.5 和 0.6)的墩柱的底部 UHPFRC 分别在 2%、4.5% 和

1.5%位移比时达到其峰值压应变,在4%、8%和3.5%位移比时达到其极限压应变。明显可知,空心率为0.5的墩柱PSBC-3在三者中具有最大的侧向位移能力。底部节段空心率为0.4和0.6的墩柱,其最大压应变处的应变变化规律及大小较相近。相比于底部节段空心率为0.5的墩柱模型的压应变绝对值,空心率为0.4和0.6的墩柱模型的应变增加速度明显较快,即底部UHP-FRC在同样的位移等级时压应变更大,受到的压应力更大,也意味着可能会更早地达到其极限压应变而破坏。因此,节段空心率过大或过小,均不利于底部空心节段的混凝土抵抗受压损伤。

从图3-67b)可以看出,底部节段较大的受拉应变均发生在与加载方向垂直的方向两侧柱脚向上约40mm的范围内,最大节点的拉应变是柱脚的节点,该节点的拉应变值随着位移的增加逐渐增大。不同底部节段空心率(0.4、0.5和0.6)分别在6%、4%和5%位移比循环中达到其极限拉应变。

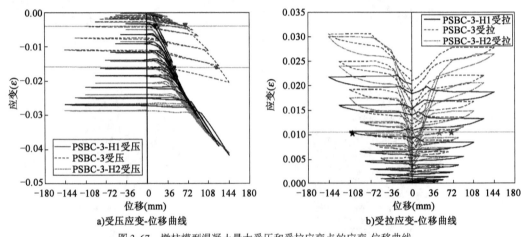

图3-67 墩柱模型混凝土最大受压和受拉应变点的应变-位移曲线

(2)钢筋应力应变

图3-68所示为底部节段内部的钢筋应变云图。

同样,在最终状态下,底部节段内部钢筋的外侧箍筋承受主要的拉应力应变,空心内壁的箍筋和纵筋均不是主要的承受拉力的构件。可以看出,在柱脚上50mm左右范围的箍筋承受最大的拉应变。图3-69为底部节段内部钢筋应变最大点处的应变-位移曲线。总的趋势是,该箍筋的拉应变随着位移的增加而逐渐变大。在最终位移比8%下,各墩柱底部节段内应变最大的箍筋的最大应变分别为0.020ε、0.017ε和0.013ε,均远小于0.09ε,表示箍筋未达到屈服状态,仍可继续工作。可知同一位移等级时,空心率为0.4的墩柱拉应变最大,空心率为0.6的墩柱拉应变最小。这主要是因为空心率越大,实心面积就越小,底部节段将承受更多的集中压应力的作用,箍筋的拉应力相对减少。

(3)预应力筋应力

通过图3-70所示的不同底部节段空心率的试件模型的中间预应力筋应力对比结果可知,几个不同底部节段空心率的试件模型预应力筋应力随位移等级的变化情况相近,均随着位移等级的增加而循环增加,在0.10的相同初始预应力水平(初始目标应力496.2MPa)下,随着位移比增至8%,底部节段空心率为0.4、0.5和0.6的墩柱模型的峰值预应力分别达到

1052MPa、1029MPa 和 1023MPa，均小于给定的预应力钢绞线材料屈服应力（1581MPa），能够满足设计要求。

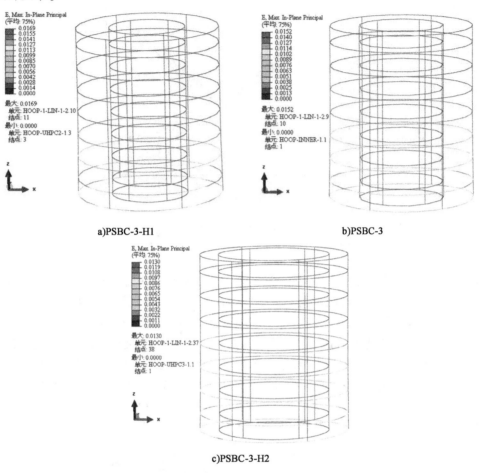

a) PSBC-3-H1　　　b) PSBC-3

c) PSBC-3-H2

图 3-68　底部节段内部的钢筋应变云图

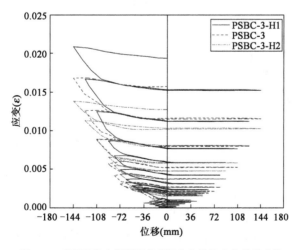

图 3-69　底部节段内部钢筋应变最大点处的应变-位移曲线

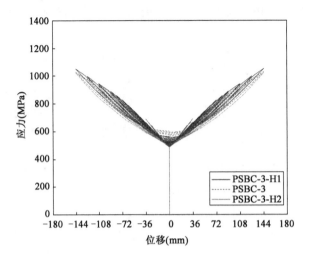

图 3-70　中间预应力筋的应力-位移曲线

3）接缝张开

对于不同底部节段空心率的各墩柱,在不同循环往复荷载作用下,其底部节段在加载方向上两侧的底部接缝均会发生张开闭合现象。与上一小节规律相似,底部节段两侧受压边缘结点的接缝张开变化规律大致对称,随着位移等级增加而逐渐变大,在最大位移等级时的两侧受压边缘结点的最大接缝宽度达到 25.4mm,最终回到 0mm 位移处的残余接缝开合高度分别为 5.70mm、6.05mm 和 5.79mm,分别对应底部节段空心率为 0.4、0.5 和 0.6 的墩柱模型。而对于底部空心节段与上节段之间的接缝在循环作用中也会张开闭合,如图 3-71 所示为试件模型 PSBC-3-H1 的第二接缝加载方向受压边缘接缝张开闭合曲线,其在 1% 位移比(18mm 位移等级)时达到接缝张开宽度最大值 0.142mm,与底部接缝张开宽度相比非常小,可忽略不计。

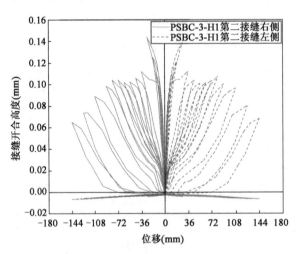

图 3-71　试件模型 PSBC-3-H1 的第二接缝加载方向受压边缘接缝张开闭合曲线

综上,底部节段采用不同节段空心率 0.5 的桥墩具有更好的侧向荷载承载能力、地震能量耗散能力,以及较好的抗震性能。表 3-15 所示为不同底部节段空心率的墩柱模型的响应。采用更小的空心率不利于经济性的考虑,采用更大的空心率(即实心面积更小),不利于结构的安全性。本书推荐采用空心率为 0.5 的底部 UHPFRC 空心节段。

不同底部节段空心率的墩柱模型的响应　　　表 3-15

试件编号	最大侧向荷载(kN)	刚度比	累积耗能(kN·mm)	钢筋最大应变(ε)	混凝土应变(%)			平均底部接缝残余宽度(mm)
					峰值压应变	极限压应变	极限拉应变	
PSBC-3-H1	39.84	0.0434	2368	0.020	2	4	6	5.70
PSBC-3	41.48	0.0429	4026	0.017	4.5	8	4	6.05
PSBC-3-H2	39.0	0.0419	2905	0.013	1.5	3.5	5	5.79

3.4.4 底部节段高度比

如表 3-16 所示的三个墩柱模型 PSBC-4、PSBC-4-L1 和 PSBC-4-L2,被用来分析底部节段高度比对预制节段拼装的抗震性能的影响。其中,试件 PSBC-4(底部节段为组合形式)作为参考原型。这三个模型的位移区别是墩柱的底部节段的高度不同,其他参数保持不变。本节中,底部节段高度比 λ 的定义为墩柱底部节段的高度与整个墩柱墩身高度的比值。底部节段分别设计为 400mm、600mm 和 800mm,墩柱的其他节段高度保持不变,为 400mm,即三个墩柱模型 PSBC-4、PSBC-4-L1 和 PSBC-4-L2 的底部节段高度比分别为 0.25、0.33 和 0.40,如表 3-16所示。

参数三　　　表 3-16

试件编号	底部节段高度(mm)	墩身高度(mm)	底部节段高度比
PSBC-4	400	1600	0.25
PSBC-4-L1	600	1800	0.33
PSBC-4-L2	800	2000	0.40

1)最大侧向荷载和累积耗能

图 3-72 所示为具有不同底部节段高度比的预制节段拼装桥墩的滞回曲线对比图。可以看出,底部节段高度比不同而其他节段高度相同的各墩柱模型的滞回曲线的变化规律大不相同。由于模型计算收敛困难,模型 PSBC-4-L1 只计算至 4.5% 位移比,因此三个模型统一只对比到 4.5% 位移比。

在 4.5% 位移比时,不同底部节段高度比(0.25、0.33 和 0.40)的最大侧向荷载分别为 39.94kN、69.34kN 和 34.79kN。底部节段高度比 $\lambda = 0.33$ 的墩柱模型 PSBC-4-L1 的最大侧向荷载比底部节段高度比 $\lambda = 0.25$ 的墩柱高出约 73.6%。而底部节段高度比 $\lambda = 0.40$ 的墩柱 PSBC-4-L2 的最大侧向荷载却比 $\lambda = 0.25$ 的墩柱下降约 12.9%。可以预测,对于此种墩柱,随着底部节段高度比的增加,首先侧向荷载承载能力会快速增大,而达到一定高度比后又会快速降低,这个界限值可能处于 0.33~0.40 之间,由于时间的关系,没有通过数值模拟继续缩小范围。侧向荷载承载能力的增加主要是由于底部节段高度比更大的外部 UHPFRC 墩柱对其承载力起提升作用。

底部节段高度比不同的三个墩柱的累积耗能与位移比关系如图 3-73 所示。在 4.5% 位移

比时的 $\lambda = 0.25$、0.33 和 0.40 的各墩柱的累积耗能值分别为 5524kN·mm、15930kN·mm 和 18537kN·mm。底部节段高度比为 0.33 和 0.40 的两个墩柱的累积耗能曲线比较接近，在 4% 位移比之前几乎重合，均比底部节段高度比为 0.25 的墩柱要高，且随着位移比的增加，累积耗能之间的差距也变大。在 4.5% 位移比时，底部节段高度比为 0.40 的墩柱的累积耗能是底部节段高度比为 0.25 的墩柱的 2.36 倍。造成累积耗能大幅增加的主要原因是内部普通混凝土墩柱损伤机制的变化，随着内部墩柱高度的增加，在更小的位移比下可能会逐渐形成类似于整体现浇桥墩的塑性铰区，而带来累积耗能能力的增强。而底部节段高度比为 0.33 和 0.40 的墩柱的累积耗能很接近，可能是前者高侧向承载能力但高卸载刚度，而后者较低承载能力但低卸载刚度，从而综合造成两者累积耗能比较接近。可以预测，随着底部节段高度比的增加，墩柱的累积耗能能力也逐渐增加，当达到一定高度比值后，其耗能能力将不会发生较大的变化。

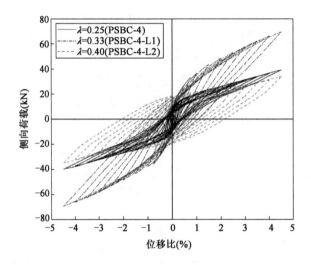

图 3-72 不同底部节段高度比的墩柱的侧向荷载-位移比关系曲线

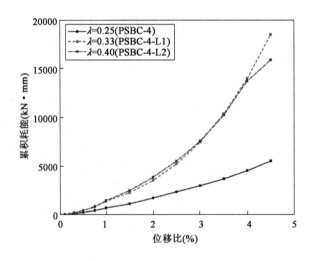

图 3-73 不同底部节段高度比的墩柱模型的累积耗能曲线

2) 刚度及残余位移

图 3-74 所示为三个不同底部节段高度比的墩柱模型的侧向荷载-位移比包络曲线。经计算,三个计算模型 PSBC-4、PSBC-4-L1 和 PSBC-4-L2 的初始刚度 K_0 分别为 6.57kN/mm、6.75kN/mm 和 5.05kN/mm,最大位移比 4.5% 时的卸载刚度 K_s 分别为 0.49kN/mm、0.77kN/mm 和 0.35kN/mm,则刚度比 K_s/K_0 分别为 0.075、0.114 和 0.069。其中,底部节段高度比为 0.33 的墩柱模型的初始刚度和最大位移比时的卸载刚度均是三个墩柱中最大的,可能是底部节段高度比更大的外部 UHPFRC 套筒对墩柱刚度的加强,且其处在一个较临界的高度比,使得 UHPFRC 起主要的受力承载作用,又不改变墩柱的主要损伤机制行为。而当底部节段高度比超过界限值时,比如底部节段高度比为 0.4 的墩柱 PSBC-4-L2,其在 4.5% 位移比时,刚度比比其他两个墩柱都要小。

图 3-75 所示为不同底部节段高度比的残余位移幅值与位移比之间的关系曲线(因为桥墩墩柱的总高度不同,不宜采用残余位移值比较)。残余位移幅值的定义为残余位移的值与墩柱有效高度之间的比值。在 4.5% 位移比时,底部节段高度比 $\lambda = 0.25$、0.33 和 0.40 的墩柱的残余位移幅值分别为 0.21%、1.21% 和 1.65%。可以看出,残余位移幅值均随着位移比(位移等级)的增加而逐渐变大,而且随着底部节段高度比的增加,其残余位移幅值也逐渐增大,即在同一位移比下,底部节段高度比大的墩柱的残余位移幅值也较大。

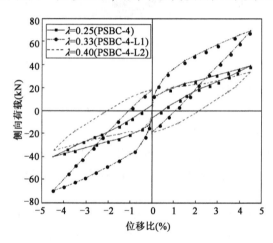

图 3-74　不同底部节段高度比的墩柱模型的侧向荷载-位移比包络曲线

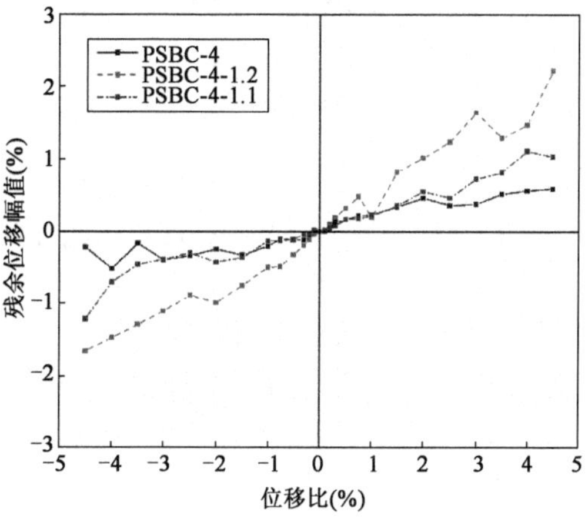

图 3-75　不同底部节段高度比的残余位移幅值-位移比关系曲线

这也说明了随着底部节段高度比的增大,在循环作用下预制节段拼装墩柱的底部节段会承受更多的荷载导致,其损伤机制可能会发生改变,底部区域逐渐形成类似于整体现浇桥墩的塑性铰区,外部的 UHPFRC 受到更多应力,内部的普通混凝土柱也逐渐产生较大的塑性变形,降低了整体墩柱的刚度,增大了墩柱的残余位移幅值。

3) 接缝张开

由于底部节段中内柱是与承台固结的,在循环往复作用下,底部接缝的张开闭合会受到明显限制。各墩柱底部受压边缘接缝开合高度变化曲线如图 3-76a) 所示。随着底部节段高度比的增加,各墩柱的底部接缝的开合高度逐渐变大。在 4.5% 位移比下,对应 $\lambda = 0.25$、0.33 和 0.40 的各墩柱底部接缝最大开合高度分别为 0.93mm、4.20mm 和 18.35mm,最终的残余接缝开合高度为 0.58mm、1.94mm 和 10.57mm。$\lambda=0.40$ 的墩柱底部节段开合高度明显大于其他两个墩柱。

各墩柱的第二接缝的张开宽度变化曲线如图 3-76b)所示。与底部接缝相反,随着底部节段高度比的增加,第二接缝的张开宽度逐渐减小。最终在 4.5% 位移比下,各墩柱对应的第二接缝张开宽度分别为 16.20mm、6.31mm 和 0.014mm。$\lambda=0.40$ 的墩柱的第二接缝几乎没有张开。主要原因是底部节段高度比的增加,使得循环作用下第二接缝的张开闭合行为向下转移,墩柱的损伤行为也逐渐转移到形成的塑性铰区。

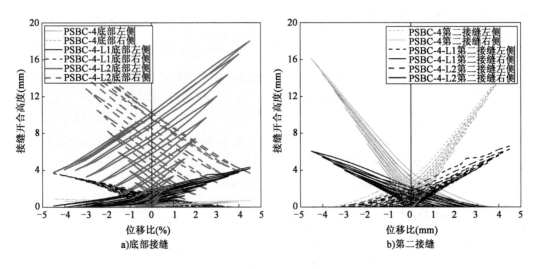

图 3-76 接缝开合高度变化曲线

表 3-17 为不同底部节段高度比的墩柱模型的响应。综上分析,底部节段高度比的变化对此类预制拼装桥墩的抗震性能有着较大的影响。随着底部节段高度比的增加,墩柱的侧向荷载承载能力和耗能都会得到提高,这主要是因为底部节段高度比的变化使底部区域逐渐形成类似于整体现浇桥墩的塑性铰区,使得底部节段 UHPFRC 和普通混凝土内柱承受更多塑性变形。过大的底部节段高度比,也增加了残余位移、内部混凝土的压应变导致的损伤程度,以及受力主筋和预应力筋的变形,增加了结构的不稳定性,降低了侧向位移的需求。本书将底部节段高度比划分了两个范围,推荐 0.33~0.40 之间的底部节段高度比。至于具体的数值需要更多的分析,篇幅所限,在此不再赘述。

不同底部节段高度比的墩柱模型的响应　　　　　表 3-17

试件编号	最大侧向荷载(kN)	刚度比	残余位移比(%)	累积耗能(kN·mm)	纵筋拉应变		UHPFRC 压应变		内柱压应变(ε)	残余接缝(mm)	
					屈服	极限	峰值	极限		底部接缝	第二接缝
PSBC-3	39.94	0.075	0.21	5524	—	—	0.75%	4%	−0.0008	0.6	16.2
PSBC-3-L1	69.34	0.114	1.21	15930	1.5%	—	2%	—	−0.0012	1.9	6.3
PSBC-3-L2	34.79	0.069	1.65	18537	1%	2.5%	3.5%	—	−0.10	10.6	0.01

3.5 装配式桥墩震后修复

3.5.1 常用的结构修复加固方法

1) 增大截面修复法

增大截面修复法是在原有桥墩的外侧,沿其轴线的全部高度或者部分高度内继续浇筑混凝土从而增大墩柱截面积,恢复结构承载力。增加纵向钢筋后再浇筑新的混凝土以提升新增部分的抗弯承载力,而对于维持原有结构和新浇筑混凝土的剪力传递,则采取新增横向钢筋的办法来解决。使用增大截面修复法修复混凝土结构不仅能够恢复结构承载力,还能够改变结构自振频率,从而提升结构的抗震性能和结构稳定性。

Lehman等采用增大截面修复法对一组不同损伤程度的混凝土柱进行了结构修复[16],通过试验发现,破坏程度比较严重的混凝土柱在经过增大截面后,承载能力接近原始结构的承载能力,但并没有完全恢复到原始水平,而修复后构件的延性和耗能水平相较于原始构件得到了一定的提升;破坏程度中等的混凝土柱增大截面后,承载能力恢复到原有构件水平,变形特性与原始结构基本一致;然而经过论证,修复后的构件刚度和原构件刚度相比,差距很大,无法达到原始刚度水平。针对这一结论,众多学者[17-22]都进行了相关验证,结果都印证了Lehman的结论。

增大截面修复法的施工技术非常成熟,修复效果明显可靠,并且所用材料供应方便。但这种修复方法会对原有结构造成较大的改变,新增的部分会侵占原有的建筑空间,同时导致结构自重增大从而改变结构的荷载条件,影响建筑结构整体的受力情况,并且湿作业工作量较大,导致修复所用时间较长,因此在现阶段下较少使用这种结构修复方式。

2) 外包钢板修复法

外包钢板修复法通常是在原结构的四角沿纵向设置角钢,再沿横向设置横向缀板或者斜向缀板,如果原结构构件截面为圆截面或者环形截面,通常使用纵向扁铁配合横向套箍形成整体骨架,为原结构提供横向约束,以提高原有结构的抗剪能力、轴向承载力和结构延性。

Mander等[23]对外包钢板修复法进行了相关研究,研究表明,将矩形截面转为椭圆形截面能够使得原始结构的承载能力得到较大提升,同时获得更好的延性。这一发现也为采用纤维增强材料修复矩形结构的方法优化提供了一定的理论依据。许成祥等[24]对一组混凝土柱进行了地震模拟试验,借助外包钢板修复法修复受损混凝土,然后对其进行深入研究,测试结果显示,在外包钢板修复法的作用下,原构件延性大幅增强,承载力也较原来更加突出,结构整体的抗震指标都有所提高。

外包钢板修复法施工简便,连接方便,周期较短,加固效果明显,同时不会过多地改变原有结构的尺寸而使结构自重发生较大变化,影响结构本身及其他使用空间。但是外包钢板修复法也存在用钢量过大、加固费用较高、后期防腐防锈压力较大等突出问题。

3) 体外预应力修复法

体外预应力修复法通常使用钢带、钢绞线和斜筋等施加预应力对原始结构进行修复补强,配合结构损伤部位修复并利用结构体外施加的预应力来恢复和提升受损结构的抗弯剪能力。修复过程中，一般依赖预应力改变结构的受力特性，使得原始结构有一定卸载，达到恢复承载力的效果。在桥梁的主梁等大跨度结构的修复补强中经常用到体外预应力修复法。

Saatcioglu 等[25]采用体外预应力修复法对 5 个地震荷载中抗剪承载力不足的混凝土柱进行了修复试验研究。结果表明，体外预应力修复法能够有效减小混凝土柱的受剪破坏，增强其抗弯承载力和非弹性应变性能。Tan 等[26]对主梁跨中部位使用体外预应力修复法进行修复补强的简支梁桥进行了研究，研究发现了影响体外预应力筋的临界长度的相关因素，并且得出了使用体外预应力修复技术并不会影响主梁的极限承载能力的结论，同时能够满足较好的经济指标。

体外预应力修复法除适用于原结构的补强外，还对裂缝初期的修补以及制止裂缝进一步扩大有着很大的帮助。当体外预应力运用到加固结构时，施工过程中不发生湿作业，速度更快，修复完成后构件截面并没有产生大的变化，不影响原有使用空间，同时由于预应力材料可以目视检查，有利于在使用过程中及时调整或者更换预应力材料。但是采用体外预应力修复方法，对原结构混凝土强度要求较高，《建筑结构体外预应力加固技术规程》(JGJ/T 279—2012)规定，原有结构的混凝土强度等级最低不宜低于 C20[27]。

4) 绕丝修复法

绕丝修复法是通过将高强度钢丝在需要修复的构件上按照设计间距进行缠绕，采取环箍约束的机理约束需要修复构件的核心混凝土，这样可以有效提升核心混凝土的力学性能，提升构件原本的承载极限和延展能力。

Logan 等[28]学者的研究显示，当钢丝介入矩形截面梁的修复过程，会有效抑制新裂缝的出现，并提升原有矩形截面梁的承载能力。不过他们并未将研究深入到钢丝网修复后的二次受力分析。Mothana[29]和 Sharma[30]的试验围绕钢丝修复如何影响混凝土梁的正截面抗弯展开，详细阐述了钢丝修复对于拓展梁抗弯能力和抑制新裂缝出现的作用。司建辉等[31]的绕丝修复效果研究，包含了拟静力试验和数值仿真两部分，通过试验和数值仿真，发现笼状绕丝明显比轴向绕丝和环向绕丝可以带给修复的混凝土结构更好的抗震效果。尹太龙[32]讨论了结构预损伤程度对绕丝修复方法效果的影响，比较得出试验结果和有限元分析结果，得出有限元方法的准确性和可行性，并提出若是可以保证预损伤程度尽量减小，则修复的滞回曲线就会更加饱满，由此说明加固柱体的延性、承载力恢复能力和抗震能力都与预损伤程度呈现反比例变化；当修复的柱的延性得到显著提升时，耗能能力与极限位移都会增长，但是刚度退化较为平缓。

绕丝修复法对结构进行修复时，用钢量更低，也不会更多侵占原有空间，而且对各种构件截面形状的适应性也更高，但是无法适用于存在大偏心受压的构件加固。

5) 纤维增强复合材料(FRP)修复法

FRP 是由基材材料和纤维材料按照一定的比例混合后，经过一系列的复合工艺形成的新型高性能复合材料，常见的纤维复合材料有碳纤维增强复合材料(CFRP)、玻璃纤维增强复合材料(Glass Fibre-reinforced Polymer,GFRP)、芳纶纤维增强复合材料(AFRP)、玄武岩纤维增强复合材料(Aramid Fibre-reinforced Polymer,BFRP)等。

采用纤维复合材料修复混凝土构件,通常将原结构损伤部位修补后,使用 FRP 材料以整体包裹或者按照一定间隔缠绕的方式粘贴在需要修复的构件表面。考虑 FRP 材料的强度一般具有较为明显的正交性,沿纤维丝方向具有较高的抗拉强度,而其正交方向几乎不具备抗拉强度。因此,按照 FRP 材料纤维丝与构件的方向一般可分为两种:沿构件截面周长方向和沿构件轴线方向。采用前者粘贴方式,粘贴包裹的 FRP 和箍筋的作用非常类似,都是在约束核心混凝土中提升构件的承载能力、延性和抗剪承载力。而采用后者粘贴方式时,FRP 材料主要作用是提升构件的抗弯能力[16]。李健康[33]等选取了 3 组混凝土桥墩进行 CFRP 包裹修复处理后研究,将理论计算值与数值仿真结果进行了分析,并发现桥墩的承载力和延性在经过 CFRP 修复后得到了提升,增加 CFRP 使用量能够提升核心混凝土的侧向约束力。

纤维增强复合材料具有抗拉强度高、弹性模量高、厚度薄、重量轻、易裁剪、抗腐蚀性能优良等特点[34],同时纤维增强复合材料对结构进行修复的施工工艺简单,施工速度更快,修复工程对结构原截面几乎不产生任何改变,对原有使用空间也不造成任何影响。纤维增强复合材料的使用增强了构件的受弯剪承载力和延性,对改善构件的抗震、抗冲击性能有着明显的作用,因此,纤维增强复合材料常被用于混凝土结构的抗弯、剪、扭的加固与修复,以及地震损伤、火灾爆炸、结构腐蚀老化等结构损伤修复。以上几种常见的结构损伤修复方法见图 3-77。

a)增大截面修复法

b)外包钢板修复法

c)体外预应力修复法

d)绕丝修复法

e)FRP 修复法

图 3-77 几种常见的结构损伤修复方法

在实际的工程实践中,钢筋混凝土柱截面会长期受到轴向压力和地震水平荷载双重作用,产生弯曲。当用碳纤维增强复合材料(CFRP)包裹后,再施加荷载和轴压,核心混凝土就会发生侧向的变形,但是由于碳纤维布的存在,变形的程度会被约束,这样混凝土将处在三向压力的共同作用下,这对于混凝土的强度极限和变形极限来说都有着提升效果。

3.5.2 装配式桥墩震后修复试验设计

本章介绍 2 组试验试件 PSBC(原试件)和 PSBC-R(加固试件)的结构设计方案和试验过

程方案,研究 PSBC 和 PSBC-R 在拟静力试验过程中的滞回特性和损伤特点等情况,为评估加固效果提供基础数据。

1) 试验方案设计

试验采用的预制节段拼装桥墩缩尺比例模型由底部承台、4 个墩身节段和墩顶加载块组成,整个缩尺比例模型在拼装完毕后由 3 根预应力钢绞线连接,所有的墩身节段接缝采用干接缝形式。如图 3-78 所示,承台尺寸为 1200mm×700mm×500mm,为了便于预应力钢绞线的锚固,在承台底面中心位置制作出一个尺寸为 360mm×120mm×120mm 的凹槽;墩顶加载块尺寸为 500mm×500mm×400mm,在其内部预留 4 个水平向孔道,用于和电液伺服加载器连接,作动头轴线与加载块顶面距离为 200mm,与承台顶面距离为 1800mm(即有效加载高度);墩身节段采用高度为 400mm 的圆形截面预制混凝土节段,为了减小预制节段拼装桥墩底部节段的水平侧移和损伤,其中底部节段采用直径为 170mm 的圆形截面混凝土芯柱与底部承台整体现浇,在其外部拼装内径为 180mm、外径为 350mm 的 UHPC 套筒,除了底部节段采用此形式外,剩余 3 个墩身节段均为直径 350mm 的圆形截面实心节段。

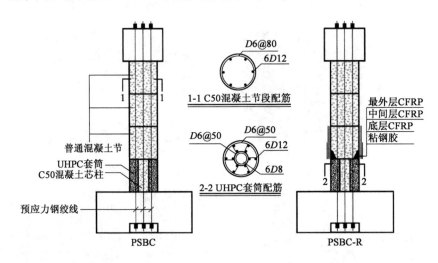

图 3-78 试验模型试件示意图

实心混凝土节段采用混凝土抗压强度等级为 C50 的商品混凝土在预制构件厂进行预制,混凝土轴心抗压强度标准值 f_{ck} 为 32.4MPa,混凝土轴心抗压强度设计值 f_c 为 23.1MPa。墩身节段所配置的纵筋为 6 根 HRB400 热轧带肋钢筋,公称直径 12mm,屈服强度标准值 f_{yk} 为 400MPa。箍筋采用 HPB335 热轧光圆钢筋,公称直径 8mm,屈服强度标准值 f_{yk} 为 335MPa,对底部 UHPC 节段和混凝土芯柱的箍筋进行加密,间距为 50mm,剩余三个普通混凝土墩身节段的箍筋间距设计为 80mm。桥墩模型采用后张法预应力,使用的高强度钢绞线为 15.2mm 的 7 股低松弛钢绞线,其抗拉强度标准值为 1670N/mm²,抗拉强度极限值为 1860N/mm²。由于试验条件限制,在本次试验中试件的预应力钢绞线仅沿加载方向布置,而在实际桥梁工程中,由于地震可能从不同的方向作用于桥梁,因此预应力筋最好采用对称方式布置。由于本次试验对试件施加单向循环荷载,采用预应力筋的单轴对称布置进行折中。试验模型试件示意图如图 3-78 所示[35]。

2) 试验材料参数

本次试验中使用到的材料主要包括 C50 商品混凝土、超高性能混凝土(UHPC)、钢筋钢绞线和碳纤维布等,本节对本次试验中所使用到的碳纤维布材料进行详细介绍,其他材料参数详见上节。

本次试验中使用的碳纤维片材(CFRP)为连续碳纤维单向排列纤维布(图 3-79)。抽取该批次 CFRP 中 3 组样品进行检测,抗拉强度平均值达到 3765MPa($\geqslant$3400MPa),受拉弹性模量平均值达到 2.53×10^5MPa($\geqslant 2.3 \times 10^5$MPa),伸长率平均值达到 1.75%($\geqslant$1.6%),层间剪切强度平均值达到 58MPa($\geqslant$45MPa),与基材正拉黏结强度平均值达到 4.8MPa($\geqslant$2.5MPa)且均为基材内聚破坏,该批次 CFRP 力学性能指标满足《碳纤维增强复合材料加固混凝土结构技术规程》(T/CECS 146—2022)中对单向织物高强度 I 级材料的技术指标要求。

a)试验使用碳纤维布　　　　b)碳纤维单向排列

图 3-79　修复桥墩模型所用碳纤维布

本次试验中,对墩身节段损伤部位的修复材料为 TLS-401 型粘钢胶,A、B 组分配胶比例为 3:1,在基材温度为 25~35℃时,该型粘钢胶固化时间为 24h。对配置好的粘钢胶进行力学性能测试,测得其抗压强度平均值为 101MPa($\geqslant$65MPa),抗拉强度平均值为 35MPa($\geqslant$30MPa),受拉弹性模量为 9256MPa($\geqslant$3200MPa),伸长率为 1.21%($\geqslant$1.2%),所有力学性能指标满足《树脂浇铸体性能试验方法》(GB/T 2567—2021)中对树脂浇筑体的性能指标要求。

3) 试件修复与加固

在对底部采用组合形式的预制节段拼装桥墩(上节 PSBC-4)进行循环往复加载试验后,再对该损伤的试件进行修复和加固工作。桥墩模型经历循环往复荷载试验后导致了损伤和破坏,需要对损伤部分进行修复,从而确定其加固后的模型抗震性能和原模型抗震性能指标的变化。试验模型修复加固的过程主要分为对桥墩模型损伤部位的处理和对桥墩模型的修复两大部分。

桥墩模型损伤缺失的部分采用 TSL-401 型粘钢胶进行填补,将 TLS-401 型粘钢胶的 A、B 组分按 3:1 配胶,搅拌均匀后,在缺损部位由内向外逐层填补在损伤部位上,直至破损部位被完全填补。将 CFRP 垂直于 CFRP 纤维方向的宽度裁剪至与损伤的节段高度相同,CFRP 纤维方向的长度要确保能够将损伤节段一周完全包裹后并保留 150mm 的搭接长度,作为第一层和第二层的 CFRP。另外准备一张宽度为损伤节段高度一半的 CFRP,长度与之前准备的 CFRP 长度相等,作为最外层 CFRP。

调配粘贴 CFRP 所需的环氧树脂胶,把调配好的环氧树脂胶均匀涂抹在经过修补后的损伤节段表面,胶层须呈微突起状。把第一层 CFRP 的起点粘贴在循环往复荷载加载方向的垂直位置,绕损伤节段粘贴一周,将损伤节段完全包裹,沿墩身节段环向轻刮 CFRP,使得其下方多余的环氧树脂胶能够从 CFRP 空隙中渗出。再把环氧树脂胶均匀涂抹在第一层 CFRP 的表面,再在其表面绕损伤节段粘贴一周第二层 CFRP,将损伤节段完全包裹。按照之前步骤,把最外层 CFRP 底缘与损伤节段的底部边缘对齐,然后绕损伤节段粘贴一周,用塑料片轻刮 CFRP 表面。最后用滚筒沿环向滚压 CFRP,使 CFRP 与损伤节段表面粘贴紧密。CFRP 修复损伤预制节段拼装桥墩过程见图 3-80。

a) 打磨损伤节段表面

b) 粘钢胶填补损伤部位

c) 等待粘钢胶固化

d) 涂刷环氧树脂并粘贴底层CFRP

e) 粘贴最外层CFRP

f) 构件修复完毕

图 3-80　CFRP 修复损伤预制节段拼装桥墩过程

3.5.3 装配式桥墩震后修复试验结果分析

本节主要对预制节段拼装桥墩模型试件（PSBC）和拟静力试验后经修复加固的试件（PSBC-R）进行比较。对两个试件在拟静力试验过程中，相同的位移幅值情况下的接缝张开、混凝土破坏等直观的变化进行观测，对比两个试件产生相同或相似的破坏时所达到的加载周期，观察在试验过程中，试件 PSBC-R 的 CFRP 的破坏情况。通过数据采集系统，收集在试验过程中电液伺服加载器的位移数据和墩顶反力数据，从而得到两个试件的恢复力特性曲线，对数据进行处理后可以得到两个试件的骨架曲线、承载力、刚度退化曲线和耗能水平等抗震性能指标。

1）试验过程及试件损伤状态

（1）原始预制节段拼装桥墩试件 PSBC

试件 PSBC 作为原始试件首先进行拟静力试验，并记录其试验过程和破坏情况。试件 PSBC 的底部节段（Seg1）由超高性能混凝土（UHPC）制作的空心套筒和同承台现浇在一起的 C50 混凝土芯柱共同组成，其他三个节段（由下到上为 Seg2、Seg3 和 Seg4）均为 C50 混凝土浇筑的实心节段。

当加载位移比达到反向 0.2%（ -3.6mm）时，Seg1 与 Seg2 之间的接缝在位移的反方向一侧首先发生轻微张开，同时伴随着普通混凝土节段出现轻微的受压裂缝。继续进行下一级加载时，位移比达到正向 0.3%（ +5.4mm）时，Seg1 与 Seg2 之间接缝轻微张开的同时，底部节段 UHPC 套筒与承台之间的接缝也开始出现轻微的张开（图 3-81）。

a）节段间接缝张开与混凝土受压裂缝

b）底部UHPC与承台接缝张开

图 3-81　原始试件 PSBC 接缝张开情况

当加载位移比达到反向 0.75%（ -13.5mm）时，在 Seg2 与 Seg1 接触面上方出现了第一条较为明显的受压裂缝。在下一级（位移比 1%， +18mm）加载完毕后持载过程中，上一条裂缝的对侧也产生了肉眼可见的水平方向受压裂缝。当位移比达到 3%（ +54mm）时，第二节段混凝土保护层开始剥落（图 3-82）。

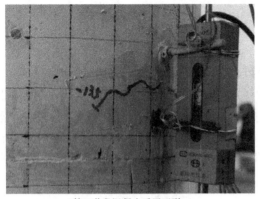
a) 第二节段混凝土受压开裂

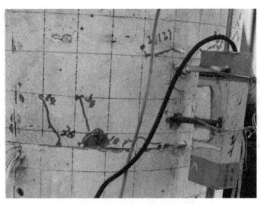
b) 第二节段混凝土保护层剥落

图 3-82　原试件 PSBC 混凝土受压破坏

(2) 修复预制节段拼装桥墩试件 PSBC-R

PSBC-R 试件是通过对已经做完循环往复加载试验的 PSBC 试件进行修复加固后得到的试件,对试件 PSBC 的损伤部分使用粘钢胶进行填补后,在损伤节段外部包裹 CFRP 进行加固。当位移比达到正向的 0.3%(+5.4mm)时,底部节段 Seg1 与承台之间的接缝轻微张开,在随后的各级加载过程中,仅发生底部节段 Seg1 与承台之间接缝的张开闭合,直到加载位移比达到正向 1%(+18mm)时,Seg2 和 Seg1 节段之间的接缝张开(图 3-83)。

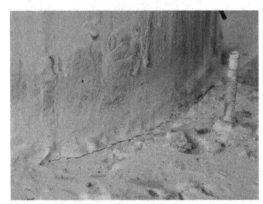
a) 修复节段底部接缝率先张开

b) 节段间接缝开始张开

图 3-83　修复试件 PSBC-R 接缝张开情况

在进行正向 2%(+36mm)位移比加载过程中,构件发出微小的断裂声,修复加固过的节段 Seg2 和其上方的节段 Seg3、Seg4 作为整体,开始出现侧向滑移,一小部分跨越接缝的 CFRP 在其碳纤维方向的正交方向被撕裂(图 3-84)。

当加载位移比达到反向 -2.5%(-45mm)时,构件发出明显的清脆的断裂声,修复加固节段 Seg2 及其上方其他两个节段作为整体在荷载方向发生了 10mm 的侧向滑移,由于在包裹 CFRP 的操作过程中,部分 CFRP 纤维与底部节段 Seg1 黏结,在上部墩身滑移的过程中,这一小部分 CFRP 纤维被拉断,发出断裂声(图 3-85)。

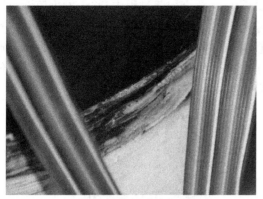 

a) 节段间开始出现侧向滑移　　　　　　　b) 跨越接缝的碳纤维布被撕裂

图 3-84　CFRP 在加载过程中的破坏情况

 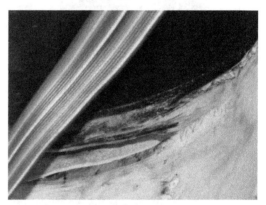

a) 节段发生明显侧向滑移　　　　　　　b) 部分CFRP纤维被拉断

图 3-85　加载结束时 CFRP 的损伤情况

在此后的每一级加载过程中,仅发生了节段 Seg1 和 Seg2 之间接缝的张开闭合以及节段 Seg2 的侧向滑移,直至加载结束(位移幅值 6%,108mm),PSBC-R 试件除了节段 Seg2 以上部分产生了较大的侧向滑移,均未发生其他可目视的结构损伤。

(3) 修复试件 PSBC-R 与原试件 PSBC 损伤比较

对于原试件 PSBC,由于底部节段采用了超高性能混凝土(UHPC),并且在底部节段内部有与承台一同现浇的混凝土芯柱作为底部节段的约束,因此在循环往复加载过程中,底部节段(Seg1)与承台之间的接缝并没有发生非常明显的张开闭合,反而是节段 Seg2 与 Seg1 之间的接缝发生了明显的张开闭合。预制节段拼装桥墩模型试件在循环往复荷载作用下,绕节段 Seg2 柱脚发生来回摆动,采用 C50 混凝土制作的节段 Seg2 柱脚混凝土逐渐出现由于受压而产生的横向裂缝,随着加载级别的逐渐提高,接缝张开程度随之增大,混凝土出现更多新的受压裂缝,老的裂缝也继续发展,最终导致节段 Seg2 柱脚混凝土保护层压碎脱落,箍筋外露。

修复试件 PSBC-R 是对上述损坏的试件 PSBC 的柱脚损伤部位进行了修补并且外包 CFRP 布进行加固,所以模型试件在试验中的整体响应情况与试件 PSBC 大致相同,均表现为底部节段 Seg1 与承台接缝发生轻微张开闭合,节段 Seg1 和节段 Seg2 间的接缝张开闭合较大。但是由于试件 PSBC-R 在节段 Seg2 外侧包裹了 CFRP,所以在整个加载过程中,并未发生第二节段柱脚混凝土压碎剥落、箍筋外露等破坏现象,而是随着加载等级的提升,在第二接缝张开的程度明显更大,并且节段 Seg2 以上的墩身发生了较大的整体水平向滑移,并且在滑移过程中产生了许多被磨碎的粘钢胶粉末。直到加载结束时,墩身发生了多达 20mm 的水平向滑移,但 CFRP 依旧没有出现明显的损伤与破坏(图 3-86)。

a)试件PSBC最大荷载状态　　　　　　　　　b)试件PSBC-R最大荷载状态

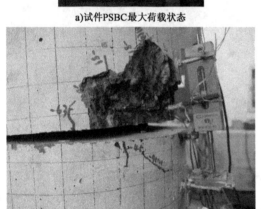 

c)试件PSBC混凝土破坏　　　　　　　　　　d)试件PSBC-R节段滑移

图 3-86　原始试件与修复试件试验结束状态对比

2)试验数据及分析

通过对试验中传感器直接记录的数据进行整理与计算,得到常用的抗震性能评价指标数据,如结构滞回曲线、骨架曲线、残余位移、耗能水平等情况,对两个试件的抗震性能指标进行对比,分析经过修复加固的试件 PSBC-R 的抗震性能变化情况。

(1)滞回曲线

所谓抗震性能的综合反映,是指在低周反复荷载的状态下所得出的荷载-位移曲线。这一曲线可以很好地表现出试件由弹性、弹塑性最终进入塑性阶段后产生混凝土压碎的整个过程,这是研究其抗震性能的基本数据。常见的构件滞回曲线形态是梭形、弓形、反 S 形和 Z 形。梭形这种形态一般情况下在没有剪切破坏的受弯、压构件中出现;弓形则体现了部分滑移状态下的构件状况,存在显著的捏缩效应,在剪跨比大、剪力小,同时设计有箍筋抗剪的受剪构件中十分常见;反 S 形体现滑移影响更大,一般在框架和剪力墙中都存在这种形态。Z 形是大量的滑移影响的体现。在实践应用中,有很多构件的滞回曲线都是从梭形向弓形、反 S 形或者 Z 形发展。

从电液伺服加载器的数据采集系统中获取循环往复加载试验过程中两个试件的墩顶侧向力-位移曲线,如图 3-87 所示。试验中设计的预应力值较低,保证在试验过程中预应力筋不发生屈服,因此在初始等级加载情况下,试件基本上处于弹性阶段,滞回环大多集中在 x 轴附近,并有重叠现象发生。随着加载等级提高,墩身节段间接缝张开程度增大,普通混凝土节段部分开始出现受压裂缝等破坏,滞回环开始逐渐向外扩散并且形状更加饱满。

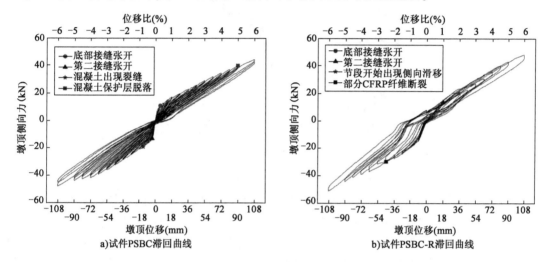

图 3-87 桥墩试验模型的滞回曲线

试件 PSBC 在加载过程中,节段 Seg1 和 Seg2 之间的接缝最先张开,此时墩顶位移为 -3.6mm,墩顶侧向力为 -13.2kN,随后才发生了底部节段 Seg1 与承台之间的接缝张开。而试件 PSBC-R 在加载过程中在墩顶位移为 5.4mm 时最先发生了底部接缝张开,而后在墩顶位移为 18mm 时才发生第二节段接缝的张开。结合试验实际情况,主要是由于在对试件 PSBC-R 外包 CFRP 时,有少量的 CFRP 纤维跨越了节段 Seg1 和 Seg2 之间的接缝,该部分 CFRP 纤维与环氧树脂黏结剂对接缝产生了一定的黏结作用,导致墩顶位移继续增大时才能使得第二接缝张开,并不是由 CFRP 的环向加固作用导致的接缝张开较晚。PSBC 和 PSBC-R 两个试件均在墩顶位移为 5.4mm 左右时发生了底部接缝的张开。

在试验过程中循环往复荷载作用下,试件 PSBC 接缝在加载的正反两个方向不断张开闭合,墩身绕节段 Seg2 柱脚发生往复摇摆,节段 Seg2 柱脚两侧均发生了混凝土保护层压碎剥离并且部分箍筋外露的损伤现象。而经过修复的试件 PSBC-R 在试验全过程中由于 CFRP 的约束作用,粘钢胶和混凝土均受到了环向约束,均未发生压碎剥落等破坏情况,同时外侧包裹的 CFRP 也没有因为混凝土和粘钢胶的受压膨胀而发生破坏,在墩顶位移增加到 -34mm 的情况下发生了预应力筋的滑移。随后的加载过程中,试件会先沿荷载加载方向发生水平滑移,之后才会发生节段接缝的张开闭合,而且在初始加载方向的负方向发生的水平滑移无法在下一轮加载过程中完全复位,最终导致试验结束时,节段 Seg2 与 Seg1 之间产生了 20mm 左右的累积滑移。因此，试件 PSBC 的滞回曲线具有较高的对称性，而试件 PSBC-R 的滞回曲线在加载负方向各级加载的起始阶段出现了一段斜率远小于加载后期的部分。

（2）骨架曲线

为比较修复后的试件 PSBC-R 和试件 PSBC 的抗震性能，将两个试件的滞回曲线加载峰值点连线，得到两试件的骨架曲线，如图 3-88 所示。

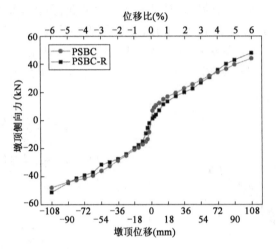

图 3-88　试件 PSBC 与试件 PSBC-R 骨架曲线

两个试件在最初的几级加载下表现为弹性，但是经过修复后的试件初始阶段的刚度要小于原试件的刚度，主要是由于在初始等级加载的情况下，构件还没发生损坏和滑移等情况，预应力筋始终处于弹性状态，构件整体处于弹性状态。但是使用 TSL-401 型粘钢胶对原试件的混凝土破损部位进行了填补，使得破损部位混凝土被粘钢胶所替代，而粘钢胶的弹性模量远小于 C50 混凝土的弹性模量，因此造成了试件 PSBC-R 早期的刚度略低的情况。

经过修复的桥墩试件的侧向承载力在位移比为 3.5% 和 -5% 之前均小于原试件，而在此之后，修复试件的侧向承载力便超越了原试件。在加载结束时，修复试件的承载力达到了 48.1kN（正向加载）和 51.1kN（负向加载），相应地比原试件侧向承载力提高了 8.8% 和 6.9%。主要是由于修复试件在试验过程中出现了一次预应力筋滑移，导致了修复试件的承载力有所降低，但是随着加载等级的提升，原试件开始出现混凝土开裂和剥落，而修复试件在 CFRP 的约束作用下并没有发生任何破坏，CFRP 的加固效果逐渐显现，试件承载能力逐步提升。

除此之外，原试件和修复试件的骨架曲线在试验过程中始终处于上升状态，并未出现下降段，主要是由于两个试件的墩身节段都是采用无黏结预应力钢绞线连接，而试验设计的预应力钢绞线在整个加载过程中始终保持弹性状态，而节段中的钢筋也没有发生屈服等严重的破坏，这使得试件在加载过程中始终没有出现承载力下降的情况。

（3）残余位移

在两个试件的滞回曲线数据中，提取各级滞回环的横坐标截距进而绘制试件的残余位移曲线，如图 3-89 所示。

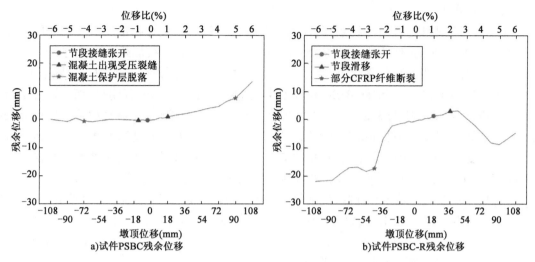

图 3-89　试验模型残余位移曲线

试件 PSBC 的残余位移随着加载等级的提高而平缓增大,并且正方向产生了 13.5mm 的残余位移,较负方向的更大。而修复试件 PSBC-R 的残余位移变化情况在加载等级为 2% 之前与试件 PSBC 相似。在达到 2% 左右的位移比时,残余位移发生了非常明显的激增,而且在加载结束后,负方向的残余位移达到了 21.2mm。

主要是由于在加载过程中,原试件节段柱脚的混凝土随着加载等级的提升逐步被压碎进而剥落,残余位移随着混凝土的破坏而逐步增加,并且节段 Seg2 在荷载正方向上的混凝土压碎情况比负方向更为严重,导致两个方向的残余位移有较大差异。但是修复试件在荷载作用下并没有发生混凝土的压碎,而是当荷载达到 2% 时,跨越接缝部分的 CFRP 纤维开始发生断裂,试件开始产生较大的侧向滑移。加载等级越来越高,而试件在负方向的水平滑移越来越明显,这就导致在完全卸载继续反向加载完毕后依旧无法使该侧向滑移复位。而由传感器记录得到的 21.2mm 的最终残余位移与现场手工记录的试件节段最终侧向滑移量 20mm 基本一致,由此可以推测,修复试件的残余位移更多地来自节段的侧向滑移,而非结构本身的材料破坏(图 3-90)。

图 3-90　试件 PSBC-R 最终节段间滑移量

(4) 耗能水平

通过对两个试件的滞回曲线数据进行处理,得到在每一级位移幅值时试件的滞回耗能。当加载等级小于 18mm 时,采用 CFRP 修复的试件 PSBC-R 在每一级加载中的耗能水平均低于原试件 PSBC,但是当加载位移超过 18mm 后,试件 PSBC-R 的耗能明显增加。主要是由于当加载等级在 18mm 以下时,试件 PSBC-R 仅发生轻微的底部接缝的张开闭合,而原试件 PSBC 的底部接缝和节段 Seg1 与 Seg2 之间的接缝均已经发生张开闭合,甚至在加载等级达到 18mm 前,试件 PSBC 的节段 Seg2 柱脚混凝土已经发生了轻微的开裂。但是当加载等级达到 18mm 时,由于修复过程中残留在试件 PSBC-R 的节段 Seg1 和 Seg2 间接缝的环氧树脂被拉断,该接缝开始发生张开闭合,试件 PSBC-R 的耗能水平有所上升。随着加载等级继续提升至 2% 时,节段 Seg1 和 Seg2 开始发生相互滑动,粘钢胶胶体与节段 Seg1 表面不断发生摩擦并呈碎末状损坏,这也使得试件耗能水平继续提升。直到加载试验结束,试件 PSBC-R 的累积耗能为 3027.6kN·mm,相较于试件 PSBC,累积耗能高出 102.1%。因此,经过 CFRP 修复的试件比原试件拥有更为优秀的能量耗散水平(图 3-91)。

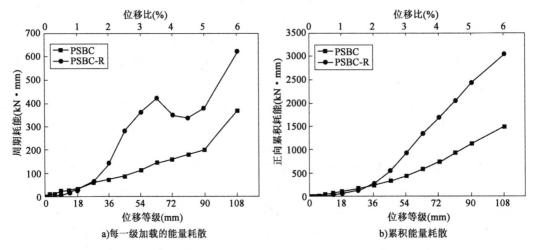

a) 每一级加载的能量耗散　　　b) 累积能量耗散

图 3-91　试件能量耗散水平曲线

(5) CFRP 应力应变

在修复节段的 CFRP 表面沿纤维方向粘贴了电阻应变片,当墩顶位移处于正向 108mm 时,持载情况下提取 CFRP 同一侧不同高度表面的电阻应变片数据,得到在荷载峰值状态下 CFRP 的应变情况。可见,CFRP 在节段最下方产生的应变达到了 $5991\mu\varepsilon$,随着距节段底部位置距离的增加,CFRP 沿纤维方向的应变逐渐减小。当距离第二接缝超过 100mm 后,CFRP 的应变小于 $2000\mu\varepsilon$。提取修复节段最下方位置的应变片的数据可以看出,在加载时,与荷载相同方向一侧的 CFRP 会产生较大的环向应变,并且随着加载等级的提高,应变也不断提高,而与荷载方向相反的纤维受拉应变较小。但是当达到试验最大加载位移 108mm 时,采集到 CFRP 的最大应变依旧是远小于 CFRP 布所标定的伸长率(1.75%)。并且通过计算,CFRP 此时的应力为 1515.72MPa,仅为抗拉强度(3765MPa)的 40.26%,即损伤修补部位在三层 CFRP 布的包裹之下,还存在非常大的安全储备,CFRP 的强度并没有被充分利用。修复试件 CFRP 应变曲线见图 3-92。

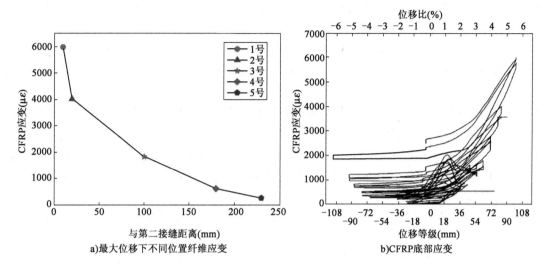

图 3-92 修复试件 CFRP 应变曲线

注：图例中 1 号~5 号是指应变片的粘贴位置。

本章参考文献

[1] Zhang Y Y, Fan W, Zhai Y, et al. Experimental and numerical investigations on seismic behavior of prefabricated bridge columns with UHPFRC bottom segments[J]. Journal of Bridge Engineering, 2019, 24(8): 04019076.

[2] Bu Z Y, Ou Y C, Song J W, et al. Cyclic loading test of unbonded and bonded posttensioned precast segmental bridge columns with circular section[J]. Journal of Bridge Engineering, 2016, 21(2): 04015043.

[3] 苏小卒. 预应力混凝土框架抗震性能研究[M]. 上海: 上海科学技术出版社, 1998.

[4] 石亦平, 周玉蓉. ABAQUS 有限元分析实例详解[M]. 北京: 机械工业出版社, 2006.

[5] 庄苗, 由小川, 廖建晖. 基于 ABAQUS 的有限元分析和应用[J]. 北京: 清华大学出版社, 2009: 52-58.

[6] Dawood H, ElGawady M, Hewes. Behavior of segmental precast posttensioned bridge piers under lateral loads[J]. Journal of Bridge Engineering, 2012, 17(5): 735-746.

[7] Dassault Systèmes. Simulia Abaqus 6.14 Online Documentation [EB/OL]. http://abaqus.software.polimi.it/v6.14/index.htm.

[8] Li C, Hao H, Bi K M. Numerical study on the seismic performance of precast segmental concrete columns under cyclic loading[J]. Engineering Structures, 2017, 148: 373-386.

[9] Hewes J T. Seismic design and performance of precast concrete segmental bridge columns[D]. San Diego: University of California, 2002.

[10] 中华人民共和国住房和城乡建设部, 中华人民共和国国家质量监督检验检疫总局. 混凝土结构设计规范: GB 50010—2010[S]. 北京: 中国建筑工业出版社, 2010.

[11] Dawood H, ElGawady M, Hewes J. Factors affecting the seismic behavior of segmental precast bridge columns[J]. Frontiers of Structural and Civil Engineering, 2014, 8(4): 1-11.

[12] Zhang Q, Alam M S. Evaluating the seismic behavior of segmental unbounded posttensioned concrete bridge piers using factorial analysis[J]. Journal of Bridge Engineering, 2015, 21(4): 04015073.

[13] 秦明霞, 张于晔, 翟勇, 等. 预应力筋布置对节段拼装桥墩抗震性能的影响[J]. 地震工程与工程振动, 2018, 38(4): 158-163.

[14] Cai Z K, Zhou Z, Wang Z Y. Influencing factors of residual drifts of precast segmentalbridge columns with energy dissipation bars[J]. Advances in Structural Engineering, 2019, 22(1): 126-140.

[15] 腾格. 混合体系装配式桥墩抗震性能分析方法及设计参数研究[D]. 南京: 南京理工大学, 2016.

[16] 滕锦光, 陈建飞, 史密斯, 等. FRP加固混凝土结构[M]. 李荣, 滕锦光, 顾磊, 译. 北京: 中国建筑工业出版社, 2005.

[17] Ouyang L J, Gao W Y, Zhen B, et al. Seismic retrofit of square reinforced concrete columns using basalt and carbon fiber-reinforced polymer sheets: a comparative study[J]. Composite Structures, 2017, 162: 77-93.

[18] Liu F, Wu B, Wei D. Failure modes of reinforced concrete beams strengthened with carbon fiber sheet in fire[J]. Fire Safety Journal, 2009, 44(7): 941-950.

[19] 赵彤, 谢剑. 碳纤维布补强加固混凝土结构新技术[M]. 天津: 天津大学出版社, 2001.

[20] 赵树红, 叶列平, 张轲, 等. 碳纤维布对混凝土柱抗震加固的试验分析[J]. 建筑结构, 2001(12): 17-19.

[21] Ye L P, Zhang K, Zhao S H, et al. Experimental study on seismic strengthening of RC columns with wrapped CFRP sheets[J]. Construction and Building Materials, 2003, 17(6): 499-506.

[22] 司炳君, 孙治国, 王清湘, 等. 钢筋混凝土延性桥墩震后快速修复技术研究[J]. 大连理工大学学报, 2010, 50(1): 93-98.

[23] Mander J B, Priestley M J N, Park R. Theoretical stress-strain model for confined concrete[J]. Journal of Structural Engineering, ASCE, 1988, 114(8): 1804-1827.

[24] 许成祥, 杨炳, 赵斌, 等. 外包钢加固震损钢管混凝土柱的抗震性能试验[J]. 广西大学学报: 自然科学版, 2015(40): 830.

[25] Saatcioglu M, Yalcin C. External prestressing concrete columns for improved seismic shear resistance[J]. Journal of Structural Engineering, 2003, 129(8): 1057-1070.

[26] Tan K H, Farooq M, Ng C K. Behavior of simple-span reinforced concrete beams locally strengthened with external tendons[J]. Aci Structural Journal, 2001, 98(2): 174-183.

[27] 中华人民共和国住房和城乡建设部. 建筑结构体外预应力加固技术规程: JGJ/T 279—2012[S]. 北京: 中国建筑工业出版社, 2011.

[28] Logan D, Shaw S P. Moment capacity and cracking behavior of ferrocement in flexure[J]. Journal of the American Concrete Institute, 1973, 70(12): 55-62.

[29] Alkubaisy M A, Jumaat M Z. Ferrocement laminate strengthens RC beams[J]. Concrete International, 2000, 22(10):37-43.

[30] Andrews G, Sharma A K. Repaired reinforced concrete beams[J]. Concrete International, 1988, 10(4):47-51.

[31] 司建辉,赵侃,尹太龙,等.绕丝加固受损混凝土柱抗震性能试验及有限元分析[J].武汉大学学报(工学版),2020,53(1):30-37.

[32] 尹太龙.绕丝加固震损钢筋混凝土柱的抗震性能试验研究[D].西安:西安理工大学,2017.

[33] 李健康,刘敦文,王培森,等.CFRP约束局部强度不足桥墩轴心受压力学性能分析[J].铁道科学与工程学报,2016,13(2):295-300.

[34] Zhang Y Y, Tabandeh A, Ma Y, et al. Seismic performance of precast segmental bridge columns repaired with CFRP wraps[J]. Composite Structures, 2020, 243:112218.

[35] 中华人民共和国住房和城乡建设部.纤维增强复合材料工程应用技术标准:GB 50608—2020[S].北京:中国计划出版社,2020.

第4章 装配式桥墩地震损伤评估方法

4.1 概　　述

预制节段拼装桥墩具有良好的自复位性能和极限位移能力,但其地震作用下的损伤机理尚不明确,传统的损伤评价方法无法准确描述预制节段拼装桥墩的地震损伤,如何准确、合理地评估地震损伤状态是预制节段拼装桥墩全寿命周期抗震性能研究中的重要问题。为得到适用于预制节段拼装桥墩的地震损伤模型,对其抗震性能和损伤机理进行分析,提出考虑桥墩自复位性能的地震损伤模型。

本章对预制节段拼装桥墩进行三维实体有限元建模,比较不同设计参数的桥墩地震作用下的性能水平和材料损伤的发展特征。随后,从预制节段拼装桥墩的自复位性能特点和损伤机理出发,对自复位性能表征方法进行研究并简化,提出自复位修正因子,描述桥墩在地震作用下的耗能损伤情况,最终得到考虑自复位性能的地震损伤评估模型。在此基础上,对预制节段拼装桥墩连续梁桥的地震损伤评估开展研究,提出基于模糊综合评价法的桥梁系统损伤分析方法,并将该方法用于连续梁桥的地震易损性分析。

4.2 考虑自复位性能的装配式桥墩地震损伤评估模型

4.2.1 装配式桥墩的自复位性能简化表征方法

自复位性能是强度、延性以外的一个新的抗震理念,是基于现有的包括预制拼装桥墩在内的新型结构容许位移较大且残余位移很小的特点发展起来的,代表了结构具有的震后可恢复性能,对自复位性能进行量化是对桥墩损伤进行评价的一个重要方面。地震损伤是造成结构性能退化的主要因素,不同结构的损伤特点不同,对自复位性能水平量化的方法要符合损伤发展过程的物理规律。本章基于既有分析经验,根据试验和数值结果中的损伤发展过程,从不同角度对预制节段拼装桥墩的损伤机理进行分析,并对损伤分析中自复位性能表征方法进行简化。

1)节段拼装桥墩损伤机理分析

在传统混凝土现浇桥墩中,地震作用下通常底部出现塑性铰区,混凝土和钢筋协同工作耗散地震能量,墩柱往往表现为延性破坏。而对于预制节段拼装桥墩,大多数墩柱在地震作用下的响应主要是由节段旋转和节段间错动引起的,墩身仅有少量裂纹[1],没有明显的塑性铰区域,节段间不连续的钢筋和墩身混凝土的协同工作程度很小,与整体现浇桥墩相比,耗能能力非常有限。增强耗能能力的办法与整体现浇桥墩的设计相同,主要通过柱脚局部混凝土和添加耗能钢筋等耗能装置进行耗能,会在底部形成等效的塑性铰区域,其滞回性能和耗能能力与整体现浇桥墩类似。

设置耗能钢筋等耗能装置后,节段拼装桥墩的耗能能力会得到明显提高,根据预制节段桥墩的抗震性能特点,过高的耗能能力提升,往往伴随着墩柱自复位性能的削弱,耗能能力与自复位能力此消彼长,作为耗能能力提升的后果,相应地,自复位能力减小,残余位移将明显增加。所以结构设计中需要考虑的是怎样平衡预制构件的自复位能力和耗能能力。

如图4-1所示,根据不同的材料层面损伤特点,可以将地震作用下桥墩的损伤模式大致分为两类:

(1)摇摆损伤。在墩顶侧向力加载过程中,墩顶位移造成节段间接缝的开合,接缝的开合行为导致过该接缝的耗能钢筋以及预应力筋受拉变形,同时柱脚局部混凝土受压,共同为构件提供侧向承载力和耗能能力。

(2)滑移损伤。同样,在节段间发生滑移时,耗能钢筋过接缝处出现销栓效应,根据构造形式的不同,当节段间出现一定程度的错动后,还将出现预应力筋的销栓效应,耗能钢筋销栓作用提供的侧向力和接缝界面摩擦提供的抗力,也为构件提供了侧向承载力和耗能能力。

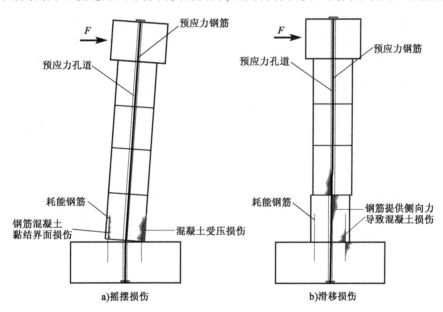

图4-1 节段拼装桥墩在滑移和摇摆现象中的损伤机理示意图

在墩顶水平侧向荷载的作用下,接缝混凝土界面的受力演化过程如图4-2所示。以底部接缝为例,在初始状态,底部接缝混凝土受到上部结构的轴向力、重力和初始预应力的作用,压应力均匀分布。随着墩顶位移的增加,底部接缝界面进入消压状态,在达到消压状态之前的发展过程中,墩柱底部都表现为类似与承台共同浇筑,接缝未出现张开。达到消压状态后,墩顶位移进一步增加,底部节段的初始压力被所施加的力矩克服,界面进入局部受压状态,节段间出现接缝张开,柱脚混凝土集中受压。预制节段拼装桥墩出现接缝张开后,墩顶横向位移包含三个部分,分别由墩身弯曲、节段开合和节段间错动引起[2]。

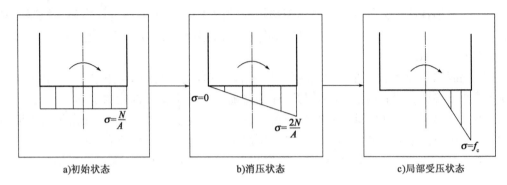

图 4-2 接缝混凝土界面受力演化过程

基于已有试验和理论研究,归纳自复位预制节段拼装桥墩在地震作用下的钢筋材料损伤发展过程,如图 4-3 所示。

图 4-3 预制节段拼装桥墩的损伤破坏过程

在已有的预制节段拼装桥墩的试验研究中,当耗能钢筋断裂时,构件耗能能力大量损失,认为该位移水平下构件达到极限状态。在以下情况会出现预应力筋的屈服和断裂破坏:①在未设置耗能钢筋的预应力预制拼装桥墩中;②预应力筋设置不合理,初始预应力过大或预应力筋配筋不足;③耗能钢筋拉断时构件并未达到失效状态,因为无黏结段设置过小使耗能钢筋提前断裂,或节段发生剪切错动导致耗能钢筋剪切断裂。综上所述,具体构件的破坏模式与耗能钢筋和预应力钢筋配置以及节段间的连接方式等因素有关,损伤阶段的界限主要为耗能钢筋和预应力筋的材料损伤阈值。

2) 极限状态确定

为了方便对桥墩进行损伤评价,可以选取极限状态的桥墩自复位能力进行表征。对构件在地震作用下的自复位性能进行量化分析前,需要先确定构件的损伤极限状态,由于预制节段拼装桥墩在地震作用下的损伤机理特殊,极限状态的确定也区别于整体现浇钢筋混凝土桥墩,建议主要从以下几点出发[3]:

(1) 混凝土压碎

外侧混凝土压应变 ε_c 达到 ε_{cu} 时,其中 ε_{cu} 是约束箍筋断裂时的混凝土应变,定义为:

$$\varepsilon_{cu} = 0.004 + \frac{1.4\rho_s f_{yt} \varepsilon_{su}}{f'_{cc}} \tag{4-1}$$

式中,ρ_s 为约束钢的体积比;f_{yt} 为约束钢的屈服强度;ε_{su} 为最大拉应力下的钢应变,取 ε_{su} = 0.12;f'_{cc} 为承压混凝土的强度[4]。

(2) 耗能钢筋破坏[5]

反复加载时发生低周疲劳断裂破坏的准则为:

$$\varepsilon_{ap} = 0.08(2N_f)^{-0.5} \tag{4-2}$$

$$D = \sum_{i'} \frac{n_{i'}}{N_{fi'}} \tag{4-3}$$

耗能钢筋棒的断裂由损坏指标 D 达到 1 时定义。首先将考虑中的钢筋的最大应变历史分解为各种振幅的周期。N_{fi} 为与振幅 i 相对应的失效循环次数。然后通过式(4-3)计算损伤指标 D。式(4-2)由钢筋的低周疲劳试验获得。

单调加载破坏准则为：

$$\varepsilon_{sm} > 0.7\varepsilon_{su} \tag{4-4}$$

式中，ε_{sm} 为耗能钢筋破坏名义应变；ε_{su} 为耗能钢筋极限应变，这里取 $\varepsilon_{su} = 0.12$。

(3) 预应力筋断裂

假设预应力筋应变超过 0.035 时发生断裂退出工作，构件整体失效。

(4) P-Δ 效应

假设当水平承载力下降到 80% 的峰值承载力时，结构发生倒塌。

参考桥墩试件的试验现象，随着墩顶位移的不断增加，构件均出现耗能钢筋的断裂，导致耗能能力失效破坏。本部分设置的部分试件设计参数和构件形式变化后，损伤极限状态可能发生改变，本节以耗能钢筋的失效作为极限状态的主要判定条件，同时验证是否已达到其余判定条件。

3) 自复位性能表征方法

(1) 自复位性能表征指标

预制节段拼装桥墩具有优秀的自复位能力，也称自定心能力，是能够描述其性能水平的重要特征，需要运用合适的方法定量表征预制节段拼装桥墩的自复位能力，不同学者基于不同的物理意义采用不同的方法计算构件的自复位系数。

① 相对自定心率

Sideris 等[6]通过相对自定心率(RSE)来量化自复位能力，其定义为：

$$RSE = 1 - \frac{u_{res}}{u_{peak}} \tag{4-5}$$

式中，u_{res} 为残余变形；u_{peak} 为峰值变形。

u_{res} 和 u_{peak} 均指给定的加载周期时的值，因此 RSE 在循环加载过程中随位移水平的不同而动态变化，RSE < 1。对于理论上的完全自定心系统，RSE = 1；对于没有任何自定心功能的系统，RSE = 0。

② 刚度退化率

墩柱在目标位移处的刚度退化率 λ_k 可定义为[7]：

$$\lambda_k = 1 - \frac{K_u}{K_y} \tag{4-6}$$

式中，K_u 为目标位移处的割线刚度；K_y 为屈服位移处的割线刚度，如图 4-4 所示。

目标位移处的刚度退化率表示该状态下的剩余刚度的大小。

③ 屈服后位移率增量

屈服后位移率增量可用于量化塑性转动延性在位移过程中的自复位能力[7]，表达式为：

$$\lambda_D = \frac{\Delta_u - \Delta_y}{H} \tag{4-7}$$

式中，Δ_u 为目标位移；Δ_y 为屈服位移；H 为桥墩有效高度，如图 4-5 所示。

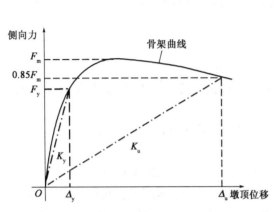

图 4-4 刚度退化率示意图　　图 4-5 屈服后位移率示意图

换句话说,屈服后位移率是可接受的塑性转动变形,λ_D 越大,说明桥墩的自复位性能越优秀。

④弯矩贡献比

Palermo 等[8]提出了自复位系数的概念来衡量节段拼装桥墩的自复位能力,如式(4-8)所示：

$$\lambda_{sc} = \frac{M_{SC}}{M_{ED}} = \frac{M_{pt} + M_N}{M_{ED}} \tag{4-8}$$

式中,M_{pt} 为无黏结预应力筋提供的自复位弯矩;M_N 为重力轴向荷载提供的自复位弯矩;M_{ED} 为耗能钢筋提供的耗能弯矩。

当 $\lambda_{SC} > 1$ 时,自复位弯矩 M_{SC} 足以克服耗能弯矩 M_{ED},理论上可以避免残余位移。λ_{SC} 不低于 1.25 时,桥墩能够保持较好的侧向承载能力。

(2)自复位系数解析计算

如上节所述,自复位能力的表征各有优劣,但是大部分仅从滞回曲线包含的整体性能的信息中得到,基于材料层面损伤的弯矩贡献比更能体现材料层次的损伤演化机理与构件层次性能水平的联系,因此本书选取基于弯矩贡献比的自复位系数表征自复位性能。

基于王震的节段拼装桥墩自复位性能研究[9],采用 UHPC 的预制节段拼装空心墩的极限状态为耗能钢筋达到极限拉应变的标志,并且在达到极限位移时,会产生较大的底部接缝张开。所以假设极限状态时:a. 所有耗能钢筋均达到峰值强度,仅靠近受压区外侧边缘处的耗能钢筋受压,其余耗能钢筋均受拉;b. 墩顶位移在 10% 以内,因此忽略预应力的水平作用。表征自复位能力时,极限状态的弯矩贡献比的自复位系数计算步骤如下:

①计算耗能钢筋合力

如图 4-6 所示,极限状态的轴力平衡关系为:

$$\sum_{k=1}^{n} P_{tk,pk} + T_{ms,pk} + P_G = C_{c,pk} + C_{ms,pk} \tag{4-9}$$

式中,$P_{tk,pk}$ 为第 k 根预应力筋提供的拉力;$T_{ms,pk}$ 为受拉耗能钢筋提供的拉力;P_G 为恒载引起的轴向力;$C_{c,pk}$ 为受压混凝土提供的受压合力;$C_{ms,pk}$ 为受压耗能钢筋提供的受压合力。

对于极限状态,所有耗能钢筋的合力 $F_{ED,pk}$ 可以计算为:

$$F_{ED,pk} = T_{ms,pk} - C_{ms,pk} = 0.5\rho_{ED}A_g f_{su} \tag{4-10}$$

式中,ρ_{ED} 为耗能钢筋配筋率;A_g 为构件截面面积;f_{su} 为耗能钢筋峰值强度。

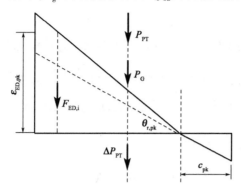

图 4-6 底部截面分析示意图

P_{PT}-初始预应力;P_G-恒载引起的轴向力;$\theta_{r,pk}$-极限状态底部转角;c_{pk}-混凝土实际受压区高度;$F_{ED,i}$-第 i 根耗能钢筋所提供的力;$\varepsilon_{ED,pk}$-极限状态下耗能钢筋的应变;ΔP_{PT}-预应力筋伸长提供的增量预应力

②确定预应力筋提供的轴向力

首先预设混凝土实际受压区高度 c_{pk} 等于空心截面厚度,$d_{R,pk}$ 为极限状态时中心线与转动点的距离,$\theta_{r,pk}$ 为极限状态底部转角,可计算如下:

$$d_{R,pk} = \frac{h}{2} - c_{pk} \tag{4-11}$$

$$\theta_{r,pk} = \frac{\varepsilon_{su}}{d - c_{pk}}(L_{ub} + 2L_{eu}) \tag{4-12}$$

式中,h 为墩柱截面高度;d 为墩柱截面高度的一半;ε_{su} 为耗能钢筋极限应变;L_{ub} 为耗能钢筋无黏结长度;L_{eu} 为等效无黏结长度。

如图 4-7 所示,L_{eu} 可计算为:

$$L_{eu} = \frac{d_b f_{sy}}{9.96\sqrt{f_c}} \tag{4-13}$$

式中,d_b 为耗能钢筋直径;f_{sy} 为耗能钢筋屈服强度;f_c 为混凝土抗压强度设计值。

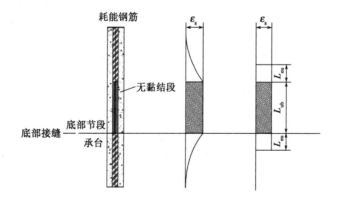

图 4-7 耗能钢筋等效无黏结长度示意图
ε_s-耗能钢筋拉应变

预应力筋提供的轴向力可以表示为：

$$\sum_{k=1}^{n} P_{tk} = P_{PT} + \Delta P_{PT,pk} \quad (4\text{-}14)$$

式中，P_{PT} 为初始预应力；$\Delta P_{PT,pk}$ 为极限状态下预应力筋伸长提供的增量预应力，可以计算为：

$$\Delta P_{PT,pk} = \left(\frac{0.5 d_{R,pk}}{L_{PT}} \tan\theta_{r,pk} + \frac{0.5 L}{L_{PT}} \tan^2\theta_{r,pk} \right) E_{PT} A_{PT} \quad (4\text{-}15)$$

式中，L_{PT} 为后张预应力筋长度；E_{PT} 为后张预应力筋的弹性模量；A_{PT} 为后张预应力筋的截面面积。

③验算受压区高度

受压区混凝土的合力 $C_{c,pk}$ 可计算为：

$$C_{c,pk} = \sigma_{con,pk} b c_{eq,pk} \quad (4\text{-}16)$$

$$\sigma_{con,pk} = \sigma_{pk}(1 + 1.8\rho_w f_{yv}/\sigma_{pk}) \quad (4\text{-}17)$$

式中，$c_{eq,pk}$ 为极限状态时的混凝土等效受压区高度；b 为底部截面的宽度；$\sigma_{con,pk}$ 为约束混凝土峰值受压应力，表示体积配箍率和箍筋的屈服强度；σ_{pk} 为混凝土峰值压应力；ρ_w 为箍筋的体积配箍率；f_{yv} 为屈服强度。

$$c_{eq,pk} = \frac{0.5\rho_{ED} A_g f_{su} + P_G + \sum_{k=1}^{n} P_{tk}}{\sigma_{con,pk} b} \quad (4\text{-}18)$$

$$c_{pk} = \frac{c_{eq,pk}}{\beta} \quad (4\text{-}19)$$

引入等效受压区高度系数，对空心方形桥墩可以取 0.9，c_{pk} 为实际受压区高度。将其与预设的混凝土受压区高度进行比较，若误差大于 2% 则取平均值为新的 c_{pk}，继续代入式(4-11)迭代计算，直到精度符合为止。

④计算极限状态自复位系数

极限状态自复位系数可以计算为：

$$\lambda_{SC,pk} = \frac{M_{SC,pk}}{M_{ED,pk}} \quad (4\text{-}20)$$

式中，$M_{SC,pk}$ 为桥墩在极限状态下的自复位弯矩；$M_{ED,pk}$ 为构件的极限耗能弯矩，由构件中材料塑性变形部分提供，主要包括耗能钢筋受拉塑性变形和混凝土压缩塑性变形。可以计算为：

$$M_{SC,pk} = M_{G,pk} + M_{PT,pk} = P_{G,pk}\left(\frac{h}{2} - \Delta_{pk} - d_{Fc,pk}\right) + P_{PT,pk}\left(\frac{h}{2} - d_{Fc,pk}\right) \quad (4\text{-}21)$$

$$M_{ED,pk} = \sum_{i=1}^{n} F_{ED,pk,i}(d_{ED,i} - d_{Fc,pk}) \quad (4\text{-}22)$$

式中，$M_{G,pk}$ 为极限状态下由恒载引起的轴向力所提供的力矩；$M_{PT,pk}$ 为极限状态下由预应力筋所提供的力矩；$P_{G,pk}$ 为由恒载引起的轴向力；$P_{PT,pk}$ 为由预应力筋提供的力；h 为墩柱截面高度；$d_{Fc,pk}$ 为极限状态下混凝土受压区合力位置到受压区边缘的距离；Δ_{pk} 为极限状态下墩柱截面中心与转动点之间的距离；$F_{ED,pk,i}$ 为每根耗能钢筋极限状态提供的力。

根据假设 a，$F_{ED,pk,i}$ 可计算为：

$$F_{ED,pk,i} = A_{ED} \sigma_{ED,pk,i} \quad (4\text{-}23)$$

式中，A_{ED} 为耗能钢筋截面面积；$\sigma_{ED,pk,i}$ 为第 i 根耗能钢筋极限状态时的应力之积。

同样,极限状态下混凝土受压区合力位置到受压区边缘的距离 $d_{Fc,pk}$ 可以计算为:

$$d_{Fc,pk} = 0.5 c_{eq,pk} \tag{4-24}$$

(3) 自复位系数简化计算方法

在基于力矩贡献比的自复位系数的解析计算方法中,需要对混凝土受压区高度进行迭代计算,预应力筋和轴向荷载提供的弯矩计算过程烦琐,不利于实际应用中大量的试件分析。在试验分析和数值分析中,数据结果能够对预制节段拼装桥墩的局部状态进行更为精确的描述,本小节结合桥墩损伤状态,将材料应变和轴力平衡关系用于计算各部分弯矩,对基于力矩贡献比的自复位系数进行计算步骤简化,具体计算步骤如下:

① 计算耗能弯矩 M_{ED}

对底部截面进行受力状态分析,根据式(4-9)轴力平衡, c_{eq} 可计算为:

$$c_{eq} = \frac{\sum_{k=1}^{n} P_{tk} + T_{ms} + P_G - C_{ms}}{\sigma_{con,pk} b} \tag{4-25}$$

式中, P_{tk} 为第 k 根预应力筋拉力,可以由第 k 根预应力筋的应力水平得到; T_{ms} 为受拉耗能钢筋的合力; C_{ms} 为受压耗能钢筋的合力,均能由耗能钢筋的应力水平得到; P_G 为恒载引起的轴力。

对混凝土合力点取矩,耗能钢筋提供的弯矩计算为:

$$M_{ED} = \sum_{i=1}^{n} F_{ED,i} (d_{ED,i} - d_{Fc}) \tag{4-26}$$

式中, $F_{ED,i}$ 是第 i 根耗能钢筋提供的力,其与受压区最外层的距离为 $d_{ED,i}$。对底部截面受力状态进行受力分析, $F_{ED,i}$ 可以根据第 i 根耗能钢筋的应力水平计算得到。 d_{Fc} 为从混凝土压缩区的合力点到截面受压侧最外层的距离,因为极限状态耗能钢筋处于屈服阶段, d_{Fc} 可以计算如下[10]:

$$d_{Fc} = 0.5 c_{eq} = 0.5 \beta c \tag{4-27}$$

式中, β 为受压区高度的等效因数,对于预制节段空心桥柱,拟定为0.9,对于内置耗能钢筋的预制节段拼装桥墩,在很小墩顶位移下耗能钢筋就会进入屈服节段,因此在拟静力循环加载过程中, d_{Fc} 通常由式(4-27)得到[11]。

② 计算自复位系数 λ_{SC}

从力矩平衡的角度考虑, M_{SC} 可以简便计算为:

$$M_{SC} = FL - M_{ED} \tag{4-28}$$

在试验和模拟中,容易得到墩顶侧向力 F 和墩柱有效高度 L,将式(4-28)代入式(4-8),可以得到:

$$\lambda_{SC} = \frac{M_{SC}}{M_{ED}} = \frac{FL}{M_{ED}} - 1 \tag{4-29}$$

至此,得到表征构件自复位性能的自复位系数 λ_{SC}。

简化计算方法与解析方法的不同之处在于,提取桥墩循环加载结果,根据材料应力应变计算得到受拉耗能钢筋提供的拉力、受压耗能钢筋提供的压力以及预应力筋提供的拉力,进而通过轴力平衡条件得到极限状态混凝土的受压区高度,以此确定混凝土受压合力点的位置,各部分钢筋提供的拉力对混凝土受压合力点取矩来确定自复位弯矩和耗能弯矩的贡献比值。

为了验证运用简化方法表征桥墩自复位性能的准确性,分别采用解析分析方法和简化分析方法对试件 S-3、S-3-P4 进行极限状态自复位性能表征,进行误差分析,得到结果如表4-1所示。

简化计算方法误差比较 表4-1

试件	简化分析方法	解析分析方法	误差(%)
S-3	1.21	1.14	6
S-3-P4	1.15	1.12	3
均值	—	—	4.5

注：S-3 与 S-3-P4 为桥墩试件，具体设计参数可参考文献如下：蒋定之. 考虑自复位性能的预制节段拼装桥墩地震损伤模型研究[D]. 南京：南京理工大学,2021.

简化分析方法结果的计算误差主要源于有限元模型计算产生的误差，由于计算过程烦琐且时间有限，仅对两个试件进行计算方法比较，但从结果可以看出计算误差约为4.5%，在可接受范围内。因为本质上简化计算思路是根据轴力平衡条件得到，将已知的耗能钢筋和预应力筋受力状态代入轴力平衡方程中，主要简化了解析分析方法中的混凝土受压区高度和预应力筋拉力增量的迭代过程，但并不会因此导致大量的误差，因此可以运用简化计算方法进行自复位系数的计算。

4.2.2 基于自复位系数的桥墩地震损伤评估模型

损伤的本质是由于材料内部微小缺陷的不断发展演化导致构件宏观抗震性能的退化，已有的地震损伤模型未与结构或构件的理论损伤演化特点相结合，双参数模型中位移项与能量项的组合方式仍存在缺陷[12]。另外，对于现浇钢筋混凝土桥墩，常采用基于墩顶位移延性比的损伤模型，这主要是因为整体现浇桥墩的墩顶位移主要源于底部塑性铰区域的弯曲变形，地震作用下的损伤也主要源于塑性铰混凝土的大量压碎和箍筋和受力纵筋的损伤。但对于预制节段拼装桥墩，由于墩顶位移的产生因素主要包括墩身弯曲、节段摇摆和节段间滑移[12]，损伤模式主要是跨节段耗能钢筋的损伤和柱脚部分混凝土的压碎，与整体现浇桥墩完全不同，因此位移延性比这类位移指标无法准确描述其震后性能水平。

地震损伤是构件失效的主要因素，为了实现基于性能的抗震设计以及便于震后快速修复对构件损伤程度进行量化，得到相应的地震损伤模型，以此表征构件的震后性能水平。损伤模型通常用损伤指标 D 来表示：

$$D = f(\Delta_1, \Delta_2, \cdots, \Delta_n) \tag{4-30}$$

其中 $\Delta_i (i=1,2,\cdots,n)$ 是损伤过程中反映构件力学性能变化的参数。在预制节段拼装桥墩损伤过程中反映结构或构件力学性能变化的参数主要包括滞回耗能、最大位移等。

从损伤指标的功能出发，损伤指标 D 的定义应满足：

(1) 能实时反映整个构件的损伤程度；

(2) 对损伤阶段的各个性能点具有一定识别度，能通过其阶段变化判断出构件损伤性能状态。

本章基于 Park 和 Ang 提出的双参数地震损伤模型，着重从理论分析的角度，结合预制节段拼装桥墩的震后自复位性能水平的表征方法，提出自复位修正因子对累积耗能损伤进行修正，提出一种针对预制节段拼装桥墩损伤特点的地震损伤模型，并对其性态目标进行量化。

1) 桥墩自复位能力表征

结合预制节段拼装桥墩良好的自复位性能，开展该类型桥墩地震损伤模型研究，首先对桥墩试件的自复位性能进行量化评价，本节主要通过简化计算方法，对23个桥墩试件进行自复位系数计算，得到极限状态的自复位能力量化指标，表示各个不同设计参数的桥墩试件的自复位能力的强弱，根据对23个试件进行数值分析和自复位能力表征，所得结果如表4-2所示。

自复位系数计算结果 表4-2

试件编号	耗能钢筋长度(m)	耗能钢筋无黏结长度(m)	耗能钢筋配筋率(%)	初始预应力(kN)	预应力筋配筋率(%)	自复位系数 λ_{ED}
S-3-L1	1.3	0.15	1.67	400	0.8	1.055
S-3-L2	1.5	0.15	1.67	400	0.8	1.212
S-3-L3	1.7	0.15	1.67	400	0.8	1.041
S-3-L4	2.1	0.15	1.67	400	0.8	1.220
S-3-U1	1.5	0.075	1.67	400	0.8	1.104
S-3-U3	1.5	0.3	1.67	400	0.8	1.270
S-3-E2	1.5	0.15	1.12	400	0.8	1.913
S-3-U4	1.5	0.45	1.67	400	0.8	1.559
S-3-E1	1.5	0.15	0.67	400	0.8	2.737
S-3-E4	1.5	0.15	2.33	400	0.8	0.977
S-3-P1	1.5	0.15	1.67	200	0.8	0.971
S-3-P2	1.5	0.15	1.67	300	0.8	1.009
S-3-P4	1.5	0.15	1.67	600	0.8	1.157
S-3-E5	1.5	0.15	0.88	400	0.8	2.523
S-3-E6	1.5	0.15	1.38	400	0.8	1.447
S-3-E7	1.5	0.15	1.98	400	0.8	0.889
S-3-P5	1.5	0.15	1.67	500	0.8	1.107
S-3-P6	1.5	0.15	1.67	700	0.8	1.201
S-3-P7	1.5	0.15	1.67	800	0.8	1.252
S-3-PT1	1.5	0.15	1.67	400	1.0	1.066
S-3-PT2	1.5	0.15	1.67	400	1.2	1.165
S-3-PT3	1.5	0.15	1.67	400	1.4	1.255
S-3-PT4	1.5	0.15	1.67	400	1.6	1.355

通过比较不同设计参数对自复位系数的影响发现，除了改变耗能钢筋的总长度外，当耗能钢筋无黏结长度越大、耗能钢筋配筋率越小、初始预应力越大、预应力筋配筋率越大时，自复位系数越大，桥墩的自复位能力越强。这是由于在代表弯矩贡献比的自复位系数中，耗能钢筋提供的弯矩和预应力筋提供的弯矩都关系到桥墩的自复位能力，以上因素均直接或间接地影响耗能钢筋和预应力筋提供的弯矩，因此改变以上参数对预制节段拼装桥墩的自复位系数有明显的改变。

得到的自复位系数将用于下节中的损伤模型中，通过函数关系拟合，以自复位修正因子的形式对累积耗能损伤进行修正。在实际损伤评估的应用中，除了用数值模拟得到材料损伤数据的方式外，还需要对墩柱的自复位能力有基本的数值估计，此时可以采用解析计算方法来计算各墩柱极限状态时的自复位系数。

2)地震损伤模型研究

究其根本,自复位系数是由材料损伤分析得出的构件自复位性能表征,代表了预制节段拼装桥墩的性能特点。现有的 Park-Ang 双参数地震损伤模型虽然受到工程界的广泛认可,但预制节段拼装桥墩的损伤机理与整体现浇钢筋混凝土桥墩完全不同,应用于预制节段拼装桥墩中时存在以下几点不足:①存在上下界不收敛的问题;②损伤模型仍是半理论半经验公式,缺乏明确的物理意义;③损伤模型在评价预制节段拼装桥墩的地震损伤时准确性会存在偏差。本节针对以上缺点,结合自复位系数的物理意义,提出改进的考虑自复位性能的桥墩地震损伤模型。

(1)基于变形和能量组合的损伤模型

Park-Ang 双参数地震损伤模型是变形和能量双重准则的典型模型,对钢筋混凝土结构在地震作用下的损伤用最大位移和累积滞回耗能进行描述。损伤模型表达为:

$$D = \frac{\delta_m}{\delta_u} + \beta \frac{\int dE}{F_y \delta_u} \tag{4-31}$$

滞回耗能系数 β 可计算为:

$$\beta = (-0.447 + 0.73\lambda + 0.24n_0 + 0.31\rho_t) \times 0.7\rho_w \tag{4-32}$$

式中,具体各符号物理含义在前文中已进行详细介绍,此处不再赘述。

通过比较不同设计参数的预制节段拼装桥墩试件的损伤性能水平和自复位系数计算结果,并且根据自复位系数与 Park-Ang 模型各项参数的物理意义,发现桥墩构件的耗能损伤与其自复位能力联系紧密,因此将自复位系数 λ_{SC} 引入公式的能量项中,对地震作用下的滞回耗能损伤进行修正。参考大量有关地震损伤模型文献中 Park-Ang 地震损伤模型的改进思路以及组合形式,对双参数模型中的位移损伤和滞回耗能损伤组合形式进行调整,得到考虑自复位性能的地震损伤模型如下:

$$D = (1 - \beta)\frac{\delta_m}{\delta_u} + k \cdot \beta \frac{\int dE}{F_y (\delta_u - \delta_y)} \tag{4-33}$$

式中,δ_m 为循环荷载的最大位移;δ_u 为单调荷载下的极限变形,取自 Pushover 分析的结果;F_y 为构件的屈服强度;$\int dE$ 为累积耗能,即滞回环的面积;k 为损伤模型中的考虑自复位能力的修正因子,与自复位系数 λ_{SC} 相关。

各项参数计算步骤如下:

①屈服点的确定

根据 Park[13] 对构件基于刚度降低的等效弹塑性屈服点的定义,确定屈服点。如图 4-8 所示为侧向力-墩顶位移曲线图,在曲线上确定纵坐标为 75% 最大水平力的点 A,将该点与原点连线,得到斜率为 A 点割线刚度的线段,延长至与最大水平力的水平线交于点 B,在 B 点取 x 轴垂线与墩顶侧向力-水平位移曲线交于点 C,即为屈服点,对应水平位移和墩顶侧向力即为屈服位移 Δ_u 和屈服力 F_y。

②计算循环加载系数 β

式(4-33)中的滞回修正因子 β^* 计算为:

$$\beta^* = (-0.447 + 0.073l/d + 0.24n_0 + 0.314\rho_t)0.7\rho_w \tag{4-34}$$

式中,l/d 为剪切跨度比(高度与截面宽度之比);ρ_t 和 ρ_w 分别为纵筋配筋率和箍筋配筋率;n_0 为轴压比(如果 $n_0 < 0.2$,则用 0.2 代替),可计算为:

$$n_0 = \frac{N}{A_g f_c'} \tag{4-35}$$

式中,N 为初始轴向荷载;A_g 为截面面积;f_c' 为混凝土极限抗压强度。

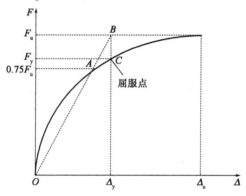

图 4-8 侧向力-墩顶位移曲线

值得注意的是,与传统钢筋混凝土桥墩相比,预制节段拼装桥墩由于预应力筋提供的初始预应力而具有额外的轴压比。但预应力筋的作用方式和一般的轴向荷载不同,其在墩顶水平位移的过程中动态变化,且其主要作用是对构件自复位能力的贡献,并未被合理应用到损伤公式中,所以提出的损伤模型考虑自复位修正因子并应用在能量项中,包含预应力筋的材料参数对构件性态水平的贡献。

此外,预制节段拼装桥墩的损伤过程中,节段内部的纵筋损伤和耗能都很小,主要起到构造作用,而过接缝的耗能钢筋在损伤演化过程中起到相当关键的作用,因此针对预制节段拼装桥墩中的耗能钢筋的损伤贡献,在自复位修正因子中进行考虑。

③其他未知参数的确定

此外,通过计算结果对比发现,耗能钢筋配筋率的增加对耗能项损伤的影响很大,常因耗能项过大导致公式上界不收敛于 1,自复位修正因子 k 代表考虑自复位能力对耗能项的平衡,k 的引入将改善这个问题。

根据预制节段拼装桥墩的失效破坏的损伤分析,耗能钢筋达到极限状态,主要受拉的纵向钢筋的拉伸应变、预应力筋应变和残余位移均未达到相应的极限值。根据损伤指标 D 的定义,令桥墩达到失效状态时的损伤指标 D 为 1,除了未知的修正因子 k 之外,每个参数都可以代入式(4-33),反算得到修正因子 k。

(2)自复位修正因子确定

基于地震损伤模型的定义,在桥墩达到失效破坏状态时,损伤指标 D 等于 1,对 23 个试件的损伤失效破坏状态进行分析,根据上一小节中的方法进行计算,得到各试件自复位修正因子 k。此外,将损伤模型中得到的自复位修正因子 k 与基于极限状态弯矩贡献比得到的自复位系数 λ_{SC} 进行对比,结果如表 4-3 所示。

自复位修正因子 k 计算结果　　　　　　　表 4-3

试件编号	自复位系数 λ_{SC}	自复位修正因子 k
S-3-L1	1.055	0.135
S-3-L2	1.212	0.151
S-3-L3	1.041	0.132
S-3-L4	1.22	0.133
S-3-U1	1.104	0.144
S-3-U3	1.27	0.149
S-3-U4	1.559	0.163
S-3-E1	2.737	0.224
S-3-E2	1.913	0.174
S-3-E4	0.977	0.097
S-3-P1	0.971	0.138
S-3-P2	1.009	0.133
S-3-P4	1.157	0.14
S-3-E5	2.523	0.215
S-3-E6	1.447	0.146
S-3-E7	0.889	0.133
S-3-P5	1.107	0.131
S-3-P6	1.201	0.143
S-3-P7	1.252	0.147
S-3-PT1	1.066	0.113
S-3-PT2	1.165	0.115
S-3-PT3	1.255	0.134
S-3-PT4	1.355	0.129

k 为损伤模型中的考虑自复位能力的修正因子，可预设为：

$$k = f(\lambda_{SC}) \tag{4-36}$$

λ_{SC} 为自复位系数，由确定的极限状态对截面进行分析计算得出。通过 MATLAB 拟合 23 个试件数据，得到自复位修正因子 k 与弯矩贡献比得到的自复位系数 λ_{SC} 的函数关系如下：

$$k = 0.056\lambda_{SC} + 0.07 \tag{4-37}$$

如图 4-9 所示，公式拟合效果良好，说明所得自复位修正因子 k 与自复位系数 λ_{SC} 存在式(4-37)所示的函数关系，体现了预制节段拼装桥墩构件自复位性能的优劣对在地震作用下的滞回耗能损伤的影响规律，具有一定的适用性。此外，由于极限状态主要出现在耗能钢筋应变达到极限应变时，且基于弯矩贡献比的自复位系数在一定程度上代表了耗能钢筋和受压混凝土的材料损伤，因此 k 是从材料尺度损伤出发的自复位修正因子，揭示了预制节段拼装桥墩局部损伤的发展规律，使材料局部损伤可以用于对构件尺度的损伤评价。考虑自复位性能的桥墩地震损伤模型具有材料尺度的物理意义，与实际损伤发展过程相符。

3）预制节段拼装桥墩的跨尺度损伤分级

识别构件的损伤状态是结构全寿命周期分析和震后修复的重要步骤，在不同地震作用下，预制节段拼装桥墩各性能等级对应何种损伤等级状态,以及如何用损伤指标定量界定不同损伤等级的界限,均为预制节段拼装桥墩抗震分析的重要问题[14]。本小节针对预制节段拼装桥墩的损伤特征,对墩柱构件层次的宏观现象和材料层次的细观损伤进行状态分级,考虑不同的损伤模式,实现基于跨层次性态目标的预制节段拼装桥墩损伤分级。

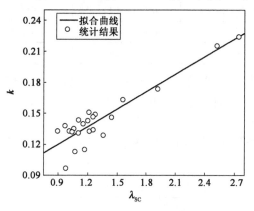

图 4-9　自复位修正因子拟合情况

(1) 既有损伤状态分级方法

① 传统整体式桥墩

鉴于在工程应用中损伤状态分级非常主观,美国加州交通部研究桥梁地震损伤的高级工程师小组建议将整体现浇桥墩的损伤状态分为五级,具体见表4-4。

美国加州交通部桥墩损伤状态分级[15]　　　　　　　　　　表 4-4

损伤状态	损伤现象
DS-1	弯曲裂缝
DS-2	较小范围的剥落和可能的剪切裂缝
DS-3	广泛的开裂和剥落
DS-4	纵筋和箍筋露出
DS-5	核心混凝土边缘的压缩失效

美国 ATC-18 规范[16]给出基于材料应变阈值的桥梁损伤分级,如表4-5所示。

桥梁结构的损伤材料阈值描述　　　　　　　　　　表 4-5

损伤等级	混凝土压应变	钢筋拉应变
轻微损伤	0.004	0.03 或 $1.5\varepsilon_y$
可修复损伤	0.005 或 $\frac{2}{3}\varepsilon_{cu}$	0.08 或 $\frac{2}{3}\varepsilon_{su}$
严重损伤	ε_{cu}	ε_{cu}

② 空心整体式桥墩

漆启明等[17]对空心整体式桥墩进行了性能量化指标研究,归纳并利用裂缝宽度、材料应变、滞回曲线的强度退化、刚度退化、残余位移等多重指标综合考虑不同损伤状态。如表4-6所示为矩形空心墩的性能水准划分及指标量化。

矩形空心桥墩的综合损伤分级　　　　　表4-6

性能水准	裂缝宽度(mm)	混凝土压应变	钢筋拉应变	残余漂移率(%)
基本完好	0~0.2	<0.002	<0.0025	—
轻微损伤	0.2~1.3	0.002~0.005	0.0025~0.014	0.20~0.70
中等损伤	1.3~2.5	0.005~0.011	0.014~0.06	0.87~1.74
严重损伤	>2.5	0.011~0.025	0.06~0.09	1.74~2.70
控制倒塌	—	>0.025	0.09~0.12	2.70~3.48

在宏观损伤现象中,相比实心墩,空心墩会更早出现墩身斜裂缝的开展,整体塑性铰区域分布更广,保护层脱落后受力钢筋的破坏和核心混凝土的受压破坏现象更明显。

③高性能混凝土桥墩

Kotoky等[18]对高性能混凝土桥墩试验现象进行了材料应变分析和损伤状态分级,在传统的损伤分级基础上,结合高性能混凝土的材料性能,将桥墩的损伤状态分为四级,如表4-7所示。

高性能混凝土桥墩损伤状态分级　　　　　表4-7

损伤状态	材料应变	损伤现象
轻微损伤	混凝土最大应变值超过138$\mu\varepsilon$(常规混凝土)和140$\mu\varepsilon$(HYFRC),即达到混凝土开裂应变	试件表面开始萌生裂纹
中度损伤	如果裂缝宽度超过2mm,Frankie(2013)报告取裂纹宽度为有效高度的0.1%	混凝土裂缝加宽
严重损伤	钢筋的最大应变值超过2000$\mu\varepsilon$,即进入屈服阶段;钢筋的屈服应变由实验室测得	主要受力钢筋屈服
坍塌	混凝土芯柱的最大应变超过混凝土的压碎应变,混凝土中的压碎应变大小在3000~5000$\mu\varepsilon$之间	混凝土严重破碎和剥落

(2)预制节段拼装桥墩的跨层次损伤分级指标

根据设置耗能钢筋的空心UHPFRC桥墩试验损伤演化现象,结合各类桥墩不同损伤等级的宏观现象与材料损伤阈值的联系,得到采用UHPFRC的预制节段空心桥墩的损伤分级指标,各损伤状态界限如表4-8所示。

自复位预制节段桥墩跨尺度损伤分级最低限值　　　　　表4-8

损伤界限	混凝土压应变	耗能钢筋拉应变	裂缝宽度(mm)	预应力筋应变	水平承载力	残余漂移率(%)
中等损伤	0.005[19]	0.002	2[18]	—	—	—
严重损伤	0.02[19]	0.06[19]	—	—	—	—
失效破坏	ε_{cu}	0.12[20]	—	0.035[3]	80%F[3]	1[22]

注:F-试件水平峰值承载力;ε_{cu}-混凝土极限压应变。

根据预制节段拼装桥墩试验和数值模拟的循环加载结果,由于耗能钢筋在预制节段拼装桥墩中承担主要受拉作用,钢筋很快进入屈服节段,故取0.002屈服应变作为中等损伤的标志,其余钢筋应变阈值参考刘艳辉[21]提出的高架桥墩材料应变值与性能水准之间的关系,并结合Caltrans规范[19],纵筋直径不超过32mm时,其极限应变取0.12,严重损伤临界点取其1/2,即0.06;预制节段拼装桥墩试件极限状态之一包括出现耗能钢筋断裂,这里取其应变限值为 0.12。综上所述，空心截面预制节段拼装桥墩的损伤状态分级表述如下：

①轻微损伤。认为循环加载开始时，混凝土内部缺陷就开始累积，构件处于轻微损伤状态下，耗能钢筋基本处于弹性，混凝土基本完好，材料内部缺陷开始累积，该状态不需要修复。

②中等损伤。耗能钢筋开始屈服，混凝土开始萌生裂纹，由钢筋屈服达到屈服应变限值，取混凝土保护层极限压应变 0.005，作为到达中等损伤的标志，该状态是可修复的。

③严重损伤。主要损伤现象为保护层压碎或裂缝宽度超过 2mm[23]。根据宏观损伤现象，在试件失效破坏之前，会经历保护层压碎，试件桥墩高度为 2000mm。因此，根据 0.1% 的裂缝建议，裂纹宽度 2mm。墩柱这时处于较难修复的状态。

④失效破坏。根据前述构件失效极限状态确定方法，材料损伤状态界限主要为耗能钢筋断裂失效、混凝土压碎、预应力筋拉断，对应材料限值取耗能钢筋极限拉应变、核心混凝土极限压应变和预应力筋极限拉应变，此时墩柱很难修复或完全倒塌。

此外，其余构件层面的损伤指标限值根据已有标准进行设置。根据 P-Δ 效应，水平承载力下降到峰值承载力的 80% 时，认为构件倒塌；残余位移根据日本抗震设计规范[22]要求设定。

根据预制节段拼装桥墩的损伤临界状态分级，对 23 个构件进行性能水平分析，分别确定其轻微损伤、中等损伤、严重损伤和失效破坏的界限状态，计算各个界限状态的 D 值。采用本章提出的考虑自复位性能的桥墩地震损伤模型，计算损伤过程的各个临界状态时的损伤指标 D 值。通过对 23 个试件的材料应变限值和性能指标对应损伤界限状态的 D 值进行计算并统计其平均值，得到提出的损伤模型中各临界状态对应的损伤指标 D 值，如表 4-9 所示。

损伤状态分级标准　　　　　　　　　　　　　　表 4-9

损伤状态	D 值	损伤状态	D 值
轻微损伤	$D<0.0325$	严重损伤	$0.496 \leqslant D<1$
中等损伤	$0.0325 \leqslant D<0.496$	失效破坏	$1 \leqslant D$

本节得到的损伤分级方法是将预制节段拼装桥墩的损伤状态根据材料尺度损伤和构件尺度性能进行分级，符合损伤发展规律，结合基于本书提出的考虑自复位性能的地震损伤模型得到损伤指标 D，能够对预制节段拼装桥墩进行损伤状态评估，对震后性能评估及修复具有一定的指导意义。

4）损伤模型适用性验证

为了验证所得到的考虑自复位系数的损伤评估模型的适用性，选取已有试验进行计算验证。对于同样为方形截面的空心预制节段拼装墩柱但钢筋设计参数不同的试件 S-2[24]，其设计参数如表 4-10 所示，因为相比 S-3 系列试件，该桥墩试件的初始预应力和耗能钢筋配筋情况都不同，在循环加载作用下损伤发展不同，故可用于验证本书提出的损伤模型的适用性。

试件 S-2 设计参数　　　　　　　　　　　　　　表 4-10

试件编号	纵筋	箍筋	耗能钢筋	ρ_{ED}(%)	预应力筋	ρ_{PT}(%)	重力荷载(kN)	初始预应力(kN)
S-2	32D12	D6@50	8D16	0.88	8D15.2	0.8	1000	800

墩柱的剪切跨度比、轴压比、纵筋配筋率和箍筋配筋率都可以根据其设计参数得出,结果分别为:
$l/d = 4$;$n_0 = 0.044 < 0.2$(取 0.2);$\rho_t = 1.98$;$\rho_w = 2.48$
代入式(4-34)中得到 $\beta = 0.213$。

根据试验结果和数值模型验证,如图 4-10 和图 4-11 所示为试件 S-2 损伤过程滞回曲线以及每个损伤界限状态的损伤情况。桥墩试件达到失效破坏时,即耗能钢筋断裂出现在位移率为 9.2% 时。通过滞回曲线的分析得到屈服位移和屈服力以及各损伤临界状态的参数值,用 4.2.1 节中的自复位性能表征方法得到该桥墩试件极限状态自复位系数,进而根据式(4-37)正算得到自复位修正因子 k 值,损伤模型中各项参数如表 4-11 所示。

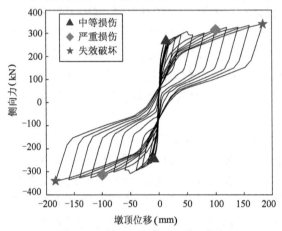

图 4-10 试件 S-2 损伤过程滞回曲线

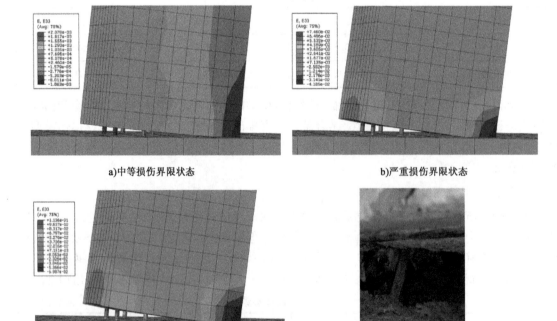

a)中等损伤界限状态　　　　　　　　　b)严重损伤界限状态

c)失效破坏界限状态　　　　　　　　　d)失效破坏损伤现象[9]

图 4-11 各损伤界限状态

试件 S-2 损伤模型中各损伤状态最低界限参数值 表 4-11

损伤状态	δ_m	$\int dE(kN \cdot m)$	λ_{SC}	β	D
中等损伤	0.5%	0.3	2.74	0.213	0.043
严重损伤	5%	74.7			0.495
失效破坏	9.2%	251.6			1.016

基于考虑自复位性能的地震损伤模型对试验试件 S-2 进行损伤指标计算,得到临界状态损伤值及误差如表 4-12 所示。在达到中等损伤时的误差最大,为 29%,但达到严重损伤和失效破坏的界限损伤值误差仅为 0.2% 和 1.6%。在轻微损伤状态的误差对桥墩损伤评估的影响较小,在严重损伤和失效破坏状态的损伤评价基本与实际相符,说明本书提出的考虑自复位修正因子的损伤模型可以较好地评价预制节段拼装桥墩的损伤状态。

损伤临界状态对应的损伤指标误差 表 4-12

损伤状态	损伤状态分级标准 D	试件 S-2 损伤指标 D	误差(%)
轻微损伤	$D < 0.0325$	$D < 0.043$	29
中等损伤	$0.0325 \leqslant D < 0.496$	$0.037 < D < 0.495$	0.2~29
严重损伤	$0.496 \leqslant D < 1$	$0.495 \leqslant D < 1.016$	0.2~1.6
失效破坏	$1 \leqslant D$	$1.016 \leqslant D$	1.6

4.3 基于 Park-Ang 模型的装配式桥墩改进损伤模型

本节的研究目标是得到适用于预制节段拼装桥墩的地震损伤模型。首先,根据第 4.2 节分析的预制节段拼装桥墩的地震损伤机制对 Park-Ang 损伤模型进行改进,提出包含残余位移和有效耗能因子的改进 Park-Ang 损伤模型。然后,根据 4 个关键影响参数(高宽比、轴压比、贯穿配筋率、底部配箍率)设计 40 个桥墩样本。对桥墩样本进行数值模拟,对结果进行统计分析,得到改进 Park-Ang 损伤模型中组合系数的经验公式。最后,对改进 Park-Ang 损伤模型进行试验比对验证。

4.3.1 基于残余位移的改进损伤模型

当前,改进的 Park-Ang 模型均基于整体现浇的钢筋混凝土结构提出并进行研究。然而,由于节段间接缝的存在,预制节段拼装桥墩在地震作用下的力学行为和损伤机制与整体现浇桥墩有很大不同[25]。最近的一些试验[26-28]表明,与最大变形指标相比,残余变形可以更好地表征自复位结构的损坏情况。由于预制节段拼装桥墩具有自复位能力,通过残余变形指标来评估其地震损伤是合理的。预制节段拼装桥墩的试验[29-32]表明底部节段的接缝张开使其在地震作用下产生摇摆作用,因此预制节段拼装桥墩的地震损伤也集中在底部混凝土外层。与整体现浇桥墩相比,预制节段拼装桥墩底部没有形成塑性铰,故两者的主要能量耗散区域和能量耗散机制明显不同。为合理评价预制节段拼装桥墩的地震损伤,需要对 Park-Ang 模型的位移项和耗能项进行改进。

桥墩在地震作用后会产生不可恢复的残余变形,通常用墩顶的残余位移概括表示。桥墩接近倒塌状态时的残余位移称为容许残余位移,震后的残余位移超过容许值可认为桥墩已完全损伤且无法修复。1995年日本神户地震中钢筋混凝土桥墩发生弯曲破坏,震后日本道路协会根据桥墩的残余位移判断其是否可以修复并将残余位移纳入桥梁抗震设计规范❶。而在汶川地震中,同样有很多桥墩发生弯曲破坏,震后残余位移过大导致不能修复。在此之后,国内外专家学者开始对桥墩的残余位移进行研究,并将其作为基于性能抗震设计及评估的重要指标。本书选取规格化的残余位移代替最大位移,配合有效耗能因子对 Park-Ang 模型进行改进,改进后的基于残余位移的损伤模型如式(4-38)所示。

$$DI = \frac{\delta_r}{\delta_{r,max}} + \beta^* \frac{\sum e_i E_i}{Q_y \delta_u} \tag{4-38}$$

式中,DI 为损伤指数;δ_r 为地震作用后桥墩的残余位移;$\delta_{r,max}$ 为桥墩控制倒塌所能承受的最大残余位移;β^* 为组合系数;e_i 为第 i 次循环加载时对应的有效耗能因子;E_i 为单圈耗能;Q_y 为屈服强度;δ_u 为极限位移。

4.3.2 改进损伤模型系数确定

首先明确改进模型中位移项和能量项的相关参数及其计算方法。关于组合系数 β^*,Park 通过对大量试验数据进行统计给出了 Park-Ang 模型组合系数 β^* 的经验公式,主要考虑了四个设计参数:高宽比、轴压比、贯穿配筋率和底部配箍率。预制节段拼装桥墩的相关参数与整体现浇桥墩有一定区别,因此需要确定新组合系数 β^*。本节先阐述相关影响参数,然后假定组合系数 β^* 的经验公式,再通过数值模拟确定经验公式中的未知系数,最后对经验公式的可靠性进行验证。

1) 规格化的残余位移

δ_r 表示桥墩震后的残余位移,它的大小随地震强度而变化。而 $\delta_{r,max}$ 的值对于一个确定桥墩是固定的,它代表了桥墩所能承受的塑性变形能力的最大值。由于墩柱的变形通常用柱顶的位移来表示,故 δ_r 可以取试验加载过程中或数值分析中加载力为零时墩底相比初始状态产生的位移。而 $\delta_{r,max}$ 代表墩柱可能出现的最大残余位移,即墩柱达到倒塌状态后卸载产生的残余位移,故 $\delta_{r,max}$ 通常为理想情况下设定的极限值。它可以通过以下三种方法来确定。

第一种方法为根据循环加载的预制节段拼装桥墩的试验数据计算。在拟静力试验中通常以位移控制加载,每一个加载周期位移最终会归零。取最后一个加载周期(此时桥墩应达到控制倒塌状态)滞回曲线中力为零的点,确定墩柱的残余位移 δ_r,由式(4-39)计算:

$$\delta_{r,max} = \alpha \cdot \delta_r \tag{4-39}$$

式中,α 为循环效应系数。$1/\alpha$ 即在完全破坏状态时位移项的损伤值。此时理论上损伤指数 DI 为 1,故 $1/\alpha$ 的理论值由此时的耗能项损伤值决定。若加载循环较多,则耗能较多,$1/\alpha$ 偏小,α 偏大,反之 α 偏小。本书参照整体现浇桥墩位移项损伤值的统计情况,建议 α 的取值范围为 1.3~1.7,由加载循环次数决定。

第二种方法为根据单调加载试验或数值模拟得到柱的最大残余位移。其中墩柱被单调加载直到控制倒塌状态然后卸载,取完全卸载时的位移作为 $\delta_{r,max}$。

第三种方法则是基于最大残余漂移比 θ_r 估计 $\delta_{r,max}$。若无试验或数值模拟的相关数据,可

---

❶ 该规范为 1996 年 12 月制定的规范《道路桥示方书·同解说 Ⅴ. 耐震设计篇》。

根据式(4-40)计算$\delta_{r,max}$的经验值,h代表桥墩的有效高度。

$$\delta_{r,max} = \theta_r h \quad (4-40)$$

日本地震规范[22]给出的整体现浇桥墩的最大允许残余漂移比为1.75%。Zhang等[33]的试验结果表明,由于自复位能力良好,无黏结预制节段拼装桥墩的残余漂移比θ_r不超过1%。Roh等[34]提出,耗能钢筋的数量越多,预制节段拼装桥墩的残余位移越大。由于没有耗能钢筋的预制节段拼装桥墩的最大残余漂移比θ_r约为0.3%[35],根据耗能钢筋的配筋率,最大残余漂移比θ_r可以根据经验定义在0.3%~1%的范围内。由于设置有黏结预应力钢筋的节段拼装桥墩的自复位能力与整体现浇桥墩相似,故其最大残余漂移比θ_r可以取1.75%。

2) 耗能项相关参数

式(4-38)中耗能项的相关参数主要包括:屈服强度Q_y、极限位移δ_u、有效耗能因子e_i和单圈耗能E_i。屈服强度Q_y表示桥墩整体达到屈服状态时所受的力,可以通过Park法由桥墩的滞回曲线或骨架曲线确定。单圈耗能E_i表示第i个加载循环时的桥墩的能量耗散,可以通过计算滞回曲线所包围的面积得到。桥墩的极限位移δ_u可由Pushover分析取极限状态的位移得到。

为正确评估预制节段拼装桥墩的损伤,需对Park-Ang模型的耗能项进行改进,以解决其在完全破坏时损伤指数DI过大的问题。本书改进模型中引入了有效耗能因子e_i对耗能项进行折减,$e_i E_i$表示第i个加载循环的有效耗能。有效耗能因子e_i由式(4-41)计算:

$$e_i = \left(\frac{\delta_i}{\delta_u}\right)^2 \quad (4-41)$$

式中,δ_i为第i次加载循环的最大位移。

付国等[36]的研究表明小位移比加载下的结构损伤很不显著。由式(4-41)可知,当加载位移较小时,e接近于零,小位移比加载下的有效耗能所占比例很小,与实际情况相符。当加载位移接近极限位移时,e接近于1,此时桥墩产生的能量耗散体现为混凝土和钢筋发生的大规模塑性变形,因此对损伤影响较大。

3) 组合系数影响参数

与整体现浇桥墩不同,为确定新的组合系数β^*,预制节段拼装桥墩考虑的四个主要设计参数为:节段高宽比h/d、组合轴压比n_0、贯穿配筋率ρ_t、体积配箍率ρ_w。组合轴压比n_0可由式(4-42)计算:

$$n_0 = \frac{F + P}{A_c f_c} \quad (4-42)$$

式中,F为上部结构所传递的轴力;P为预应力;A_c为墩柱的横截面面积;f_c为混凝土抗压强度设计值。

预制节段拼装桥墩的纵向钢筋不通过接缝,因此其不具有整体的连接作用。贯穿配筋率表示预应力钢筋和耗能钢筋配筋率的和,由式(4-43)计算。它可以代表维持桥墩整体刚度的钢筋配筋率,与Park提出的纵筋配筋率类似。

$$\rho_t = \rho_P + \rho_{ED} \quad (4-43)$$

式中,ρ_P为预应力筋配筋率;ρ_{ED}为耗能钢筋配筋率。

由于预制节段拼装桥墩的主要损伤部位为底部节段,而且底部节段的配箍率和上部节段通常不同,故考虑配箍率对损伤模型组合系数的影响时应取底部节段的体积配箍率 ρ_w。参照 Park 提出的经验公式,可以假定四个参数对组合系数的影响均为线性关系,因此假定新组合系数 β^* 的计算公式为式(4-44),其中 k_1、k_2、k_3、k_4 为4个设计参数相对应的影响因子,C_0 为待定常数。

$$\beta^* = k_1 \frac{h}{d} + k_2 n_0 + k_3 \rho_t + k_4 \rho_w + C_0 \quad (4-44)$$

为确定式(4-38)中的影响因子以及待定常数,拟进行大量数值模拟并对结果进行统计分析。设计40个几何尺寸及节段数目相同的预制节段拼装桥墩样本。桥墩样本根据参数的变化可分为4组,参数详情和对应的影响因子如表4-13所示。每组10个样本,每个样本参数的间隔量相同。以 A 组为例,10 个样本的高宽比依次为:4,4.5,5.0,5.5,6.0,6.5,7.0,7.5,8.0,8.5。

40 个参数化桥墩样本参数　　　　　　　　　表 4-13

组号	影响因子	h/d	n_0	ρ_t	ρ_w
A (1-10)	k_1	[4,8.5]	0.1	0.42	0.6
B (1-10)	k_2	5.14	[0.09,0.36]	0.42	0.6
C (1-10)	k_3	5.14	0.1	[0.42,1.68]	0.6
D (1-10)	k_4	5.14	0.1	0.42	[0.5,3.2]

4)数值模拟及验证

基于 OpenSees 计算平台建立上述的 40 个预制节段拼装桥墩样本的纤维有限元模型,模型的基本情况如图4-12 所示。纤维有限元模型由非线性梁柱单元(Nonlinear Beam Column)和零长截面单元(Zero Length Section)组成。非线性梁柱单元用来模拟每个预制节段的墩柱弯曲变形,沿单元长度方向有多个积分点。根据 Gauss-Lobatto 准则进行积分,在求解过程中,非线性梁柱单元根据积分点被分为了多个块。每个块的截面为纤维截面Ⅰ,纤维截面Ⅰ上分布着离散的混凝土纤维和钢筋纤维。零长截面单元主要用来模拟接缝。接缝处如纤维截面Ⅱ所示,边缘混凝土纤维用于模拟外侧混凝土的受压损伤,中间的预应力钢筋纤维用于模拟预应力的连接作用和自复位作用。混凝土纤维采用 Kent-Scott-Park 本构模型,钢筋和预应力钢筋纤维采用 Giuffre-Menegotto-Pinto 本构模型。在分析部分,对有限元模型进行位移控制的加载。最后在输出部分可以记录墩顶的力、位移以及关键部位的混凝土或钢筋纤维的应力、应变等数据。计算完成后,绘制滞回曲线,以得到相应加载周期的耗能数据,通过墩底的混凝土应变、钢筋应力以及预应力钢筋应力可以判别桥墩所处的损伤状态。

A-2 桥墩滞回曲线对比如图4-13 所示。A-2 桥墩残余位移对比如图4-14 所示。可见纤维有限元模拟的力-位移关系较为准确,与试验情况基本符合,墩顶最大侧向力的误差为 8.76%。由于残余位移和耗能是改进损伤模型中的关键组成部分,其值对损伤指数 DI 的影响较大,故对数值模拟和试验的累积滞回耗能和最大残余位移进行了对比,结果详见表4-14。两者最大残余位移的误差为 13.87%。部分原因为预制节段拼装桥墩的残余位移过小,而试验测量不够准确。累积滞回耗能的误差为 5.29%,表明纤维有限元模型可以较准确地反映耗能情况。总体而言,三项数据的误差都处于可接受范围内,证明该数值模拟方法可靠。

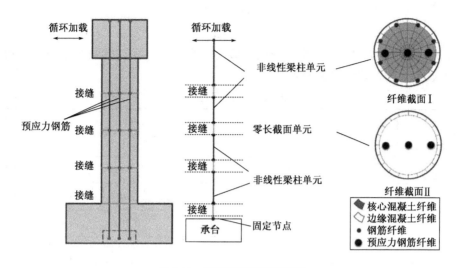

图 4-12　纤维有限元模型示意图

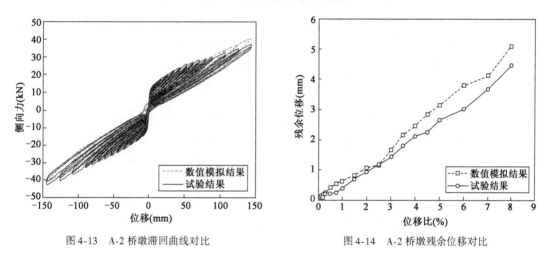

图 4-13　A-2 桥墩滞回曲线对比　　　　　图 4-14　A-2 桥墩残余位移对比

试验结果与数值模拟结果对比　　　　　　　　　　表 4-14

数据	试验结果	数值模拟结果	误差(%)
最大侧向力	37.45kN	40.73kN	8.76
最大残余位移	4.47mm	5.09mm	13.87
累积滞回耗能	4915kN·mm	4655kN·mm	5.29

5) 组合系数经验公式

为得到组合系数 β^* 的经验公式,需要确定每个设计参数的影响因子 k。通过取极限状态 $DI=1$,根据式(4-38)可以反算得到 40 个桥墩样本的组合系数 β^*。假定每个设计参数的影响因子 k 为定值,对每组样本进行单独研究。由于每组样本内只有单一参数变化,故可通过式(4-45)计算得到每组相应的影响因子 k 的经验值。

$$k = \frac{\sum_{i=1}^{5}(\beta_{i+5}^{*} - \beta_{i}^{*})}{25\Delta} \tag{4-45}$$

式中,Δ 为每组样本中相邻两个桥墩设计参数的差值;β_i^* 为第 i 个样本通过反算得到的组合系数。各影响因子计算结果见表 4-15。

影响因子 k 计算结果　　　　　　　　　　表 4-15

组号	影响因子	Δ	$\sum_{i=1}^{5}(\beta_{i+5}^{*} - \beta_{i}^{*})$	k
A(1-10)	k_1	0.5	0.7605	0.061
B(1-10)	k_2	0.03	1.2447	1.66
C(1-10)	k_3	0.14	0.3892	0.111
D(1-10)	k_4	0.3	-0.2278	-0.03

将表 4-15 中的影响因子 k 带入式(4-44)中,根据 40 个样本的反算组合系数 β^* 计算得到 40 个样本在式(4-44)中的待定常数 C_0。由于 40 个常数离散性较小,对其取平均值得到 $C_0 =$ 0.118。最终得到改进模型中组合系数 β^* 的经验公式如式(4-46)所示。

$$\beta^* = 0.061 \frac{h}{d} + 1.66 n_0 + 0.111 \rho_t - 0.03 \rho_w + 0.118 \tag{4-46}$$

为验证经过统计分析得到的经验公式[式(4-46)]的合理性,再将 40 个桥墩样本根据式(4-46)计算得到的组合系数与数值模拟取极限状态反算得到的组合系数进行比较,比较结果如图 4-15 所示。由图可以明显看出,经由两种方法得到的组合系数具有线性相关性,集中在 $y = x$ 函数附近。计算两种方法得到的组合系数的协方差 Cov = 1.87% 和相关系数 $\rho = 0.933$,结果表明两者相关性良好。结合前人研究的结论[2],式(4-46)中参数的取值范围建议为:高宽比应大于或等于 1.7,组合轴压比应大于或等于 0.2,贯穿配筋率应大于或等于 0.75%。

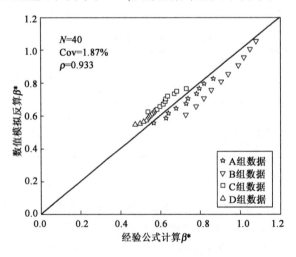

图 4-15　组合系数经验公式验证

4.3.3 改进损伤模型验证

本节的主要内容是对改进的 Park-Ang 损伤模型进行适用性和可靠性的验证。首先,选取文献[35]中的两个墩柱作为验证墩。根据其拟静力试验数据,结合改进损伤模型计算得到两个墩柱的损伤演化曲线。将墩柱的损伤演化曲线与试验中真实的损伤发展过程进行对比,验证了改进损伤模型的可靠性。然后选取一个带耗能钢筋的无黏结预应力墩,将改进损伤模型与 Park-Ang 模型计算的损伤演化曲线进行对比,分析改进损伤模型对预制节段拼装桥墩的适用性和可靠性。

1) 损伤演化曲线

Bu[35] 开展了针对预制节段拼装桥墩的拟静力试验以研究耗能钢筋对抗震性能的影响。选取其中的 UPC(无黏结预应力墩)试件和 UPCE(带耗能钢筋的无黏结预应力墩)试件作为验证桥墩,对本章提出的改进损伤模型进行验证。两个验证桥墩具有相同的几何尺寸,主要差别在于 UPCE 配置了贯穿桥墩的 6 根耗能钢筋。因此两个桥墩的屈服强度和由式(4-46)计算得到的组合系数 β^* 不相同,详见表 4-16。

两个验证桥墩试件相关参数 表 4-16

试件编号	预应力钢筋	耗能钢筋	$Q_y(kN)$	β^*
UPC	3D12.7	—	18.640	0.57
UPCE	3D12.7	6D12	26.960	0.65

除了表(4-16)中的参数,改进模型中的其他参数(残余位移 δ_r、有效耗能因子 e_i、单圈滞回耗能 E_i)需要根据加载循环的滞回曲线确定。墩柱在单调加载时的极限位移 δ_u 和最大残余位移 $\delta_{r,max}$ 需要通过数值模拟得到,具体过程如下:首先建立桥墩的有限元模型,然后对其进行 Pushover 分析得到力-位移曲线。UPC 和 UPCE 相应位移值如表 4-17 所示。

两个验证桥墩试件相关参数 表 4-17

试件编号	极限状态判据	δ_u	$\delta_{r,max}$
UPC	预应力钢筋屈服	231mm	8.03mm
UPCE	预应力钢筋屈服	287mm	22.79mm

UPC 和 UPCE 的损伤演化曲线如图 4-16 和图 4-17 所示。当加载位移很小时,两个试件都处于弹性阶段。明显的接缝张开可以作为判别其进入轻微损伤状态的临界点 1。当加载位移比达到 2%~3% 时,混凝土外侧出现明显的裂缝,此时墩柱进入中等损伤状态。当加载位移比接近 6% 时,墩底混凝土出现大面积剥落,纵向钢筋和箍筋露出,墩柱进入严重损伤状态。最终在位移比达到 7% 时,墩底混凝土压溃并且预应力钢筋开始屈服。此时,出于安全考虑停止加载,认为墩柱已经达到控制倒塌状态。从损伤演化曲线上可以明显看出,在初期加载位移较小时,损伤指数 DI 增长缓慢,在加载位移较大时,损伤指数 DI 增长较快,这与试验现象基本相符。

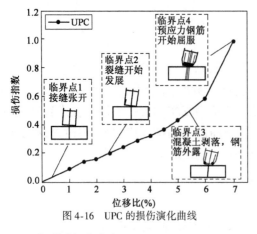
图 4-16 UPC 的损伤演化曲线

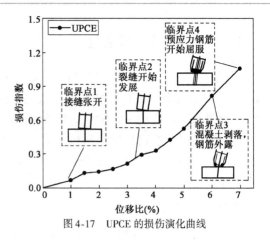
图 4-17 UPCE 的损伤演化曲线

2) 损伤模型对比

对比改进损伤模型和 Park-Ang 模型的不同,从而更好地说明改进损伤模型对预制节段拼装桥墩的适用性。为验证改进损伤模型对有耗能装置的预制节段拼装桥墩依然适用,选取耗能能力更强的 UPCE 进行对比。试验中在加载幅值为 7% 时,UPCE 达到控制倒塌状态,停止了加载。图 4-18 显示了两个损伤模型计算得到的损伤演化曲线的对比情况。从图中可以明显看出 Park-Ang 模型的位移项随位移的增长线性递增,这与试验观测现象不符。相反,改进损伤模型的位移项在小位移时线性递增,当位移比超过 5% 时,增长明显变快。改进损伤模型的位移项损伤曲线可以更好地反映不同位移加载时对损伤的影响情况,与参照文献[35]通过拟静力试验得出的结论相符。Park-Ang 模型在控制倒塌状态时损伤指数远大于 1,这主要是由于能量项的损伤值过大,其主要原因是模型中的耗能未根据实际情况进行折减。改进损伤模型引入了有效耗能因子 e_i,对能量项损伤根据位移比进行修正,以得到有效能量耗散,因此能量项损伤类似指数曲线发展。如图 4-18 所示,改进损伤模型的损伤指数在控制倒塌状态时接近于 1。此外,有效耗能因子 e_i 对耗能的修正也体现了加载路径对损伤的影响。比如分别在大位移情况下和小位移情况下加载耗散等额的能量,经过修正 e_i,大位移的情况下能量项损伤会高很多。因此,在改进损伤模型中,不同的加载路径会得到不同的损伤演化曲线,最终达到极限状态时的位移也不相同。

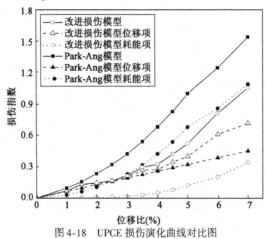
图 4-18 UPCE 损伤演化曲线对比图

4.4 基于模糊数学的连续梁桥地震损伤评估方法

连续梁桥是由一系列构件组成的复杂系统,在地震作用下各构件都有可能发生破坏。考虑各构件受地震作用的影响不同,通常把连续梁桥简化为由桥台、主梁、支座和桥墩组成的结构系统。为建立连续梁桥系统损伤评价方法,本节首先确定连续梁桥系统损伤的组成,并分别建立桥墩、支座和桥台三大构件的归一化损伤指标。然后将连续梁桥各构件的损伤通过模糊向量联合形成连续梁桥系统损伤,最后通过易损性曲线反映结构的破坏概率。传统的连续梁桥系统易损性曲线建立方法基于可靠度理论,而本节则基于模糊数学中的模糊综合评价法提出了一种连续梁桥系统易损性的分析方法,下文将具体介绍该方法的建立过程和主要内容。

4.4.1 连续梁桥系统损伤组成

在我国众多桥梁中,中等跨径混凝土连续梁桥是我国已建成桥梁中应用较为成熟的一种桥型[37]。因此,分析连续梁桥的系统损伤组成并提出适用的损伤评估方法具有重要意义。由于地震作用下桥梁系统比其中任何一个单个构件更易发生破坏[38],若仅用某个构件(如桥墩)的易损性来评估桥梁体系的易损性,会高估桥梁结构的抗震能力。大量震害调查资料表明,支座破坏和桥墩、桥台破坏是桥梁结构最常见的震害形式,而主梁产生较大位移导致的落梁破坏往往发生在这些破坏之后。因此,本节将桥墩、支座和桥台作为连续梁桥系统的3个重要组成部分,分别通过损伤指标定量表征其损伤。

结构损伤分析中所用的破坏准则主要有4类:强度准则、刚度准则、能量准则、变形准则。其中强度准则和刚度准则主要适用于桥墩。由于基于强度准则和刚度准则的损伤指标形式较为单一,且不能用于不同尺寸桥墩损伤的比较,故逐渐被变形准则代替。目前主流的地震损伤模型是基于变形准则和能量准则建立的,常用于桥墩的拟静力试验和仿真分析。由于针对桥梁系统整体的非线性时程分析中各构件的耗散能量不易准确表征,故下文依据变形准则提出损伤指标并构建桥墩、支座和桥台的归一化损伤指标。

1)桥墩损伤指标

基于变形准则,在桥梁抗震分析中用来定量表征桥墩损伤的指标主要可分为两类:位移类指标和曲率类指标,其中最常用的是位移延性和曲率延性。延性抗震设计的桥墩在地震作用下会从弹性阶段进入塑性阶段,所以通常以弹塑性临界点(屈服点)处的墩顶位移或墩底截面曲率作为分母,以当前的墩顶位移 δ 或墩底截面曲率 ϕ 作为分子来定义延性,如式(4-47)、式(4-48)所示。延性反映了桥墩超出弹性范围的程度,并且作为一种比值不受桥墩尺寸影响,可以用于不同桥墩损伤程度的比较。

$$\mu_d = \delta/\delta_y \tag{4-47}$$

$$\mu_\phi = \phi/\phi_y \tag{4-48}$$

式中,μ_d 为位移延性;μ_ϕ 为曲率延性;δ_y 为屈服位移;ϕ_y 为屈服曲率。

为得到屈服位移或屈服曲率，需要确定桥墩的屈服点。首先需要通过 Pushover 分析得到桥墩的力-位移关系或弯矩-曲率，分析得到墩底截面的弯矩-曲率关系。然后在力-位移曲线或弯矩-曲率曲线上利用等价方法，确定桥墩的等效屈服点。常用等价方法包括：等能量法、通用屈服弯矩法、Park 法。以 Park 法[13]得到屈服位移为例，如图 4-19 所示为墩顶力-位移曲线图，在曲线上确定纵坐标为 75% 最大水平力的点 A，将该点与原点连线，得到斜率为 A 点割线刚度的线段，延长至与最大水平力的水平线交于点 B，在 B 点取 x 轴垂线与力-位移曲线交于点 C，即为屈服点，对应位移和力即为屈服位移 δ_y 和屈服力 F_y。

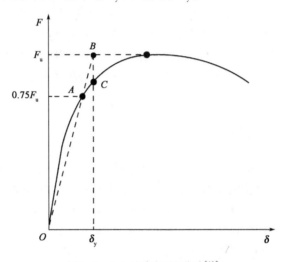

图 4-19　Park 法确定屈服位移[13]

以位移延性为损伤指标（曲率延性同理），桥墩的归一化损伤指标 D 可表示为式(4-49)。桥墩损伤指标 D 的范围是[0,1]，它可以在一定程度上定量反映桥墩由于塑性变形所造成的损伤。在实际应用中，桥墩的损伤等级通常被划分为无损伤、轻微损伤、中度损伤、严重损伤和倒塌，每个损伤等级按照相应性能水准的描述均可找到对应的位移延性 μ_d。将其代入式(4-49)计算出各损伤等级间临界损伤指标，即可得到与桥墩各损伤等级对应的损伤指标 D 的范围。

$$D = \frac{\mu_d}{\mu_u} \tag{4-49}$$

式中，μ_u 为极限位移时墩柱的延性。

2) 支座损伤指标

支座作为主梁和桥墩之间的传力构件，在地震作用下可能发生严重的变形损伤。由于具有成本较低、安置简便、性能可靠等优点，板式橡胶支座和聚四氟乙烯支座，被广泛应用于中等跨径混凝土连续梁桥[39]。其中板式橡胶支座用作墩顶的固定支座，而聚四氟乙烯支座用作滑动支座，两者的力学模型可近似为图 4-20。其中，临界摩擦力 F_{max} 和初始刚度 K 分别为：

$$F_{max} = \alpha R \tag{4-50}$$

$$K = \frac{F_{max}}{x_y} \tag{4-51}$$

式中，α 为支座的摩擦系数；R 为支座所承受压力；x_y 为初始屈服位移。

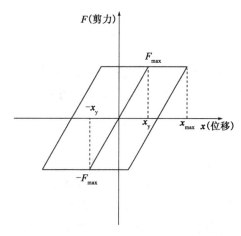

图 4-20　支座的双线性力学模型[40]

结合相关研究把支座剪切应变 τ 作为固定支座评定地震损伤的指标,如式(4-52)所示。参考桥墩的归一化损伤指标,支座的归一化损伤指标 D 可表示为式(4-53)。$\Delta\tau$ 表示容许剪切应变,与支座的类型和尺寸相关,通常取值100%。《公路桥梁抗震设计规范》(JTG/T 2231-01—2020)[46]规定,对于橡胶型减隔震支座,在E2地震作用下产生的剪切应变应小于250%。故可认为支座发生 $2.5\Delta\tau$ 的应变时达到极限破坏状态。

$$\tau = \frac{x_{\max}}{t} \tag{4-52}$$

$$D = \frac{\tau}{2.5\Delta\tau} \tag{4-53}$$

式中,$x_{\max}$ 为支座水平最大位移;t 为橡胶层厚度。

以聚四氟乙烯支座为代表的滑动支座在地震时破坏情况与碰撞、台帽尺寸等密切相关。由于其相对位移的形式多样,要准确定义其损伤状态较难,本书参照文献[40]直接以滑动位移量作为损伤指标,其归一化损伤指标为:

$$D = \frac{x}{x_{\max}} \tag{4-54}$$

3) 桥台损伤指标

桥台作为桥梁系统的边界,在地震时对保持桥梁的整体稳定发挥具有重要作用。桥台的强度(承载力)、刚度以及桥台周围填土对桥台的地震响应影响较大。郭军军[40]研究了考虑桥台影响的连续梁桥地震响应,结果表明,在易损性分析时考虑桥台会使其他构件(主要是墩柱)的损伤概率降低,在相同情况下,桥台相较于墩柱和支座损伤最小。这主要是因为桥台和主梁间存在伸缩缝缓冲,当主梁与桥台间的相对位移大于桥台处伸缩缝间隙,主梁将与桥台碰撞,桥台承担一部分地震力并限制主梁的位移,进而减小墩柱及支座的变形。桥台对桥梁各个构件在地震作用下的响应有明显影响,传统的易损性分析中往往不考虑桥台,导致分析结果不够真实准确。

目前将桥台作为构件纳入桥梁易损性分析的研究还较少,国外一般通过对已有震害桥梁的调查统计和专家经验来拟定桥台的损伤。本章参考文献[40]采用桥台变形量 Δ 作为损伤指标,并定义归一化损伤指标 D,如式(4-55):

$$D = \frac{\Delta}{\Delta_{max}} \tag{4-55}$$

式中，Δ_{max} 为桥台极限变形。

同桥墩和支座一样，应依据桥台的具体信息结合五种损伤等级对应的性能水准确定桥台相应的侧向位移界限值。然后根据式(4-55)即可得到各级损伤对应的损伤指标 D 的范围。

4.4.2 基于模糊综合评价法的易损性评估

形成桥梁系统易损性的现有方法有局限性。一阶界限法虽然计算过程简单，但不够全面准确，二阶界限法的一些参数不易确定。界限法给出的桥梁系统易损性存在一个区间，在进行损伤评估时仍不够直观。而蒙特卡洛法过于复杂，不易实际应用。已有学者[41-43]将模糊准则运用到桥墩临界损伤状态的判别上，但并未考虑形成系统易损性。还有学者[44]利用模糊评价将结构位移、能量与时变周期结合进行整体损伤评价，但忽略了桥梁的系统损伤与各构件的关系，三个评价指标的权重关系主观性较强。上述研究并未联系到一起形成一套科学的易损性评估方法，模糊综合评价法在桥梁易损性中的应用有待进一步研究。

只有准确量化桥梁多个构件的损伤，合理评判构件对各损伤等级的隶属程度，再根据构件与桥梁整体的关系进行整合，才能提出一种准确性高、实用性强的桥梁地震易损性分析方法。本节结合模糊数学中的模糊综合评价法，先建立连续梁桥的损伤因素集、权重集和损伤评价集，再依据损伤评价集构建桥墩等构件的隶属度函数，在此基础上提出确定连续梁桥系统易损性的新方法。

1) 模糊综合评价法

模糊数学由美国著名计算机与控制专家 Zadeh 于 1965 年提出，是一种用于研究和处理模糊现象的数学理论和方法。模糊性是相较于精确性提出的理念，主要是将"是"与"非"的概念转化为一种用数值表示的程度范围。模糊数学中用论域(即模糊集合)来代替经典数学中的集合。论域 U 表示局限于一定范围内讨论的对象的全体，论域 U 中的元素不再是经典数学集合中非此即彼的关系，而是一种边界模糊的关系。模糊子集 A (简称模糊集)表示定义在论域 U 上的具有一定模糊性的集合。论域 U 中元素和模糊集 A 的关系用隶属度来描述，即元素隶属模糊子集的程度。隶属度的范围是[0,1]，其值越大，就代表越属于这个模糊子集 A。

模糊综合评价法是基于模糊数学的一种评价方法。该方法根据模糊数学的隶属度理论把确定性的评价判别转化为了一种具有程度范围的定量评价，即根据模糊性对受到多因素影响的事物或对象做出一个总体的综合评价。已有学者[45-46]利用模糊失效准则对损伤等级进行判别，揭示了模糊数学的理念用于易损性研究的合理性。但目前尚未考虑桥梁系统多构件联合的分级评判，以及如何结合增量动力分析法(Incremental Dynamic Analysis，IDA)分析建立大量桥梁-地震动样本进行易损性分析。第 4.4.1 节将桥梁三大主要构件的损伤进行归一化处理后得到损伤指标，为准确建立隶属度函数打下基础。通过模糊综合评价得到的结果具有意义清晰明确、系统性较强的特点，可以将不完全确定的信息通过赋予隶属度来进行判别，本质是将定性问题定量化以提高评估的准确性、可信性，故本书采用模糊综合评价法建立连续梁桥的系统易损性曲线。

2)桥梁损伤的因素集与评价集

(1)损伤因素集

运用模糊综合评价法对连续桥梁的损伤进行评价,首先需要确定桥梁损伤的因素集 U 和评价集 V。将一个桥梁-地震动样本作为被评价的元素,则一系列桥梁-地震动样本形成总体论域。每一个元素都具有因素集 U 中所包含的所有因素,这些因素通过隶属度函数与评级集 V 对应。由于连续梁桥的地震损伤考虑桥墩、支座、桥台三大因素(分别用各自的损伤指标 D 表示),并且每一个因素都可能包含多个构件。故建立桥梁损伤因素集时需要分2级,以桥墩为例,假设连续梁桥具有 n 个桥墩,一级评判因素集 U_1 见式(4-56)。默认各桥墩的重要性系数相同(可根据具体情况调整),则一级评判因素的权重集 A_1 见式(4-57)。

$$U_1 = \{D_1, D_2, \cdots, D_i\} \tag{4-56}$$

$$A_1 = \left\{\frac{1}{n}, \frac{1}{n}, \cdots, \frac{1}{n}\right\} \tag{4-57}$$

式中,D_i 为第 i 个桥墩的归一化损伤指标。

同理可得到支座和桥台的一级损伤因素集 U_2、U_3 和权重集 A_2、A_3。则连续梁桥的二级损伤因素集为:

$$U = \{A_1 U_1^T, A_2 U_2^T, A_3 U_3^T\} \tag{4-58}$$

结合学者关于连续梁桥地震损伤的大量研究,可以确定桥墩对桥梁系统的整体功能性起到至关重要的作用,支座其次,而桥台的影响相对较小。根据桥墩、支座、桥台对地震损伤的影响重要性,本书给出连续梁桥二级损伤因素集的权重集为:

$$A = \{0.6, 0.3, 0.1\} \tag{4-59}$$

(2)损伤评价集

连续梁桥损伤的评价集 V 为建立在论域上的模糊集,其实质为对论域中所有元素按集中因素进行评价后得到的结果,故又可称为损伤论域。评价集 V 可定性地表示为:$V = \{$无损伤,轻微损伤,中等损伤,严重损伤,完全损伤$\}$。结合因素集中桥墩、支座、桥台三大因素,参考已有易损性研究[37]关于损伤指标进行的定量划分,确定各级损伤之间的损伤指标界限值 L_s,如表4-18所示。

连续梁桥各构件损伤等级划分　　表4-18

损伤界限值	L_{s1}	L_{s2}	L_{s3}	L_{s4}
桥墩	μ_{c1}	1	μ_{c4}	$\mu_{c\max}$
固定支座	$0.5\Delta\tau$	$1.5\Delta\tau$	$2\Delta\tau$	$2.5\Delta\tau$
滑动支座	$0.2x_{\max}$	$0.5x_{\max}$	$0.677x_{\max}$	$x_{\max}$
桥台	$0.1\Delta_{\max}$	$0.2\Delta_{\max}$	$0.5\Delta_{\max}$	$\Delta_{\max}$

其中,无损伤阶段表示桥梁整体上处于弹性状态,μ_{c1} 代表外侧纵向钢筋首次屈服时的位移延性,支座变形处于容许剪切应变的范围内,桥台变形很小。在轻微损伤阶段,桥梁进入等效塑性的临界状态,但仍可正常使用以发挥其功能,此时墩柱的位移延性应小于1,支座变形不大于容许剪切应变的1.5倍,桥台变形较小。当桥梁进入中等损伤阶段,桥梁整体发生较大破坏,需要修复后才能使用。桥墩会表现出明显塑性,位移延性应小于墩柱截面边缘混凝土压应变达到0.004时的 μ_{c4},支座变形处在容许剪切应变的1.5~2倍之间,桥台发生显著变形。当桥梁的损失等级达到严重损伤时,意味着桥梁整体只能维持结构的基本稳定。此时,桥墩位

移延性应小于最大位移延性比 μ_{max}，最大位移延性比为 $\mu_{max} = \mu_{c4} + 4$。支座变形应小于容许剪切应变的 2.5 倍，桥台变形应小于极限变形 Δ_{max}，否则即可认为构件达到了第五级损伤。

在此基础上，将损伤指标界限值按 4.4.1 节公式转化为归一化损伤指标，定义本节的连续梁桥系统损伤评价集，如表 4-19 所示。

连续梁桥损伤评价集　　　　　　　　　　　　　表 4-19

损伤等级	桥墩	固定支座	滑动支座	桥台
无损伤（Ⅰ）	$[0, \mu_{c1}/\mu_{c\ max}]$	$[0, 0.2]$	$[0, 0.2]$	$[0, 0.1]$
轻微损伤（Ⅱ）	$[\mu_{c1}/\mu_{c\ max}, 1/\mu_{c\ max}]$	$[0.2, 0.6]$	$[0.2, 0.5]$	$[0.1, 0.2]$
中等损伤（Ⅲ）	$[1/\mu_{c\ max}, \mu_{c4}/\mu_{c\ max}]$	$[0.6, 0.8]$	$[0.5, 0.677]$	$[0.2, 0.5]$
严重损伤（Ⅳ）	$[\mu_{c4}/\mu_{c\ max}, 1]$	$[0.8, 1]$	$[0.677, 1]$	$[0.5, 1]$
完全损伤（Ⅴ）	$[1, \infty]$	$[1, \infty]$	$[1, \infty]$	$[1, \infty]$

3）隶属度函数确定

隶属度函数是隶属度对各被评价元素的函数，对连续梁桥的地震损伤评价而言，其定义域就是本节中定义的连续梁桥的二级评判因素集。如何确定模糊集的隶属度函数是目前还没有完美解决的数学问题，目前常用的方法有 3 种：数学统计法、模糊分布法（又名参考函数法）、经验法。数学统计法需要对大量元素的隶属度进行统计回归，就本书的被评价对象——桥梁损伤构件而言，过往震害资料虽多，但难以收集而且不易准确判别其损伤等级。经验法由收集相关专家调查问卷得到，主观性过强，不适于精确的易损性分析。因此，本书采用模糊分步法，从给定的一系列模糊函数解析式中选出合适的函数作为隶属度函数。

模糊分步法中常见的函数解析式类型包括：偏小型、偏大型和中间型。在损伤判别中出于安全性合理考虑，对损伤等级Ⅰ采用偏小型函数、损伤等级Ⅱ～Ⅳ采用中间型函数、损伤等级Ⅴ采用偏大型函数。由于定义域二级评判因素集中的损伤指标已经过归一化处理，所以隶属区间的范围为 $[0,1]$。根据表 4-19 所给出的三个构件各损伤等级的归一化损伤指标的范围，确定隶属度函数中各损伤等级的隶属区间。本节设计的隶属度函数按线性变换，桥墩的隶属度函数如图 4-21 所示。其中 X_1、X_2、X_3、X_4 分别表示桥墩各级损伤的损伤指标临界值，各级损伤的隶属度在临界值处相等，在区间中值处达到最大。支座和桥台的隶属度函数与之类似。

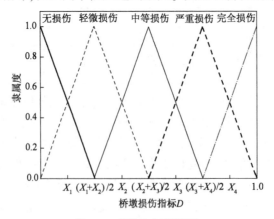

图 4-21　桥墩的隶属度函数

4)系统易损性分析方法

本节提出的连续梁桥系统易损性分析方法主要步骤包括以下三部分:①选取桥梁和相应的地震动,建立有限元模型并进行非线性时程分析;②对各桥梁-地震动样本进行模糊综合评价;③基于各损伤等级的样本数量计算结构的超越概率,最终得到易损性曲线。以目前地震易损性分析中常用的增量动力分析法(IDA)为例,选取地震动峰值加速度PGA作为地震动参数,基于模糊综合评价法建立连续梁桥系统地震易损性曲线,具体步骤如图4-22所示。

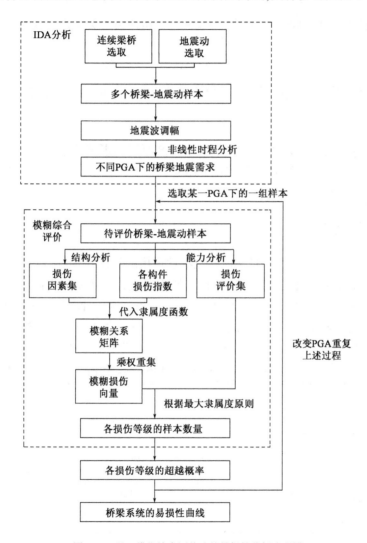

图4-22 基于模糊综合评价法的易损性分析流程图

下面对模糊综合评价相关内容进行说明,模糊综合评价的具体过程如下:

(1)选取一个待评价的桥梁-地震动样本,对其所含各结构构件和其地震重要性进行分析,依次建立一级损伤因素集和二级损伤因素集。

(2)按照预计性能水准,结合待评价桥梁各构件的材料性能,确立损伤评价集,并对评价集中各损伤等级的范围进行量化。

(3)依据 IDA 分析中获得的桥梁各构件的地震需求,计算得到各构件的损伤指标并代入二级损伤因素集 $U = \{u_1, u_2, u_3\}$。将二级损伤因素集 U 中各元素依次代入隶属度函数 $f(x)$,按各损伤等级的隶属度形成模糊关系向量 r。

$$r_i = \{f_{\mathrm{I}}(u_i), f_{\mathrm{II}}(u_i), f_{\mathrm{III}}(u_i), f_{\mathrm{IV}}(u_i), f_{\mathrm{V}}(u_i)\} \qquad (4\text{-}60)$$

式中,r_i 为损伤因素集中第 i 个元素 u_i 的模糊关系向量;$f_{\mathrm{I}}(u_i)$ 为 u_i 对损伤等级 I 的隶属度;其余同理。

由于二级损伤因素集包含三个元素,各模糊向量组成模糊关系矩阵 R 为:

$$R = [r_1, r_2, r_3]^{\mathrm{T}} \qquad (4\text{-}61)$$

(4)模糊关系矩阵 R 乘损伤因素的二级损伤因素的权重集 A,得到模糊损伤向量 B。

$$B = A \cdot R = (b_1, b_2, b_3, b_4, b_5) \qquad (4\text{-}62)$$

(5)根据模糊损伤向量 B 的坐标,按最大隶属度原则确定该桥梁-地震动样本所属的损伤等级。重复过程(1)~(4),得到这组 PGA 下所有样本的损伤等级。统计这组桥梁-地震动样本中各损伤等级的样本数量。

4.4.3 方法验证

本节主要通过对连续梁桥算例分析,验证本章提出的利用模糊综合评价法建立系统易损性曲线的方法的合理性。选取文献[37]中的多跨混凝土连续梁桥作为研究对象,该桥跨径为 $5 \times 30\mathrm{m}$,桥墩高 13m。两侧桥台处采用聚四氟乙烯滑板支座,中间桥墩均采用板式橡胶支座。根据文献[37]建立有限元模型,以谱加速度 SA 作为地震动强度指标,并选取 100 条地震波进行非线性时程分析,得到各构件的地震响应的概率需求模型,如表 4-20 所示。

不同构件的概率地震需求回归分析结构　　表 4-20

构件	拟合函数
边墩	$\ln\mu_1 = 0.9671\ln\mathrm{SA} + 0.9447$
中墩	$\ln\mu_2 = 0.9652\ln\mathrm{SA} + 0.9444$
板式橡胶支座	$\ln\mu_z = 0.8798\ln\mathrm{SA} + 1.1831$
聚四氟乙烯滑板支座	$\ln\Delta_b = 0.8829\ln\mathrm{SA} - 0.7023$
桥台	$\ln\Delta_A = 2.475\ln\mathrm{SA} + 0.1393$

该连续梁桥包括 4 个桥墩、6 个支座和 2 个桥台,按 4.4.2 节所述方法先分别建立桥墩、支座和桥台的一级损伤因素集 U_1、U_2、U_3,再根据各构件权重得到二级损伤因素集 U。文献[37]给出的桥墩和桥台的损伤指标与本章给出指标一致,支座的损伤指标可按橡胶层厚度计算得到。根据不同损伤等级的结构承载能力均值,按式(4-3)、式(4-7)、式(4-8)计算得到各损伤等级对应的范围,定义桥梁的损伤评价集如表 4-21 所示。其中,近似认为桥台的损伤只对桥梁系统的 I、II、III 级损伤造成影响。

第4章 装配式桥墩地震损伤评估方法

损伤评价集　　　　　　　　　　　表 4-21

损伤等级	边墩(μ_1)	中墩(μ_2)	板式橡胶支座(μ_z)	聚四氟乙烯滑板支座(Δ_b)	桥台(Δ_A)
无损伤（Ⅰ）	[0,0.073]	[0,0.074]	[0,0.2]	[0,0.2]	[0,0.074]
轻微损伤（Ⅱ）	[0.073,0.207]	[0.074,0.204]	[0.2,0.6]	[0.2,0.5]	[0.074,0.292]
中等损伤（Ⅲ）	[0.207,0.293]	[0.204,0.293]	[0.6,0.8]	[0.5,0.677]	[0.292,1]
严重损伤（Ⅳ）	[0.293,0.764]	[0.293,0.764]	[0.8,1]	[0.677,1]	—
完全损伤（Ⅴ）	[0.764,1]	[0.764,1]	[1,∞]	[1,∞]	—

由损伤评价集可知，边墩和中墩的各损伤等级范围基本一致，故将其统一视为一种元素，按4.4.2节方法建立隶属度函数，如图 4-23 所示。其余的支座和桥台的隶属度函数同理，桥台的Ⅳ级和Ⅴ级损伤不考虑。

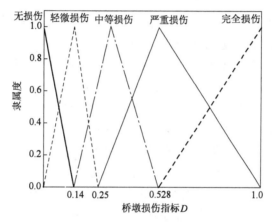

图 4-23　桥墩隶属度函数

根据不同构件的地震响应所建立的概率地震需求模型，可计算得各级谱加速度 SA 下不同构件的地震需求均值。设谱加速度 SA 的范围是 $0\sim1.6g$，每级递增 $0.1g$。以 SA = $0.1g$ 为例，代入地震响应需求模型计算各构件响应均值，根据响应值计算损伤指标后代入相应的隶属度函数。按各损伤等级的隶属度形成模糊关系向量 r，各构件的模糊向量共同组成模糊关系矩阵 R：

$$R = \begin{bmatrix} 0.82 & 0.18 & 0 & 0 & 0 \\ 0.77 & 0.23 & 0 & 0 & 0 \\ 0.61 & 0.39 & 0 & 0 & 0 \end{bmatrix} \tag{4-63}$$

模糊评判向量 B 由模糊关系矩阵 R 与权重集 A 相乘得到：

$$B = A \cdot R = (0.784, 0.216, 0, 0, 0) \tag{4-64}$$

由于文献[37]进行地震需求分析时采用的是云图法，在模糊综合评价时各构件的响应值取为地震需求分析回归得到的均值，故模糊评判向量 B 中的坐标可近似认为是五种损伤等级对应的发生概率，即无损伤概率为 78.4%、轻微损伤为 21.6%。需要将各级损伤的发生概率转换为超越概率,按总的概率 $P=1$ 从左向右逐项递减,即可得到微损伤、中等损伤、严重损伤和完全损伤的损伤超越概率。

若地震需求分析时采用增量动力分析法且样本数量充足时,则应按最大隶属度原则判断模糊评判向量 B 对应的损伤等级。对谱加速度 $SA=0.1g$ 的所有样本都计算得到模糊评判向量 B,依次评判后再统计落入各损伤等级的样本数量,最后除以样本总数,得到各损伤等级的超越概率。

同理,重复上述过程可得到各级谱加速度对应的损伤超越概率。以谱加速度 SA 为横坐标、损伤超越概率为纵坐标,连线作图得到初步的易损性曲线。但该曲线是不光滑的,通过 MATLAB 拟合为对数正态分布累计概率函数,如式(4-65)所示,最终得到系统易损性曲线。

$$P_f = \Phi\left(\frac{\ln SA - \lambda}{\sigma}\right) \tag{4-65}$$

式中,λ 为拟合函数正态分布均值;σ 为正态分布标准差,地震动参数采用谱加速度 SA 时,σ 取 0.4[37],采用峰值加速度 PGA 时,取 0.5[44]。

文献[37]采用一阶界限法得到包含上界和下界的系统易损性曲线,两种方法得到的对数正态分布累计概率函数中的均值 λ 见表 4-22,标准差均取 0.4。两种方法得到的系统易损性曲线,如图 4-24 所示。从图中可以明显看出,通过模糊综合评价法得到的易损性曲线与通过一阶界限法得到的易损性曲线大致相符。对于轻微损伤和中等损伤,一阶界限法的上界和下界较为接近,而模糊综合评价法的易损性曲线介于两者之间。当地震响应增大后,一阶界限法的上界和下界逐渐分离,模糊综合评价法得到的损伤超越概率与一阶界限法的上界接近一致,故所得易损性分析结果偏安全。模糊综合评价法得到的损伤超越概率略大的原因可能是隶属度函数设置得比较保守,没有采用正态型隶属度函数。除此以外,还可能是利用地震需求概率模型计算响应均值不够准确而导致的。通过两种方法的对比,可以间接证明将模糊综合评价法用于桥梁系统易损性分析的合理性。

系统易损性曲线对应概率函数中的均值 λ 表 4-22

损伤等级	轻微损伤(Ⅱ)	中等损伤(Ⅲ)	严重损伤(Ⅳ)	完全损伤(Ⅴ)
一阶界限法-上界	0.136	0.227	0.318	0.486
一阶界限法-下界	0.145	0.248	0.341	0.554
模糊综合评价法	0.142	0.242	0.304	0.472

模糊综合评价法相较于一阶界限法的优势在于不区分上下界,其描述的系统损伤超越概率是一个定值而不是一个区间。确保通过模糊综合评价法得到的易损性曲线准确可靠,有 2 个关键点:

(1)通过能力分析建立的损伤评价集应符合桥梁的具体情况,本书采用的归一化损伤指标只提供了一种思路,还有待继续改进和开发新的思路。

(2)隶属度函数的选用应严谨、科学,本书采用的隶属度函数较为简单,更复杂的数学函数是否适用还有待进一步验证。

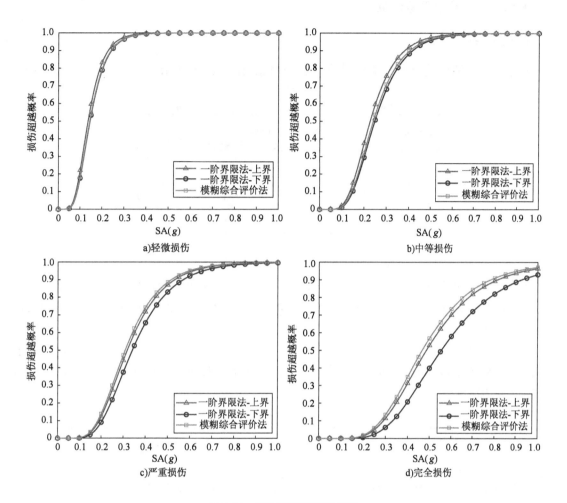

图 4-24 系统易损性曲线对比图

4.5 装配式桥墩连续梁桥地震损伤评估实例

本节主要应用 4.4 节提出的连续梁桥地震损伤评估方法,以采用预制节段拼装桥墩的三跨连续梁桥为研究对象,研究桥梁体系的地震损伤特点及主要影响因素。根据我国规范选取合适的地震动输入。然后对比分析纵向和横向地震动输入的地震响应,确定地震动输入的合理方向。其次,分别对采用整体现浇桥墩和预制节段拼装桥墩的连续梁桥进行概率地震需求分析,并建立易损性曲线,通过比较得出预制节段墩连续梁桥的地震损伤特点。最后,针对组合轴压比、节段高宽比、预应力筋配筋率和耗能钢筋四个影响因素,设计 14 种模拟工况,依次建立桥梁系统易损性曲线,并分析各因素对连续梁桥地震损伤的影响。

4.5.1 有限元模型建立

1) 桥梁概述

选取一座 3 跨混凝土连续梁桥[44]作为研究对象,如图 4-25 所示。

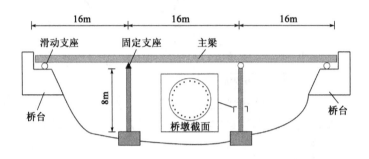

图 4-25 连续梁桥总体布置图

该桥的跨径布置为 3×16m,中间两墩高 8m,为直径 1.5m 的圆形柱。主梁为单箱单室截面,截面面积为 2.5m^2,截面质心到支座顶距离为 1m,采用 C40 混凝土,具体参数详见表 4-23。左侧桥墩墩顶放置板式橡胶支座作为固定支座,右侧墩柱和桥台放置聚四氟乙烯滑板支座作为滑动支座,摩擦系数为 0.06,初始屈服位移取 0.004m,橡胶层厚度为 $t=70$mm。桥墩混凝土为 C40,配置 25 根直径为 32mm 的纵向钢筋,纵向配筋率为 1.14%。桥梁的抗震设防烈度为 8 度,按 II 类场地考虑。

主梁截面参数   表4-23

$A(m^2)$	$E(MPa)$	$G(MPa)$	$I_x(m^4)$	$I_y(m^4)$	$I_z(m^4)$	$\rho(kg/m^3)$
2.5	2.9×10^4	1.1×10^4	10.48	10.0	0.48	2600

注:A-主梁截面面积;E-主梁混凝土弹性模量;G-主梁剪切模量;I_x-主梁截面对 x 轴惯性矩;I_y-主梁截面对 y 轴惯性矩;I_z-主梁截面对 z 轴惯性矩;ρ-主梁密度。

2) 纤维有限元模型

对该 3 跨混凝土连续梁桥进行地震反应分析前,首先需要建立能准确反映其结构响应及非线性的有限元模型。目前常用于进行精确地震反应分析的有限元平台可分为两类:实体有限元平台(ABAQUS、ANSYS 等)和纤维有限元平台(OpenSees)。实体有限元模型能够准确模拟并输出结构微观部位的应力与变形,可视化仿真效果较好,但计算占用内存大、耗时较多。纤维有限元模型能准确模拟桥梁整体的动力特性、计算耗时较少,但前后处理功能不完备,可视化功能较弱。

考虑本章的目标是通过易损性分析研究桥梁结构损伤,需要进行大量的地震动时程分析,最终选用 OpenSees 作为工具建立纤维有限元模型。OpenSees 计算效率高,进行时程分析时能实时显示节点和单元的位移变化。

(1) 材料本构关系

本章所建立的 3 跨混凝土连续梁桥纤维有限元模型中所涉及的材料主要包括 3 种:钢筋、

混凝土、预应力钢筋。选取 OpenSees 中的 ReinforcingSteel 模型来进行钢筋的模拟,其本构关系如图 4-26a) 所示。普通纵筋的屈服强度为 400MPa,弹性模量为 2×10^5 MPa。选取 Concrete01 模型作为桥墩和主梁混凝土的本构模型,如图 4-26b) 所示。桥梁所用混凝土强度为 C40,其中核心混凝土弹性模量为 3.26×10^4 MPa,峰值应力为 26.8MPa,极限应力为 18.6MPa。

预应力钢筋设置于预制节段拼装桥墩中,主梁和整体现浇桥墩不含预应力钢筋。由于本研究的预制节段墩选取的是抗拉强度标准值为 1860MPa 的预应力钢绞线,故预应力筋正常情况下均处于弹性阶段。选用 Elastic-Perfectly Plastic 材料模拟预应力筋,其本构关系如图 4-26c) 所示。预应力的施加采用初始应变法:定义材料的初始应变,使其产生与预加应力大小相当的应变,间接达到施加预应力的效果。

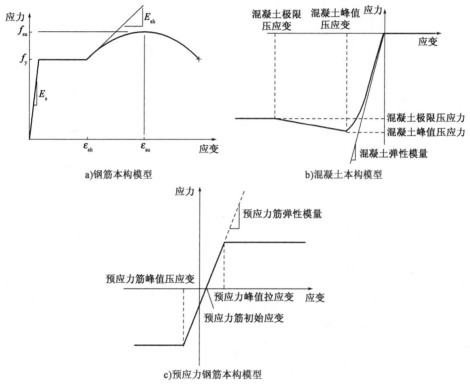

图 4-26 材料本构关系图

除这 3 种主要材料外,模型中还使用了许多零长单元(可看作弹簧),主要用于桥墩接缝、支座、桥台等边界一些特殊构造的模拟。根据具体情况选用完全弹性材料 Elastic、钢筋材料 Steel01 等,其本构关系较为简单,不再进行详述。

(2)主要构件模拟方法

分别建立采用整体现浇桥墩和采用预制节段拼装桥墩的连续梁桥模型。两个纤维有限元模型基本构造相同,如图 4-27 所示。预制节段拼装桥墩包含 4 个节段,每个节段高 2m,纤维截面内包含预应力钢筋,墩底设置可以张开的接缝。图 4-27 仅为说明整体建模情况的示意图,图中节点和单元与模拟的实际情况并非完全对应。

目前已有大量研究表明[37],在地震作用下,桥梁的主梁整体上处于弹性状态,不会进入塑性阶段,故主梁采用弹性梁单元模拟,忽略其非线性变形。桥墩使用非线性梁柱单元,可以很好地模拟塑性变形。桥墩采用纤维截面模拟包含外侧混凝土纤维、核心混凝土纤维和钢筋纤维。其中,预制节段拼装桥墩数值模拟的关键是对接缝的模拟,本书采用了零长截面单元来模拟接缝,具体原理和纤维截面细节详见3.2.4节,不再进行重复叙述。对主梁和桥墩节点进行质量分配以模拟其惯性力。

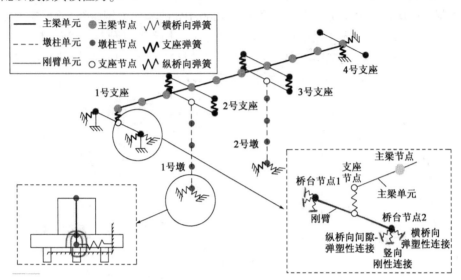

图4-27 全桥纤维有限元模型示意图

支座采用理想弹塑性连接单元和零长单元模拟。固定支座与墩顶自由度进行固结。聚四氟乙烯滑动支座($GJZF_4$)的参数为:450mm × 550mm × 100mm,橡胶层厚度 $t = 70$mm。弹塑性连接单元模拟其纵向传力特性,将 Steel01 材料赋予零长单元,以此来模拟其滞回特性和刚度。桥台的模拟方法如图4-27中的小图所示,沿梁宽设置两个节点,通过刚臂单元与支座的底节点相连。这两个节点通过三个单元与固定点相连,竖向单元采用刚性连接,纵桥向采用弹性-间隔连接,横桥向采用弹塑性连接。对支座顶节点赋予竖向力以模拟上部结构传下的力和桥墩重力。桥台和墩底节点在竖向边界表现为固结形式,不考虑桩土效应的影响。由于桥跨长度较小,不考虑行波效应和空间相干效应的影响,地震动采用一致激励输入。

3)地震波选取

地震动具有很高的随机性和离散型,即便同一次地震在不同的监测台站记录的加速度时程也有一定差异。利用有限元软件进行非线性时程分析需要较高的精度,所以即使输入的地震动相近,计算结果也会有显著差异。因此需要根据桥梁所在场地和规范相关规定,谨慎选择输入的地震波,以确保分析的合理性。

幅值、频谱特性和持续时间是地震动的三要素。采用传统的云图法建立易损性曲线时需要对三者进行综合考虑,并结合计算能力选取一定数量的地震波。研究表明,80~100条地震波可以使云图法的计算分析达到足够的精度[45]。当采用增量动力分析法建立易损性曲线时,由于可以进行调幅,选波主要考虑频谱特性和持续时间。而且10~20条地震波就可以使结果满足精度要求[45],结果的离散型也更小。

本节参照《公路桥梁抗震设计规范》(JTG/T 2231-01—2020)[46]，按 A 类桥梁、Ⅱ 类场地、8 度区设防标准计算加速度反应谱。然后根据计算的规范反应谱，在太平洋地震工程研究中心（PEER）中的 NGA-west2 地震动数据库内进行选波，共选取 20 条符合条件的地震波。20 条地震波的具体信息详见表 4-24。根据所选 20 条地震波的加速度时程，通过小程序按阻尼比 5% 计算出其各自的加速度反应谱。20 条地震动记录的反应谱与规范的目标反应谱如图 4-28 所示，可见均值谱与目标反应谱较为接近。由于所选择地震动记录的加速度时程曲线数目较多，因此仅以 Mammoth Lakes-01 地震 Convict Creek 场站的加速度记录为例进行展示，如图 4-29 所示。

地震波信息　　　　　　　表 4-24

地震动记录	时间	地震名称	场站	里氏震级	最近断层面距离(km)
RSN230	1980	Mammoth Lakes-01	Convict Creek	6.06	6.63
RSN231	1980	Mammoth Lakes-01	Long Valley Dam	6.06	15.46
RSN232	1980	Mammoth Lakes-01	Mammoth Lakes H. S.	6.06	4.67
RSN285	1980	Irpinia_Italy-01	Bagnoli Irpinio	6.9	8.18
RSN286	1980	Irpinia_Italy-01	Bisaccia	6.9	21.26
RSN288	1980	Irpinia_Italy-01	Brienza	6.9	22.56
RSN289	1980	Irpinia_Italy-01	Calitri	6.9	17.64
RSN292	1980	Irpinia_Italy-01	Sturno (STN)	6.9	10.84
RSN300	1980	Irpinia_Italy-02	Calitri	6.2	8.83
RSN302	1980	Irpinia_Italy-02	Rionero in Vulture	6.2	22.69
RSN313	1981	Corinth_Greece	Corinth	6.6	10.27
RSN564	1986	Kalamata_Greece-01	Kalamata	6.2	6.45
RSN587	1987	New Zealand-02	Matahina Dam	6.6	16.09
RSN1141	1995	Dinar_Turkey	Dinar	6.4	3.36
RSN1752	1997	Northwest China-03	Jiashi	6.1	17.73
RSN4348	1997	Umbria Marche_Italy	Castelnuovo-Assisi	6	17.28
RSN4349	1997	Umbria Marche_Italy	Colfiorito	6	6.92
RSN4350	1997	Umbria Marche_Italy	Gubbio-Piana	6	35.91
RSN4477	2009	L'Aquila_Italy	Gran Sasso	6.3	6.4
RSN4483	2009	L'Aquila_Italy	L'Aquila - Parking	6.3	5.38

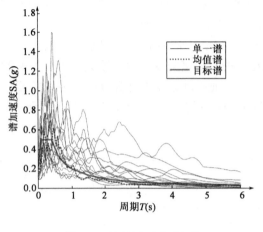

图4-28 所选波加速度反应谱

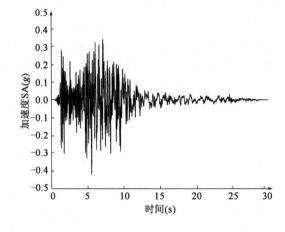

图4-29 Mammoth Lakes-01-1 加速度时程

由于本节采用增量动力分析法建立易损性曲线,故还需要对这20条地震动进行调幅。地震动调幅是利用比例系数对原始地震动记录中的强度指标进行调整以达到期望值,然后改变比例系数重复上述操作,最终获得多组不同强度指标的地震动记录。本书选取的地震动强度指标为地震动峰值加速度PGA,因此本书的20条地震波均按照PGA进行调幅。每一级的PGA增量定为0.1g,最终得到的一系列地震动的PGA为0.1g、0.2g、…、1g,总计200条地震波。

4.5.2 地震动输入方向分析

桥梁结构在地震时通常受到多个方向的惯性力,每个方向的地震动都具有随机性。在进行桥梁结构抗震设计时,一般以顺桥向(纵向)和横桥向(横向)作为主要分析方向,认为其他方向的地震动可分解到这两个方向,而竖向地震动根据桥梁和场地情况进行具体考虑。《公路桥梁抗震设计规范》(JTG/T 2231-01—2020)[46]明确指出对直线桥梁沿顺桥向(纵向)和横桥向(横向)两个水平方向进行地震动输入,以确定其最不利地震响应。为确定本章非线性时程分析的地震动输入方向,对4.5.1节建立的采用整体现浇桥墩的连续梁桥有限元模型进行纵向和横向地震动输入的非线性时程分析。选取具有代表性的构件1号桥墩、2号桥墩、2号支座(滑动支座)、3号支座(固定支座)分析其地震响应,分别统计200条地震波的纵向和横向分析结果(图4-30~图4-33)。

由于地震动具有随机性,不同地震波即使调幅到相同的PGA,对桥梁造成的动力响应仍会有较大差别,故图上的数据存在一定的离散性。对比1号桥墩和2号桥墩的地震响应,可以发现两者的地震响应较为接近,由于2号桥墩墩顶为固定支座,其平均地震响应略大。对比2号支座(滑动支座)和3号支座(固定支座)的地震响应,固定支座的位移明显小于滑动支座,这主要是由于其刚度较大且约束更多。统计PGA=1.0g时纵向和横向输入的桥墩和支座的峰值位移均值,如表4-25所示。

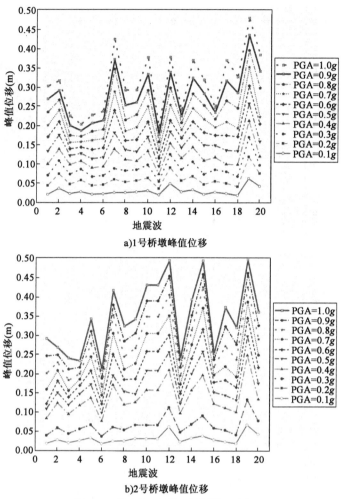

a) 1号桥墩峰值位移

b) 2号桥墩峰值位移

图 4-30 纵向输入整体现浇桥墩地震响应

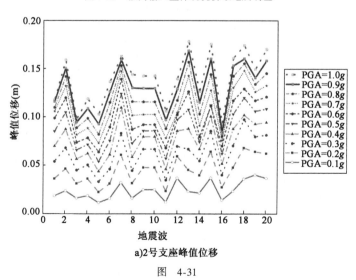

a) 2号支座峰值位移

图 4-31

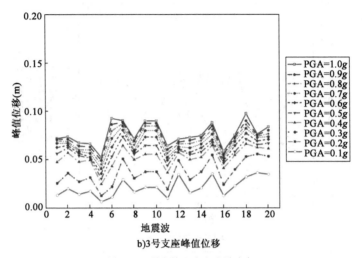

b) 3号支座峰值位移

图 4-31　纵向输入支座地震响应

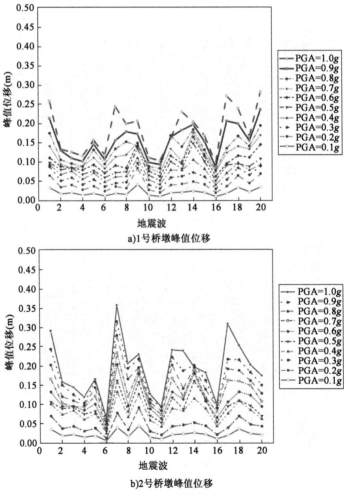

a) 1号桥墩峰值位移

b) 2号桥墩峰值位移

图 4-32　横向输入整体现浇桥墩地震响应

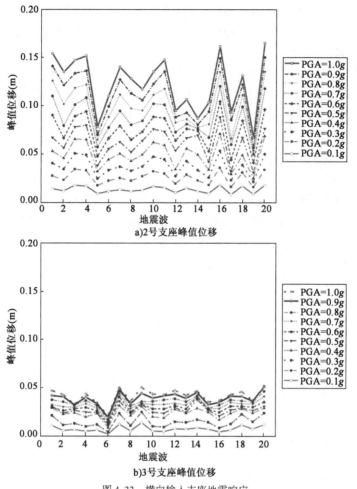

图 4-33 横向输入支座地震响应

PGA = g 时各构件峰值位移均值(单位:m)　　　　　　　表 4-25

地震动方向	1 号桥墩	2 号桥墩	2 号支座	3 号支座
纵向	0.310	0.347	0.140	0.076
横向	0.179	0.192	0.122	0.041

对桥墩而言,1 号桥墩和 2 号桥墩在纵向的峰值位移明显大于其横向峰值位移,从图中整体上看,纵向响应大约比横向高出 50%。滑动支座纵向的峰值位移略大于横向,但是固定支座在 PGA = 1.0g 时的纵向均值位移约为横向的 1.85 倍。综上所述,结果表明纵向输入地震波时桥墩和支座的地震响应明显高于横向。因此,对于本章所研究的 3 跨混凝土连续梁桥,应选择顺桥向(纵向)作为地震动的主要方向,进行后续的相关损伤研究。

4.5.3 不同桥墩类型的连续梁桥易损性分析

本节基于 4.5.1 节所建立的桥梁有限元模型,对预制节段墩连续梁桥和整体现浇墩连续梁桥进行地震易损性分析。其中,预制节段墩中使用抗拉强度标准值为 1860MPa 的预应力钢绞线,配筋率为 0.21%,预应力轴压比为 0.1,锚固方式与试验桥墩相同。地震易损性分析过程分为两步:首先需要得到2个不同类型桥墩的连续梁桥的地震响应,进行概率地震需求分析;然后按模糊综合评价法计算各级地震动的损伤超越概率,从而形成桥梁系统的易损性曲线。

1)概率地震需求分析

整体现浇墩连续梁桥的地震响应见图4-30、图4-31,预制节段墩连续梁桥的地震响应见图4-34。对比图4-30、图4-31与图4-34可知,预制节段拼装桥墩的位移响应显著大于整体现浇桥墩。而桥墩类型的不同对支座响应的影响较小。统计$PGA=1.0g$时两种桥墩类型的连续梁桥的峰值位移均值,如表4-26所示。预制节段墩的峰值位移均值约为整体现浇墩的1.4倍,而两者支座的峰值位移均值差值很小。这主要是由于两者的地震损伤机制不同,预制节段拼装桥墩在地震作用下墩底的接缝发生张开,在预应力钢筋的约束下桥墩形成摇摆体系,因此墩顶可以发生较大的位移而桥墩整体不发生脆性破坏。预制节段拼装桥墩的墩底接缝不断张开闭合,耗散大量能量的同时加重了接缝附近外侧混凝土的损伤。而预制节段拼装桥墩的支座响应略小,可能是因为接缝张开后桥墩的侧向刚度发生了一定变化,但总体与整体现浇桥墩的支座响应差别不大,不需要单独对其支座损伤进行研究。

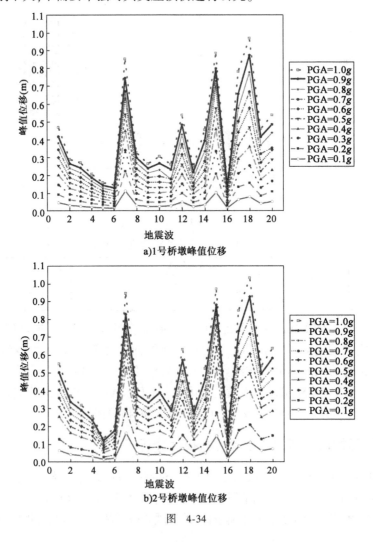

图 4-34

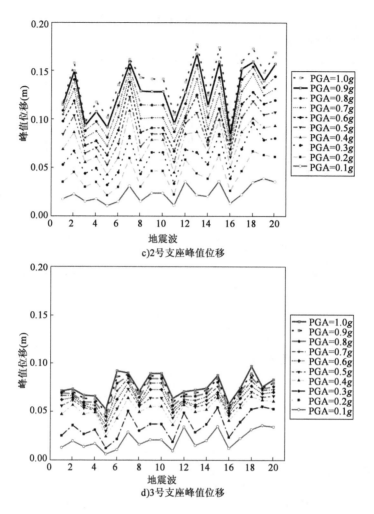

图 4-34 预制节段墩连续梁桥的地震响应

PGA = 1.0g 时不同桥墩类型的峰值位移均值(单位:m)　　　表 4-26

桥梁类型	1号桥墩	2号桥墩	2号支座	3号支座
整体现浇墩连续梁桥	0.310	0.347	0.140	0.076
预制节段墩连续梁桥	0.431	0.497	0.149	0.047

分别对整体现浇桥墩和预制节段拼装桥墩进行 Pushover 分析,按 Park 法确定两种桥墩的屈服位移,然后将上述桥墩峰值位移数据换算为位移延性 μ。根据支座橡胶层厚度,将上述桥墩峰值位移数据换算为剪切应变 τ。一般认为地震需求均值 λ_D 和地震动强度 IM 之间服从幂指数回归关系:

$$\lambda_D = b(\text{IM})^a \qquad (4-66)$$

对位移延性 μ 和支座剪切应变 τ 取对数后,即可按式(4-67)进行线性拟合和回归分析,如图 4-35、图 4-36 所示。依次得到两种类型的连续梁桥的桥墩和支座的概率地震需求拟合公式,见表 4-27,判定系数 R^2 表示回归的精度。

$$\ln \lambda_D = a\ln \text{PGA} + b \tag{4-67}$$

式中,a,b 为拟合得到的回归系数。

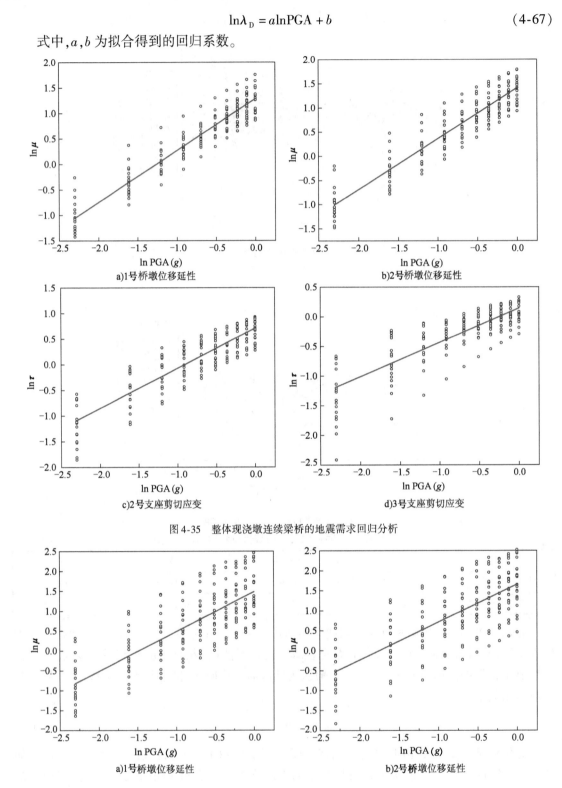

图 4-35 整体现浇墩连续梁桥的地震需求回归分析

图 4-36

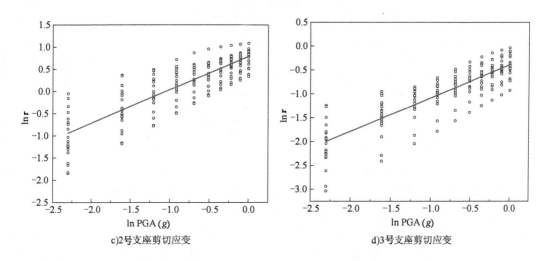

c) 2号支座剪切应变　　　　　　　　　d) 3号支座剪切应变

图 4-36　预制节段墩连续梁桥的地震需求回归分析

地震需求线性回归结果　　　　　　　　　　　表 4-27

桥墩类型	构件	拟合公式	判定系数 R^2
整体现浇桥墩	1号桥墩(μ)	$\ln \mu_1 = 1.016\ln PGA + 1.2846$	0.8955
	2号桥墩(μ)	$\ln \mu_2 = 1.05\ln PGA + 1.413$	0.8613
	2号支座(τ)	$\ln \tau_2 = 0.7806\ln PGA + 0.7093$	0.7979
	3号支座(τ)	$\ln \tau_3 = 0.5768\ln PGA + 0.1445$	0.6845
预制节段拼装桥墩	1号桥墩(μ)	$\ln \mu_1 = 0.9999\ln PGA + 1.487$	0.7621
	2号桥墩(μ)	$\ln \mu_2 = 0.9471\ln PGA + 1.658$	0.6814
	2号支座(τ)	$\ln \tau_2 = 0.7509\ln PGA + 0.7903$	0.7128
	3号支座(τ)	$\ln \tau_3 = 0.6991\ln PGA - 0.3876$	0.7343

2) 易损性曲线对比分析

该连续梁桥的构件包括2个桥墩、2个桥台和4个支座，先分别对桥墩、桥台和支座建立一级损伤因素评价集。近似认为1号桥墩和2号桥墩重要性相同，1号桥台和2号桥台重要性相同，4个支座的重要性权重系数为(0.2,0.3,0.3,0.2)，建立二级损伤因素评价集：

$$U = \{0.5D_{c1} + 0.5D_{c2}, 0.2D_{b1} + 0.3D_{b2} + 0.3D_{b3} + 0.2D_{b4}, 0.5D_{a1} + 0.5D_{a2}\} \quad (4-68)$$

式中，D_c、D_b、D_a 分别表示桥墩、支座和桥台的损伤指标，下标表示编号。

根据 Pushover 分析结果，结合表 4-19 得到各级损伤的临界值，再将损伤指标的临界值换算为损伤指标以此建立损伤评价集，如表 4-28 所示。预制节段拼装桥墩的损伤的判别准则参照表 4-18，通过 Pushover 分析得到的力-位移曲线依然可以确定各级损伤临界状态对应的位移，再根据位移计算位移延性和损伤指标，最终得到各损伤等级的区间范围。

三跨混凝土连续梁桥损伤评价集   表4-28

损伤等级	整体现浇墩	预制节段墩	固定支座	滑动支座	桥台
无损伤（Ⅰ）	[0,0.14]	[0,0.09]	[0,0.2]	[0,0.2]	[0,0.1]
轻微损伤（Ⅱ）	[0.14,0.4]	[0.09,0.21]	[0.2,0.6]	[0.2,0.5]	[0.1,0.2]
中等损伤（Ⅲ）	[0.4,0.62]	[0.21,0.67]	[0.6,0.8]	[0.5,0.68]	[0.2,0.5]
严重损伤（Ⅳ）	[0.62,1]	[0.67,1]	[0.8,1]	[0.68,1]	[0.5,1]
完全损伤（Ⅴ）	[1,∞]	[1,∞]	[1,∞]	[1,∞]	[1,∞]

根据损伤评价集的边界值建立各构件的隶属度函数，隶属度函数的形式与建构方法与第4章相关内容一致。以 $0.05g$ 为取点间距，根据概率地震需求模型计算 PGA $= 0.05g, 0.1g, \cdots, 1.0g$ 时各构件的均值响应，将响应值归一化为损伤指标后代入二级损伤因素评价集。分别将评级集中的3个元素代入隶属度函数，按得到的五个损伤等级的隶属度建立各构件的模糊向量。将各构件的模糊向量合并为桥梁系统的模糊关系矩阵，再根据权重集中各构件的重要性系数将模糊关系矩阵转化为模糊评判向量 $\boldsymbol{B}$。模糊评判向量 $\boldsymbol{B}$ 的坐标即各级损伤发生概率，不同 PGA 下计算得到的模糊评判向量 $\boldsymbol{B}$ 如表4-29所示。

两种连续梁桥的模糊评判向量 B 表4-29

PGA(g)	整体现浇墩连续梁桥	预制节段墩连续梁桥
0.1	$\boldsymbol{B} = [0.466, 0.506, 0.025, 0.003, 0]$	$\boldsymbol{B} = [0.247, 0.618, 0.135, 0, 0]$
0.2	$\boldsymbol{B} = [0.071, 0.63, 0.213, 0.75, 0.012]$	$\boldsymbol{B} = [0.019, 0.369, 0.569, 0.014, 0.001]$
0.3	$\boldsymbol{B} = [0.011, 0.377, 0.321, 0.219, 0.072]$	$\boldsymbol{B} = [0.002, 0.135, 0.775, 0.074, 0.014]$
0.4	$\boldsymbol{B} = [0.002, 0.193, 0.296, 0.322, 0.188]$	$\boldsymbol{B} = [0, 0.047, 0.735, 0.166, 0.052]$
0.5	$\boldsymbol{B} = [0, 0.095, 0.223, 0.351, 0.33]$	$\boldsymbol{B} = [0, 0.017, 0.614, 0.25, 0.119]$
0.6	$\boldsymbol{B} = [0, 0.047, 0.155, 0.328, 0.47]$	$\boldsymbol{B} = [0, 0.007, 0.481, 0.305, 0.207]$
0.7	$\boldsymbol{B} = [0, 0.024, 0.103, 0.281, 0.592]$	$\boldsymbol{B} = [0, 0.003, 0.365, 0.327, 0.306]$
0.8	$\boldsymbol{B} = [0, 0.012, 0.067, 0.229, 0.691]$	$\boldsymbol{B} = [0, 0.001, 0.271, 0.323, 0.405]$
0.9	$\boldsymbol{B} = [0, 0.007, 0.043, 0.181, 0.769]$	$\boldsymbol{B} = [0, 0, 0.2, 0.302, 0.498]$
1.0	$\boldsymbol{B} = [0, 0.004, 0.028, 0.14, 0.828]$	$\boldsymbol{B} = [0, 0, 0.146, 0.272, 0.582]$

注：实际取间距 $0.05g$，为节省篇幅仅列出部分数据。

由于易损性曲线是累计概率函数，还需要将各级损伤的发生概率转换为超越概率。以 PGA $= 0.1g$ 时的模糊评判向量 $\boldsymbol{B} = [0.466, 0.506, 0.025, 0.003, 0]$ 为例，按总的概率 $P = 1.0$ 从左向右逐项递减，即可得到各项损伤的累计超越概率 $P_f = [0.534, 0.028, 0.003, 0]$。以 PGA 为横坐标、损伤超越概率为纵坐标绘制得到初步的易损性曲线。由于所选取的地震波均按某一指定幅值进行调幅，此时的曲线并非光滑的。还需通过 MATLAB 进一步拟合，最终得到不同类型桥墩的连续梁桥地震易损性曲线，如图4-37所示。

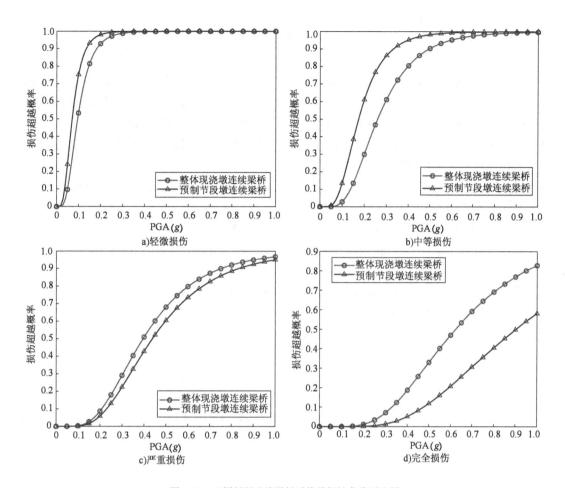

图 4-37 不同桥墩连续梁桥系统易损性曲线对比图

图 4-37 表明在 PGA 较小时,桥墩类型对连续梁桥的系统损伤影响不大。预制节段墩连续梁桥轻微损伤和中等损伤的超越概率略大于整体现浇墩,主要是因为预制节段墩更早发生墩底的混凝土受压破坏,而且接缝的张开导致墩顶位移显著增加。两者严重损伤的超越概率几乎相同,但预制节段墩连续梁桥发生完全损伤的概率明显小于整体现浇墩。这与预制节段拼装桥墩的损伤机制相符,当 PGA 较大时,节段间接缝的张开耗散能量,预应力钢筋维持桥墩的整体刚度,虽然墩顶发生了较大位移,但桥墩并没有发生接近倒塌的完全损伤。此外,从数值模拟的角度考虑,并没有模拟预应力钢筋拉断的情况(拉断后桥墩失稳,节段运动情况复杂),这也会导致完全损伤的概率偏小。结果表明,依据第 2 章所给出的预制节段拼装桥墩损伤等级判别相应指标,可以准确地进行损伤等级划分,从而得到预制节段墩连续梁桥的地震易损性曲线。易损性曲线反映的损伤情况与前文研究得出的预制节段拼装桥墩的损伤演化规律基本相符,即在地震动较小时迅速进入轻微损伤阶段,而在地震动较强时相较整体现浇墩保持更好的工作性能。

综上所述,通过概率地震需求分析和模糊综合评价法,可以建立连续梁桥的系统易损性曲线。与整体现浇墩连续梁桥相比,预制节段墩连续梁桥轻微损伤和中等损伤的超越概率更大,完全损伤的超越概率偏小。

本章参考文献

[1] Ou Y, Tsai M, Chang K, et al. Cyclic behavior of precast segmental concrete bridge columns with high performance or conventional steel reinforcing bars as energy dissipation bars[J]. Earthquake Engineering & Structural Dynamics, 2010, 39(11):1181-1198.

[2] 布占宇, 叶晗晖, 葛胜良, 等. 直接基于位移的预制拼装墩柱抗震设计[J]. 中国公路学报, 2018, 31(12):250-257.

[3] 布占宇, 张旭, 叶晗晖, 等. 预制节段拼装桥墩多节点转动推覆分析方法及试验验证[J]. 中国公路学报, 2017, 30(12):258-267.

[4] Mander J, Priestley M. Theoretical stress-strain model for confined concrete[J]. Journal of Structural Engineering, 1988, 114(8):1804-1826.

[5] Bu Z Y, Ou Y C, Song J W, et al. Cyclic loading test of unbonded and bonded posttensioned precast segmental bridge columns with circular section[J]. Journal of Bridge Engineering, 2016, 21(2):4015041-4015043.

[6] Sideris P, Aref A J, Filiatrault A. Hybrid sliding-rocking post-tensioned segmental bridges: large-scale quasi-static and shake table testing[J]. 2012.

[7] 卓为顶. 配置高强钢筋的预制拼装桥墩滞回性能与自恢复特性研究[D]. 南京:东南大学, 2019.

[8] Palermo A, Pampanin S, Marriott D. Design, modeling, and experimental response of seismic resistant bridge piers with posttensioned dissipating connections[J]. Journal of Structural Engineering, 2007, 133(11):1648-1661.

[9] 王震. 自复位预制拼装UHPC空心墩抗震性能及设计方法研究[D]. 南京:东南大学, 2018.

[10] Wang Z, Wang J, Liu T, et al. An explicit analytical model for seismic performance of an unbonded post-tensioned precast segmental rocking hollow pier[J]. Engineering Structures, 2018, 161:176-191.

[11] Wang Z, Wang J, Liu T. Axial compression ratio limit for self-centering precast segmental hollow piers[J]. Structural Concrete, 2017, 18(5):668-679.

[12] Cosenza E, Manfredi G, Ramasco R. The use of damage functionals in earthquake engineering: a comparison between different methods[J]. Earthquake Engineering & Structural Dynamics, 2010, 22(10):855-868.

[13] Park R. Evaluation of ductility of structures and structural assemblages from laboratory testing[J]. Bulletin of the New Zealand National Society for Earthquake Engineering, 1989, 22(3):155-166.

[14] Nikbakht E, Rashid K. Investigation on seismic performance and functionality of self-centring post-tensioned segmental columns[J]. Structure & Infrastructure Engineering, 2018, 14(6):1-13.

[15] Vosooghi A, Saiidi M S. Experimental fragility curves for seismic response of reinforced concrete bridge columns[J]. Aci Structural Journal,2012,109(6):825-834.

[16] Rojahn C,Mayes R,Anderson D G,et al. Seismic design criteria for bridges and other highway structures[J]. National Center for Earthquake Engineering Research,1997.

[17] 漆启明,邵长江,胡晨旭,等.空心墩地震损伤评估及性能水准量化研究[J].土木工程学报,2020,53(11):116-128.

[18] Kotoky N,Dutta A,Deb S K. Comparative study on seismic vulnerability of highway bridge with conventional and HyFRC piers[J]. Bulletin of Earthquake Engineering,2019,17(4):2281-2306.

[19] Caltrans 2010. Seismic Design Criteria Version 1.7[S]. Sacramento:California Department of Transportation,2010.

[20] Shunsuke,Sugano,Hideki,et al. Study of new RC structures using ultra-high-strength fiber-reinforced concrete (UFC)—the challenge of applying 200MPa UFC to earthquake resistant building structures[J]. Journal of Advanced Concrete Technology,2007.

[21] 刘艳辉.基于性能抗震设计理论的城市高架桥抗震性能研究[D].成都:西南交通大学,2008.

[22] Japan Road Association. Design specification of highway bridge:part Ⅴ—seismic design[S]. Tokyo:Japan Road Association,2002.

[23] Frankie T M. Impact of complex system behavior on seismic assessment of RC bridges[M]. Dissertations & Theses - Gradworks,2013.

[24] Wang Z,Wang J,Zhu J,et al. Energy dissipation and self-centering capacities of posttensioning precast segmental ultra-high performance concrete bridge columns[J]. Structural Concrete,2020,21(2):517-532.

[25] Kang J W,Lee J. A new damage index for seismic fragility analysis of reinforced concrete columns[J]. Structural Engineering and Mechanics,2016,60(5):875-890.

[26] Cai Z K,Zhou Z,Wang Z. Influencing factors of residual drifts of precast segmental bridge columns with energy dissipation bars[J]. Advances in Structural Engineering,2019,22(1):126-140.

[27] Guo T,Cao Z,Xu Z,et al. Cyclic load tests on self-centering concrete pier with external dissipators and enhanced durability[J]. Journal of Structural Engineering,2016,142(1):4015088.

[28] Trono W,Jen G,Panagiotou M,et al. Seismic response of a damage-resistant recentering posttensioned-HYFRC bridge column[J]. Journal of Bridge Engineering,2015,20(7):4014096.

[29] Zhang Y Y,Fan W,Zhai Y,et al. Experimental and numerical investigations on seismic behavior of prefabricated bridge columns with UHPFRC bottom segments[J]. Journal of Bridge Engineering,2019,24(8):04019076.

[30] Chou C C,Chang H J,Hewes J T. Two plastic-hinge and two dimensional finite element models for post-tensioned precast concrete segmental bridge columns[J]. Engineering Structures,

2013,46:205-217.

[31] Pang Y, Zhou X, He W, et al. Uniform design-based Gaussian process regression for data-driven rapid fragility assessment of bridges[J]. Journal of Structural Engineering,2021,147(4):4021008.

[32] Ou Y C, Wang P H, Tsai M S, et al. Large-scale experimental study of precast segmental unbonded posttensioned concrete bridge columns for seismic regions[J]. Journal of Structural Engineering,2010,136(3):255-264.

[33] Zhang Y Y, Wu G, Dias-da-Costa D. Cyclic loading tests and analyses of posttensioned concrete bridge columns combining cast-in-place and precast segments[J]. Bulletin of Earthquake Engineering,2019,17(11):6141-6163.

[34] Roh H, Ou Y C, Kim J, et al. Effect of yielding level and post-yielding stiffness ratio of ED bars on seismic performance of PT rocking bridge piers[J]. Engineering Structure,2014,81:454-463.

[35] Bu Z Y, Ou Y C, Song J W, et al. Cyclic loading test of unbonded and bonded posttensioned precast segmental bridge columns with circular section[J]. Journal of Bridge Engineering,2016,21(2):4015043.

[36] 付国,刘伯权,邢国华.基于有效耗能的改进Park-Ang双参数损伤模型及其计算研究[J].工程力学,2013,30(7):84-90.

[37] 李立峰,吴文朋,黄佳梅,等.地震作用下中等跨径RC连续梁桥系统易损性研究[J].土木工程学报,2012,45(10):152-160.

[38] 钟剑,庞于涛,曹飒飒,等.基于构件的RC连续梁桥地震体系易损性分析[J].同济大学学报(自然科学版),2015,43(2):193-198.

[39] 杨常生.公路桥梁板式橡胶支座应用分析与研究[D].天津:天津大学,2007.

[40] 郭军军,钟剑,袁万城,等.考虑桥台性能影响的连续梁桥地震易损性分析[J].哈尔滨工程大学学报,2017,38(4):532-537.

[41] 王凌云.基于模糊失效的连续梁桥的地震易损性分析[D].南京:东南大学,2018.

[42] 任乐平.基于模糊失效准则的V腿连续梁桥地震易损性及风险评估[D].西安:长安大学,2020.

[43] 马明菊,任乐平.考虑失效准则模糊性的近海V腿连续梁桥时变地震易损性研究[J].公路交通科技,2021,38(10):54-63.

[44] 何浩祥,李瑞峰,闫维明.基于多元模糊评定的桥梁综合地震易损性分析[J].振动工程学报,2017,30(2):270-279.

[45] 向宝山.预应力混凝土连续梁桥时变地震易损性及风险评估[D].成都:西南交通大学,2018.

[46] 中华人民共和国交通运输部.公路桥梁抗震设计规范:JTG/T 2231-01—2020[S].北京:人民交通出版社股份有限公司,2020.

第5章 爆炸作用下装配式桥墩冲击波反射超压分布规律

5.1 概 述

近年来,全球多个地区冲突和恐怖袭击事件不断发生,重要的桥梁和大型标志性的建筑等都会成为恐怖主义袭击或军事打击的潜在目标。同时,各种由交通运输事故导致的爆炸事件也层出不穷,桥梁是关键的交通枢纽,由于爆炸事故造成桥梁损伤或倒塌将会产生巨大的损失。因此,为减小爆炸造成的损失,亟须开展桥梁抗爆研究。本章主要内容如下:

(1) 总结国内外爆炸荷载经验计算公式,分析不同经验公式的差异。总结爆炸冲击的数值模拟方法和关键问题,验证了数值模拟的可靠性。

(2) 通过 ANSYS/LS-DYNA 建立整体式和节段拼装桥墩分离式模型,根据模拟分析结果,研究爆炸冲击波反射超压时程曲线,讨论了节段数目、比例距离、桥墩体系和爆心高度等关键参数对爆炸荷载作用下节段拼装桥墩反射超压的影响。对比分析爆炸荷载作用下整体式和节段拼装桥墩反射超压分布规律,来探究节段拼装桥墩反射超压分布规律及其关键影响因素。

(3) 研究得出不同体系桥墩在不同爆炸比例距离下冲击波反射超压计算拟合公式,同时得到基于反射超压系数的反射超压计算方法。结合参考文献与数值模拟分析,理论研究推导桥墩反射超压峰值分布公式和反射超压系数公式。

5.2 爆炸冲击波作用与有限元模拟方法

5.2.1 爆炸冲击波作用

1) 爆炸冲击波的产生和传播

结构所受的爆炸冲击多为化学爆炸,如炸药爆炸、汽油爆炸等。化学爆炸会在极短时间内发生剧烈化学反应,将内部化学能急剧转化为热能和机械能,产生大量气体,压缩前端介质,形成压缩波向前传播,形成爆炸冲击波[1],如图 5-1 所示。

爆炸冲击波传播时,前端气体运动速度较大,由于惯性进一步压缩和推动附近位置气体的运动。原来位置气体由于暂时被"推离",气压减小,形成负压区。而后冲击波尾部气体反向运动,使该区域气压接近常值。如图 5-1 所示,在冲击波前端有压缩空气组成的正压区,在冲击波尾部形成负压区。P 为冲击波超压，P_0 为初始大气压。

爆炸冲击波以极快的速度向四周传播,随着传播的距离增大,冲击波前端推动的气体越来越多,正压区加宽,波阵面能量密度减少,使冲击波压缩空气速度降低,正压区超压下降,如图5-2所示。另外,空气受到压缩会产生能量损失,传播距离越远,能量损失越多,造成超压下降[2-3]。

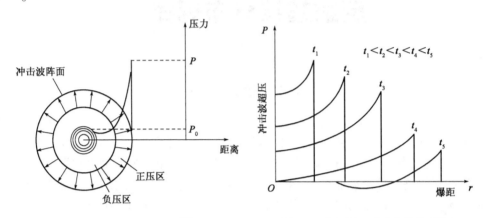

图5-1 爆炸冲击波的产生[1]　　图5-2 冲击波超压与距离的关系[2]

图5-3是理想状态下的爆炸冲击波压力时程曲线图,环境中初始大气压为 P_0,在正压到达时间 t_0 的时刻,爆炸冲击波达到并迅速达到正压峰值 P_f,随后迅速下降。经过 Δt_1 恢复至初始大气压。又由于冲击波特性,形成一段负压,压力小于初始值,压力下降至负压峰值 P_2。随后经过波动恢复至初始压力。t_1 为正压作用结束时刻,t_2 为负压作用结束时刻。由于正压区的作用效应比负压区大得多,在实际中一般忽略负压区的作用效应。目前,国内外许多研究人员对爆炸冲击波的作用及其压力-时程曲线进行了大量研究,一般采用峰值超压 ΔP、正压作用时间 Δt_1、比冲量 I 三个指标来衡量爆炸冲击波的大小。

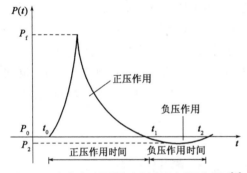

图5-3 理想状态下的爆炸冲击波超压时程曲线图[2]

2) 爆炸冲击波的特点

巨大的能量会在爆炸瞬间被释放,从而对建筑物等构件造成破坏,在爆心附近的构件破坏最为严重。因此,爆炸冲击波主要有以下几个特点：

(1) 爆炸冲击波作用强度极大,在近距离爆炸处,冲击波强度可能超过本身结构设计的极限承载力,从而导致建筑物等的损毁,其破坏力要远超一些自然灾害。

(2) 爆炸冲击波超压会随着爆炸比例距离的减小而增大,但是随着比例距离的减小,爆炸超压会很快减小,且背爆面的破坏要远小于迎爆面。所以爆炸冲击造成的破坏范围较小。

(3) 爆炸持续的时间很短,通常以毫秒为单位测量,即在几十毫秒内,爆炸冲击波由最大值变为零,使建筑物承受较大冲量。

3) 爆炸冲击波的分类

按照冲击波的性质分类,可以将爆炸冲击波分为纵波和横波。纵波的传递方向和质点方向相同,而横波的传递方向与质点的运动方向垂直。纵波是在垂直方向上传播应力,能在固体、气体或液体介质中传播,并能引起介质体积的变化。而横波是在水平方向上传播应力,会造成介质形状的变化。

按照爆炸冲击波的不同阶段来进行分类,可以将爆炸冲击波分为塑性波、弹塑性波和弹性波。以弹性状态进行传播的冲击波为弹性波,其在传播过程中波形不会改变,冲击波大小也不会变小,该阶段的爆炸冲击波处于弹性阶段。而以弹塑性状态或塑性状态传播的冲击波被称为弹塑性波或弹性波,其中塑性波在传播过程中波形和振幅会产生变化。

4) 爆炸冲击波反射

爆炸冲击波在不遇见障碍物的情况下,会不断向前传播直至能量消耗完,中途遇到建筑物等障碍物时,爆炸冲击波会产生反射和绕射。

(1) 爆炸冲击波的正反射

爆炸冲击波在传播过程中碰到垂直的障碍物时,空气质点会在障碍物面上堆积,并且其运动速度瞬间下降到0,此处的空气压力和密度都会急剧增大,而这样的一个点被称为驻点。而当驻点处的空气堆积到一定程度时,就会反射从而形成爆炸的反射冲击波。正反射的情况如图5-4所示,当爆炸冲击波垂直入射到障碍物时,冲击波的反射超压同样会垂直地反射回来。在此我们假设入射波和反射波都是一维定常的,且爆炸前初始的空气参数为 P_0, T_0, ρ_0, V_0,其中 $V_0=0$,而爆炸后受到爆炸冲击波影响的空气参数是 P_1, T_1, ρ_1, V_1。在此设定障碍物为一刚性壁面,这就导致当爆炸冲击波接触刚性壁面的瞬间,该位置处的空气质点的运动速度将瞬间变为0,在此之后会产生反射,在此设其产生反射的瞬间反射超压的传播速度为 D_2,并且方向相反。此时的空气参数是 P_2, T_2, ρ_2, V_2,其中 $V_2=0$。

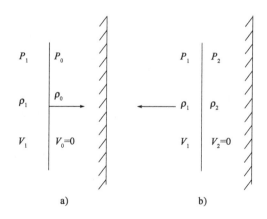

图 5-4 空气冲击波的正反射

(2) 爆炸冲击波的斜反射

斜反射产生的原因主要是爆炸冲击波在传播过程中接触障碍物时,冲击波运动方向和障碍物之间存在一定的夹角,导致入射时无法垂直入射,而当形成入射角 φ_1 之后,就产生了爆炸冲击波的斜反射。然而和光的镜面反射不同，爆炸冲击波的入射角并不一定会完全等同于反射角 φ_2。如图 5-5 所示，该位置处的入射波的波速为 D_1，而 D_2 则代表了反射波的波速。此处通过移动坐标轴的方式来代替 O 点的移动速度，O 点是以 $D_1/\sin\varphi_1$ 的速度从右向左移动，则动坐标就是以 $D_1/\sin\varphi_1$ 的速度向左移动。通过这种方式，在这个动坐标之中，入射冲击波和反射冲击波则是相对静止的，而原本静止的空气以 $q_0 = D/\sin\varphi_1$ 的速度向右运动。

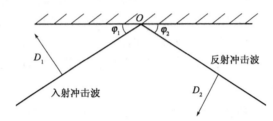

图 5-5　冲击波在刚性壁面上的斜反射

在介质通过爆炸冲击波波阵面的过程中，其速度和方向会改变。平行于波阵面的速度其切向的分量是不变的，但法向的分量会变小，这就导致气流会向着壁面偏转。此处斜反射的计算公式为：

$$\Delta P_2 = (1 + \cos\varphi)\Delta P_1 + \frac{\Delta P_1^2}{\Delta P_1 + 7P_0}\cos^2\varphi_1 \tag{5-1}$$

这里的爆炸反射冲击波属于规则反射冲击波，并且具有以下特点：

①对给定的入射波来说，其入射时存在临界角 φ_{1c}，当 $\varphi_1 > \varphi_{1c}$ 时，φ_{1c} 不产生斜反射。对比热比 $k = 1.4$ 的空气来说，对弱冲击波的极限 $\varphi_{1c} = 90°$；对强冲击波的极限 $\varphi_{1c} = \sin^{-1}(1/k) \approx 40°$。

②每一个指定的入射波都会存在一个入射角值 $\varphi_{\min}$，并且当 $\varphi_1 = \varphi_{\min}$ 时，反射波的超压强度 P_2/P_1 最小。

③对于弱冲击波或中等强度的冲击波来说，在规则反射破坏前会出现下述现象：空气存在一个角度 $\varphi' = 39.23°$，当 $\varphi_1 > \varphi'$ 时，该情况下的反射超压强度会超过正反射的强度。

④反射角 φ_2 相对于入射角 φ_1 来说是单调递增关系。

(3) 爆炸冲击波的马赫反射

当爆炸发生在自由空气的一定高度处时，首先冲击波的波阵面是以球面的形式向四周传播的。而随着冲击波的传播，到达地面时，此时垂直于地面入射的冲击波发生正反射，而其余的与地面存在夹角 φ_1 的入射波则发生斜反射。由于波阵面离爆炸中心的增加，入射角 φ_1 也不断增大，入射波波阵面与反射波波阵面的夹角会逐渐减小。当 $\varphi_1 \geqslant \varphi_{1c}$ 时，反射波和入射波将合成为一个冲击波，被称为马赫波。

随着高度的增加，入射波和反射波会慢慢重合，以此形成的合成波的高度也随着离爆炸中心投影点距离的增加而增大。合成波、入射波、反射波的交点为三重点，如图 5-6 所示。

当爆炸位置是在空中，此时可把受影响的地面划分成两个区域：

①规则反射区，也叫空中爆炸近区，该区域是指离爆炸中心投影点的距离小于 $H\tan\varphi_{1c}$ 的范围。此处的物体或构件只会受到入射冲击波和反射冲击波的影响，而不存在合成波。

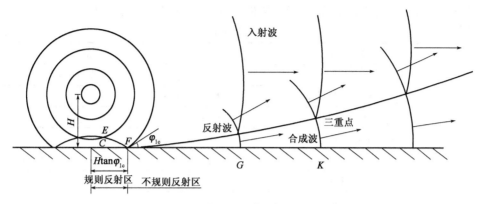

图 5-6 马赫反射

②不规则反射区,也叫空中爆炸远区,该区域是指离爆心投影点的距离大于 $H\tan\varphi_{1c}$ 的范围。此处位于合成波高度以下的物体或构件,只会受到合成波的影响。

根据造成爆炸冲击波反射的原理,由于介质垂直于地面方向的运动速度已经停止,就导致在波阵面后的介质是静止的,合成波通过后,介质的运动方向则变成平行于地面的方向,在理论上是可以判定合成波的波阵面必然是与地面垂直的。此外,反射波的强度也会影响形成的马赫反射的临界角 φ_{1c}。

综上所述,当炸药在空中爆炸时,地面不同位置处就会产生不同的反射方式,图 5-6 显示了地面 C、E、F、G、K 等不同点位置处的反射:

①在 C 点位置处为正反射,入射波的入射方向垂直于地面,则反射波也垂直于地面反射。
②在 E、F 点位置处为斜反射,入射波的入射方向与地面夹角为 φ_1,且 $\varphi_1 < \varphi_{1c}$。
③在 G、K 点位置处产生马赫反射,入射波的入射方向与地面夹角为 φ_1,且 $\varphi_1 > \varphi_{1c}$。

正反射、斜反射、马赫反射超压计算公式归纳如下:

①当 $\varphi_1 = 0$ 时发生正反射(规则反射):

$$\Delta P_2 = 2\Delta P_1 + \frac{6\Delta P_1^2}{\Delta P_1 + 7P_0} \tag{5-2}$$

②当 $0 < \varphi_1 < \varphi_{1c}$ 时发生斜反射(规则反射):

$$\Delta P_2 = 1 + \cos\varphi_1 \Delta P_1 + \frac{6\Delta P_1^2}{\Delta P_1 + 7P_0} \cos^2\varphi_1 \tag{5-3}$$

③当 $\varphi_{1c} < \varphi_1 < 90°$ 时发生马赫反射(不规则反射):

$$\Delta P_m = \Delta P_{fg} + \cos\varphi_1 \tag{5-4}$$

式中,ΔP_m 为马赫反射的超压;ΔP_{fg} 为相应的地爆超压。

5)爆炸冲击波参数及经验公式

爆炸在短时间内剧烈反应,产生大量气体,压缩周围介质产生高压,高压在介质中传播形成爆炸冲击波。爆炸冲击波作用到建筑结构,由于正反射、斜反射、马赫反射、绕流等得到增强,会对建筑结构造成损坏,而冲击波上的超压是造成破坏的直接原因。随着爆炸冲击波的传播,冲击波的超压随传播距离的增加不断减少,造成的破坏也会减小。

因本节中公式较多,为避免符号重复,查阅方便,将上式符号列表注释,如表 5-1 所示。

本节符号说明 表 5-1

符号	意　义	单位	备　注
P_0	空气中的原始压力	MPa	一般是标准大气压
P_f	波阵面上峰值压力	MPa	
ΔP	冲击波峰值超压	MPa	
R	爆心距结构的距离,即爆心距	m	
W	炸药 TNT 质量	kg	其他炸药时,转换成等效的 TNT 当量
Z	比例距离	$m/kg^{1/3}$	
Δt_1、T_+	正压作用时间	ms	
I	无限空间冲击波的比冲量	$N \cdot s/(m^2)$	

爆炸冲击波超压的计算遵循爆炸相似律,即波阵面压力取决于爆炸压力与装药半径的比值。引入比例因子,即比例距离 Z,计算公式如下:

$$Z = \frac{R}{W^{1/3}} \tag{5-5}$$

(1) 冲击波峰值超压

炸药爆炸时,冲击波峰值超压 ΔP 是指冲击波波阵面上峰值压力 P_f 减去空气中的原始压力 P_0(一般是标准大气压),即

$$\Delta P = P_f - P_0 \tag{5-6}$$

冲击波峰值超压的大小与比例距离关系较大。目前,对于 ΔP 的计算公式较多,主要有理论推导公式和试验建立的经验公式。根据不同的爆炸情况,不同公式的适用范围也有差异。主要计算公式如下。

①亨瑞奇(J. Henrych)在统计大量试验数据的基础上提出了冲击波峰值超压的计算公式[4],适用于无限空气中的爆炸:

$$\Delta P = \begin{cases} \dfrac{1.40717}{Z} + \dfrac{0.55397}{Z^2} - \dfrac{0.03572}{Z^3} + \dfrac{0.000625}{Z^4} & (0.05 \leq Z < 0.3) \\ \dfrac{0.61938}{Z} + \dfrac{0.03262}{Z^2} + \dfrac{0.21324}{Z^3} & (0.3 \leq Z < 1.0) \\ \dfrac{0.0662}{Z} + \dfrac{0.405}{Z^2} + \dfrac{0.3288}{Z^3} & (1.0 \leq Z < 10) \end{cases} \tag{5-7}$$

②萨多夫斯基(M. A. Sadovskyi)等采用理论与试验相结合的方法,推算了高爆炸药冲击波峰值超压计算公式为[4]:

$$\Delta P = \begin{cases} \dfrac{1.07}{Z^3} - 0.1 & (Z < 1.0) \\ \dfrac{0.076}{Z} + \dfrac{0.255}{Z^2} + \dfrac{0.65}{Z^3} & (1.0 \leq Z \leq 15) \end{cases} \tag{5-8}$$

并且采用点爆炸理论,推算了适用于无限空间的冲击波峰值超压公式[5]:

$$\Delta P = \frac{0.095}{Z} + \frac{0.39}{Z^2} + \frac{1.3}{Z^3} \tag{5-9}$$

③阿连绍夫(Aliansov)提出冲击波峰值超压计算公式为[5]:

$$\Delta P = \frac{0.079}{Z} + \frac{0.158}{Z^2} + \frac{0.65}{Z^3} \qquad (5\text{-}10)$$

④李翼祺建议冲击波峰值超压计算公式为[5]:

$$\Delta P = \begin{cases} \dfrac{2.006}{Z} + \dfrac{0.194}{Z^2} - \dfrac{0.004}{Z^3} & (0.05 \leqslant Z < 0.5) \\ \dfrac{0.067}{Z} + \dfrac{0.301}{Z^2} + \dfrac{0.431}{Z^3} & (0.5 \leqslant Z \leqslant 70.9) \end{cases} \qquad (5\text{-}11)$$

⑤贝克(W. E. Bake)提出冲击波峰值超压计算公式为[6]:

$$\Delta P = \frac{0.067}{Z} + \frac{0.301}{Z^2} + \frac{0.431}{Z^3} \qquad (0.5 \leqslant Z \leqslant 70.9) \qquad (5\text{-}12)$$

⑥米尔斯(Mills)介绍了高爆炸药冲击波峰值超压计算公式为[7]:

$$\Delta P = \frac{0.108}{Z} - \frac{0.114}{Z^2} + \frac{1.772}{Z^3} \qquad (5\text{-}13)$$

⑦叶晓华得到TNT球形炸药爆炸时冲击波峰值超压计算公式为[8]:

$$\Delta P = \frac{0.084}{Z} + \frac{0.27}{Z^2} + \frac{0.7}{Z^3} \qquad (5\text{-}14)$$

⑧Chengqing Wu等提出高爆炸药冲击波峰值超压计算公式为[9]:

$$\Delta P = \begin{cases} \dfrac{1.059}{Z^{2.56}} - 0.051 & (0.1 \leqslant Z < 1.0) \\ \dfrac{1.008}{Z^{2.56}} & (1.0 \leqslant Z \leqslant 10) \end{cases} \qquad (5\text{-}15)$$

⑨陶俊林等提到冲击波峰值超压计算公式为[10]:

$$\Delta P = \frac{0.084}{Z} + \frac{0.206}{Z^2} + \frac{0.66}{Z^3} \qquad (5\text{-}16)$$

⑩杨鑫等结合前人公式提出自己的冲击波峰值超压计算公式为[11]:

$$\Delta P = \begin{cases} \dfrac{0.084}{Z} + \dfrac{0.27}{Z^2} + \dfrac{0.7}{Z^3} & (Z < 1.0) \\ \dfrac{0.076}{Z} + \dfrac{0.255}{Z^2} + \dfrac{0.65}{Z^3} & (1.0 \leqslant Z \leqslant 15) \end{cases} \qquad (5\text{-}17)$$

⑪仲倩等拟合得到的冲击波峰值超压计算公式为[12]:

$$\Delta P = \begin{cases} -\dfrac{0.152}{Z} + \dfrac{0.938}{Z^2} + \dfrac{2.019}{Z^3} & (Z < 2.5) \\ \dfrac{0.172}{Z} - \dfrac{0.122}{Z^2} + \dfrac{2.414}{Z^3} & (2.5 \leqslant Z \leqslant 20) \end{cases} \qquad (5\text{-}18)$$

⑫王儒策提出的超压计算公式用于计算原子弹在空中的爆炸[13]:

$$\Delta P = \frac{0.082}{Z} + \frac{0.26}{Z^2} + \frac{0.69}{Z^3} \qquad (5\text{-}19)$$

图5-7是不同公式计算的冲击波峰值超压比较,汇总了国内外主要的计算公式。如图5-7a)所示,当比例距离较小时,$Z = 0.2 \sim 2.0$(不含2.0),米尔斯和仲倩等提出的公式峰值超压的偏

差较大;当比例距离 $Z = 2.0 \sim 15$(包含 2.0)时,米尔斯和仲倩等提出的公式仍与其他公式偏差较大,但总体趋于一致。整体比较如图 5-7c)所示,经验公式对冲击波峰值超压计算有一些差异,这是因为爆炸冲击波具有一定的离散性,试验产生的爆炸碎片、空气急剧升温会对试验结果产生影响,并且通过不同实验仪器测得的峰值超压由于冲击波特性会产生一定的误差。另外,部分公式是通过理论推导得出的,存在一定的理论简化,简化程度的不同对经验公式的结果也会有影响。总体来说,各个公式对超压公式的计算在比例距离较小时相差较大,而在计算比例距离较大的峰值超压时,偏向准确。

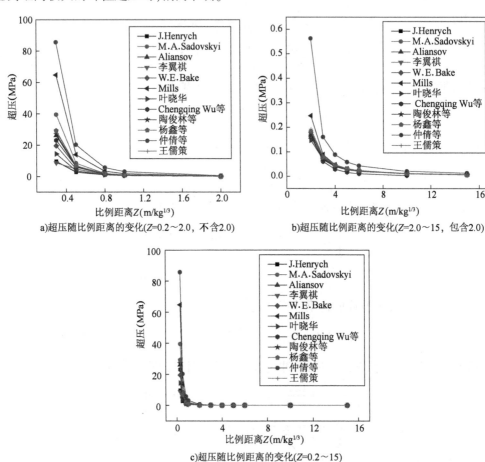

图 5-7 超压随比例距离的变化

(2) 正压作用时间

冲击波超压作用到结构时,正压作用时间直接影响冲击波超压对结构产生破坏的效果。其一方面取决于炸药的特性,爆炸产生的初始能量 E_0、空气初始压力 P_0、炸药初始密度 ρ_0 以及爆距 $R^{[14]}$。因此,正压作用时间 T_+ 可以表示为:

$$T_+ = f_1(E_0, P_0, \rho_0, R) \tag{5-20}$$

利用量纲分析的方法可以得到:

$$\frac{T_+}{\sqrt[3]{W}} = f_1\left(\frac{R}{\sqrt[3]{W}}\right) \tag{5-21}$$

另一方面,取决于爆炸环境,T_+的计算公式为:

$$\frac{T_+}{\sqrt[3]{W}} = A \cdot Z^{1/2} \tag{5-22}$$

式(5-22)中,A 为环境相关的系数。球形装药在无限空间爆炸,A 取 1.35×10^{-3};接触为刚性地面,A 取 1.52×10^{-3};接触为普通土壤地面,A 取 1.49×10^{-3}。

J. Henrych 在大量试验研究的基础上给出了正压作用时间的经验公式[15]:

$$T_+ = \sqrt[3]{W}(0.107 + 0.444Z + 0.264Z^2 - 0.129Z^3 + 0.0335Z^4) \tag{5-23}$$

(3)比冲量

冲击波的比冲量是由空气冲击波超压与正压作用时间确定的,通常认为超压与正压作用时间的积分为冲击波的比冲量。即:

$$I = \int_0^{t_+} P \mathrm{d}t \tag{5-24}$$

比冲量的主要经验公式如下:

① M. A. 萨多夫(M. A. Sadovskyi)公式[5]:

$$I = \begin{cases} A \dfrac{\sqrt[3]{W^2}}{R} & (Z > 0.5, A \approx 34 \sim 36) \\ 15 \dfrac{W}{R^2} & (Z < 0.25) \end{cases} \tag{5-25}$$

② 亨瑞奇(J. Henrych)公式[5]:

$$\frac{I}{\sqrt[3]{W}} = \begin{cases} 663 - 1115\dfrac{\sqrt[3]{W}}{R} + 629\left(\dfrac{\sqrt[3]{W}}{R}\right)^2 - 100.4\left(\dfrac{\sqrt[3]{W}}{R}\right)^3 & (0.4 \leqslant Z < 0.75) \\ -32.2 + 211\dfrac{\sqrt[3]{W}}{R} - 216\left(\dfrac{\sqrt[3]{W}}{R}\right)^2 + 80.1\left(\dfrac{\sqrt[3]{W}}{R}\right)^3 & (0.75 \leqslant Z \leqslant 3) \end{cases}$$

$$\tag{5-26}$$

③ 国内常用经验公式[16]:

$$I = \begin{cases} 5.51 \times 10^3 \sqrt[3]{W} & (0 \leqslant Z < 0.03) \\ 279 \dfrac{\sqrt[3]{W}}{R^{0.8}} & (0.03 \leqslant Z < 0.27) \\ 188 \dfrac{\sqrt[3]{W}}{R^{1.06}} & (0.27 \leqslant Z < 0.569) \\ 165 \dfrac{\sqrt[3]{W}}{R^{1.23}} & (0.569 \leqslant Z \leqslant 9.58) \end{cases} \tag{5-27}$$

5.2.2 LS-DYNA 钢筋混凝土模拟相关问题

采用 LS-DYNA 研究钢筋混凝土结构或构件相关问题,需要明确数值算法、模型建立及参数控制等方面的内容。

1) 钢筋混凝土结构有限元模型

在有限元模拟中,钢筋混凝土有两个突出特点:一方面,混凝土本构关系较为复杂;另一方面,钢筋与混凝土属于两种不同的材料,建模时需要满足共同受力的需要。

在有限元分析中,通常使用的钢筋混凝土模型主要有:分离式模型、组合式模型和整体式模型。

2) 预应力筋模拟

在数值模拟中,预应力筋的模拟方法主要有三种:

(1)在构件上施加初应变或变形,该变形量需要通过实际情况的预应力并结合理论计算得出。

(2)通过降温法施加初始预应力,对预应力材料施加变化温度曲线,材料通过降温收缩产生相应的压力作用到构件上。

(3)对于后张法构件,考虑主要通过锚具将预应力传递到构件,因此简化预应力传递路径,通过锚具来间接施加预应力。主要使用 *DEFINE_CURVE 和 *LOAD_RIGID_BODY 施加预应力。

3) 爆炸冲击作用模拟方法

在数值模拟中爆炸荷载加载方法主要有三种:

(1)分别建立炸药、空气和构件的实体模型,采用关键字 *CONCTRAINED_LAGRANGE_IN_SOLID 实现流固耦合分析,将炸药产生的超压传递到构件上。采用 *CONTROL_ALE 设置 ALE(arbitrary Lagrange-Euler)算法及欧拉计算的全局控制参数。该方法中,空气与炸药会产生较多的网格,模型的计算时间较长。

(2)采用 CONWEP 经验爆炸模型施加爆炸荷载[17],先采用 *SET_SEGMRNT 定义加载组,采用关键字 *LOAD_BLAST、LOAD_SEGMENT_SET 和 *DEFINE_CURVE 在迎爆面上施加 CONWEP 经验爆炸压力。该方法无须建立划分空气与炸药的网格,产生计算节点较少,计算较为快捷。

(3)定义时间-荷载曲线,查询 UFC 3-340-02 规范[18]得到爆炸正压作用时间和峰值超压,按照荷载曲线对加载组进行加载。

4) 材料动态性能及材料模型

在冲击、爆炸等问题中,材料在高应变率下会表现出与静力状态下不同的物理特性,此时必须考虑材料的应变率效应。

(1)混凝土

*MAT_JOHNSON_HOLMQUIST_CONCRETE 模型,简称 J-H-C 模型,该模型综合考虑了大应变、高应变率、高压效应,同时结合损伤理论考虑了材料的拉伸脆断行为,适合用于描述混凝土在大应变下的非线性变形及断裂特性。

*MAT_CONCRETE_DAMAGE_REL3 模型,即 K&C(Karagozian & Case)模型,是由伪张量混凝土材料模型(*MAT_PSEUCO_TENSOR 模型)改进而来[19],可以模拟强化面在初始屈服面和极限强度面之间以及软化面在极限强度面和残余面之间的变化。可以考虑钢筋作用、应变率效应、损伤效应、应变强化和软化作用。

（2）钢筋

在数值模拟中,钢筋材料使用塑性随动模型＊MAT_PLASTIC_KINEMATIC,这是一种各向同性、随动硬化或各向同性和随动硬化的混合模型,与应变率相关,可考虑失效。

在本书的数值模拟中,钢筋的材料主要参数如表5-2所示。

钢筋材料主要参数   表5-2

ρ_0 (kg/m³)	E (GPa)	PR	SIGY (MPa)	ETAN (GPa)	C	P
7850	200	0.2	550	2.1	40	5

注:E-弹性模量;PR-泊松比;SIGY-屈服强度;ETAN-切线模量,C、P-Cowper-Symonds应变率参数。

（3）炸药

LS-DYNA对TNT提供了高能炸药材料模型＊MAT_HIGH_EXPLOSIVE_BURN用于爆炸分析,并与JWL状态方程联用来描述爆炸产物压力-体积关系:

$$P = A\left(1 - \frac{\omega}{R_1 V}\right)e^{-R_1 V} + B\left(1 - \frac{\omega}{R_2 V}\right)e^{-R_2 V} + \frac{\omega E}{V} \quad (5-28)$$

式中,A、B、R_1、R_2、ω为实验确定的方程系数;V为相对体积;E为炸药单位体积初始内能。对于TNT,材料参数见表5-3。

爆轰产物的JWL状态方程系数[20]   表5-3

炸药	密度 (g/cm³)	爆压 (GPa)	爆速 (cm/μs)	JWL状态方程系数				
				A	B	R_1	R_2	ω
TNT	1.63	21.0	0.693	371.2	3.231	4.15	0.95	0.3

另外,采用＊INITIAL_DETONATION模型控制起爆时间。

（4）空气

LS-DYNA提供采用Null材料模型(空材料模型)＊MAT_NULL结合材料状态方程＊EOS_LINEAR_POLYNOMIAL对空气进行模拟[21]。

线性多项式方程如下:

$$P = C_0 + C_1\mu + C_2\mu^2 + C_3\mu^3 + (C_4 + C_5\mu + C_6\mu^2)E \quad (5-29)$$

$$\mu = \frac{1}{V} - 1 \quad (5-30)$$

式中,P为压力值;E为单位参考体积上的初始内能;V为初始相对体积;$C_0 \sim C_6$为系数,当线性多项式状态方程用于空气时,$C_0 = C_1 = C_2 = C_3 = C_6 = 0$,$C_4 = C_5 = \gamma - 1$,$\gamma = \rho/\rho_0 - 1$,其中$\rho$、$\rho_0$、$\gamma$分别为气体的初始密度、密度和绝热指数;$\mu$为泊松比。

空气材料模型及状态方程的各项参数如表5-4所示。

空气材料各项参数   表5-4

ρ_0 (kg/m³)	C_0, C_1, C_2, C_3, C_6	C_4, C_5	E (J/m³)	U_0
1.3	0	0.4	2.5×10^{-6}	1.0

5）材料失效与破坏定义

LS-DYNA中,可以通过关键字＊MAT_ADD_EROSION指定材料失效,需要注意的是,

MXPRES（失效时最大压力）、MNPRES（失效时最小压力，与 MXPRES 相反，用于控制受拉破坏，一般取负值，代表受拉）、SIGP1（失效时主应力）、MXEPS（失效时最大主应变，与 MNEPS 相反，用于控制受压破坏，一般取正值，代表受压）在定义混凝土破坏时应用较多。根据模型的不同、材料强度的不同，取值存在差异。

6) 单元网格尺寸效应

在采用有限元软件进行数值模拟时，单元失效以后就不会再继续参与运算，而是直接在模拟中删除，这种靠删除单元来模拟结构失效破坏的方法中，单元网格尺寸对数值模拟结果会有较大的影响[22]。

以支撑区钢筋混凝土柱为例，对单元尺寸效应进行分析。如图 5-8 所示，截取钢筋混凝土支撑立柱，假设对结构支撑区立柱进行两种单元尺寸划分（沿重力方向的单元尺寸），分别为 h_1 和 h_2，结构上部荷载均为 P。

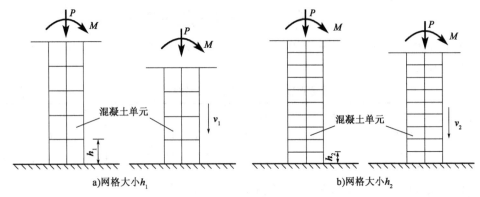

图 5-8 单元网格效应

在爆炸数值模拟中，受爆后构件产生损伤，部分单元失效，发生上部下塌（由于立柱内部钢筋轴压抗压能力较弱，故而在这里忽略混凝土单元失效后对结构的支撑作用）。此时，结构的势能转化为动能，失效单元上表面冲击地面时结构的势能分别为 Ph_1 和 Ph_2，假设结构在下塌过程中没有能量损失，能量守恒有 $Ph_1 = mv_1^2/2$ 及 $Ph_2 = mv_2^2/2$，其中 v_1 和 v_2 分别为结构冲击地面的速度。由此可见，结构的瞬间冲击速度与结构单元尺寸的平方根成正比，单元划分越大，单元失效时，结构的瞬间下塌速度越大，上部结构对支撑区混凝土的冲击破坏就更严重。如果，$h_1 = 2h_2$，则结构冲击地面时的速度 $v_1 = \sqrt{2}v_2$。h_1 结构单元发生的侵蚀要较单元尺寸为 h_2 的严重，由于结构每失效一个单元就会有 Ph_1 的势能转化为动能，因此，最后结构这种单元尺寸效应的累加作用，对数值模拟结果将会产生较大的影响。

网格尺寸效应的解决方法通常采用 half 法，即选定一定尺寸的网格进行模拟，再将这个模型的网格扩大或缩小一倍，对比模拟结果，直到得到的结果相对稳定，并综合考虑计算成本，确定模型尺寸大小。

5.2.3 冲击波超压数值模拟方法验证

为了检验本书中爆炸效应数值模拟方法的准确性，采用上述有限元建模和爆炸荷载加载方法,选取文献[23]中的试验来进行比较,试验布置如图 5-9、图 5-10 所示。

图 5-9　试验现场图[24]

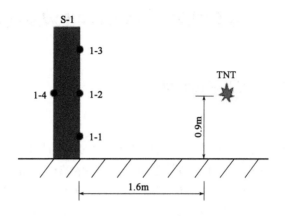

图 5-10　测点布置图

该试验选用一个圆形截面钢管混凝土墩柱,柱高为 1800mm,钢管外径为 273mm,壁厚为 7mm,内填 C40 细实混凝土,墩柱柱底采用刚性柱脚构造,可等效为固接约束,柱顶采用钢套环固定,可等效为铰接约束。炸药安置高度为 0.9m,爆心与试件水平距离为 1.6m,炸药当量为 3kg,比例距离 $Z = 1.1\text{m/kg}^{1/3}$。在模拟中约束墩柱底部 XYZ 方向,墩柱的顶部采用铰接约束。材料参数具体见文献[23]。

通过在安装架上设置压力传感器来测得自由场压力,同时利用压力传感器测得的柱面的压力,爆心和墩柱中部压力测点 1-2、1-4 高度相等,底部测点 1-1 距离地面 0.38m,顶部测点 1-3 距地面 1.7m,通过起爆 TNT 裸药块来施加爆炸荷载。

图 5-11 列出了各测点的反射超压曲线,表 5-5 列出了试验和模拟结果的峰值超压。通过两者比较,在迎爆面及背爆面上试验数据与模拟数据基本吻合,误差较小,分别为 5.08%、1.56%、8%、0.22%。

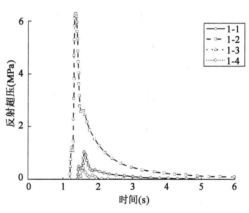

图 5-11　各测点反射超压曲线

试验数据与模拟数据对比　　　　　表 5-5

测点	1-1	1-2	1-3	1-4
试验数据(MPa)	1.364	6.202	1.350	0.448
模拟数据(MPa)	1.298	6.30	1.250	0.447
误差	5.08%	1.56%	8%	0.22%

总体上看,试验与模拟误差较小,模拟结果与试验结果基本一致。可以说明本试验在数值模拟上的可靠性。

5.3 装配式桥墩受爆炸冲击波反射超压分布参数分析

5.3.1 模型及工况介绍

1) 模型简介

参考美国太平洋地震工程研究中心(PEER)的抗震试验桥墩尺寸的统计数据,桥墩直径一般为40~50cm。因此本节模型墩身尺寸为高3m、圆截面直径0.5m。3节段、4节段、5节段模型节段长度分别为1m、0.75m、0.6m。根据《装配式混凝土结构技术规程》(JGJ 1—2014)[24],桥墩材料取C50混凝土。箍筋采用8mm,间距10cm,纵筋采用18mm,混凝土保护层厚度为5cm。每个节段都设置箍筋及纵筋。盖梁简化为80cm×80cm×40cm立方体,基础简化为90cm×90cm×40cm立方体。本节选用LS-DYNA软件作为计算工具。在数值模拟中采用方形炸药,等效TNT装药量为20kg、30kg、40kg,并且放置在自由空气场当中。部分计算模型见图5-12。

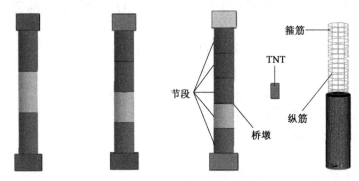

图5-12 装配式桥墩有限元模型

根据文献[25]对爆炸荷载作用下的钢管混凝土墩柱试验及对船撞击桥墩的模拟结果,对节段拼装桥墩的边界条件进行模拟,把桥墩边界条件设为底端固定、顶端铰接。建模时采用简化的盖梁与基础。节段间采用面面自动接触算法控制,来避免节段间混凝土的相互渗透。并且盖梁、基础与混凝土节段的接触也采用面面接触。按参考文献[26]的方法,桥墩节段间面面接触的静摩擦因数设置为1.0,动摩擦因数设置为0.8,指数衰减因数取0.5。桥墩在建模过程中参考文献[27]将上部结构的荷载考虑为墩身设计轴压的20%施加在桥墩顶部。

在数值模拟中采用方形炸药,等效TNT装药量为20kg、30kg、40kg,并且放置在自由空气场当中。单元类型采用Solid164,为六面体单元。为避免网格的严重畸变,炸药和空气单元采用欧拉算法,使用二阶精度方法进行计算[25]。

桥墩设计承载能力根据《公路钢筋混凝土及预应力混凝土桥涵设计规范》(JTG 3362—2018)[28]中所述公式进行计算:

$$N = 0.90\varphi(f_{cd}A + f'_{sd}A'_s) \tag{5-31}$$

式中，φ 为轴压构件稳定系数，取 1.0；A 为构件毛截面面积；A'_s 为全部纵筋的截面面积；f_{cd} 为混凝土轴心抗压强度设计值；f'_{sd} 为普通钢筋抗拉强度设计值。

在建模过程中，将桥梁上部结构的荷载设置为墩身设计轴压的 20%，竖向作用在桥墩的顶部[27]，即 890kN，并且该荷载在模拟过程中始终保持不变。在实际试验中，节段拼装桥墩的墩身节段中留有预应力孔道，采用后张法施加预应力，属于无黏结预应力体系[29-30]。在该模型中，预应力模拟采用间接法，在盖梁与基础中设置锚固端，通过锚固端加载预应力。初始预应力一般取初始轴压的 10%，为 445kN。

为了进一步研究桥墩墩身迎爆面各点的压力变化，该模型中在迎爆面上设置 31 个测点，该 31 个测点从墩底到墩顶均匀间隔分布，每个测点即模型的一个单元，取该单元所受的爆炸荷载，即为该测点位置处爆炸荷载，更进一步得到从墩底到墩顶的 31 个测点的全部爆炸荷载，在平面坐标中将 31 个测点的数据连成光滑曲线得到桥墩爆炸荷载，以此方式量化得到了桥墩上的爆炸荷载。

2）模拟工况

在爆炸荷载作用下，比例距离、节段数目、爆心高度和桥墩体系等是影响节段拼装桥墩冲击波反射超压分布规律的重要因素。比例距离会影响冲击波的大小及到达时间。节段数目和混凝土强度的变化可能导致桥墩整体刚度的变化，节段间的接缝也会对冲击波反射超压产生一定程度的影响。不同的爆心高度导致结构受力位置的不同。整体式和节段拼装桥墩在结构形式上的区别也会影响冲击波反射超压的分布情况。因此本节通过建立不同的有限元模型来研究上述因素对其冲击波反射超压的影响程度。计算工况如表 5-6 所示。根据《装配式混凝土结构技术规程》（JGJ 1—2014）[24]，桥墩材料取 C50 混凝土，而为研究混凝土强度的影响，增加 C40、C30 两种不同强度等级的混凝土作为参照。结合研究需要，爆心高度分别取 0.2m、0.85m、1.5m，节段数目分为 3 节段、4 节段、5 节段，爆炸比例距离 Z 的范围为 $0.3 \sim 1.5 \mathrm{m/kg^{1/3}}$。

模拟工况　　　　表 5-6

工况	爆心高度（m）	混凝土强度等级	节段长度（m）	节段数目	爆炸距离（m）	炸药当量（kg）	比例距离（m/kg$^{1/3}$）
1	1.5	C50	1	3	1	20	0.368
2	1.5	C50	1	3	1	30	0.322
3	1.5	C50	1	3	1	40	0.292
4	1.5	C50	1	3	1.5	20	0.553
5	1.5	C50	1	3	2	20	0.737
6	1.5	C50	1	3	2.5	20	0.921
7	1.5	C50	1	3	3	20	1.105
8	1.5	C50	0.75	4	1	20	0.368
9	1.5	C50	0.75	4	1	30	0.322
10	1.5	C50	0.75	4	1	40	0.292
11	1.5	C50	0.75	4	1.5	20	0.55
12	1.5	C50	0.75	4	2	20	0.737

续上表

工况	爆心高度 (m)	混凝土强度等级	节段长度 (m)	节段数目	爆炸距离 (m)	炸药当量 (kg)	比例距离 (m/kg$^{1/3}$)
13	1.5	C50	0.75	4	2.5	20	0.921
14	1.5	C50	0.75	4	3	20	1.105
15	1.5	C50	0.75	4	3.5	20	1.289
16	1.5	C50	0.75	4	4	20	1.474
17	0.2	C50	0.75	4	1	20	0.368
18	0.2	C50	0.75	4	1	30	0.322
19	0.2	C50	0.75	4	1	40	0.292
20	0.85	C50	0.75	4	1	20	0.368
21	0.85	C50	0.75	4	1	30	0.322
22	0.85	C50	0.75	4	1	40	0.292
23	1.5	C50	0.6	5	1	20	0.368
24	1.5	C50	0.6	5	1	30	0.322
25	1.5	C50	0.6	5	1	40	0.292
26	1.5	C50	0.6	5	1.5	20	0.553
27	1.5	C50	0.6	5	2	20	0.737
28	1.5	C50	0.6	5	2.5	20	0.921
29	1.5	C50	0.6	5	3	20	1.105
30	1.5	C50	整体式	5	1	20	0.368
31	1.5	C50	整体式	5	1	30	0.322
32	1.5	C50	整体式	5	1	40	0.292
33	1.5	C50	整体式	5	1.5	20	0.553
34	1.5	C50	整体式	5	2	20	0.737
35	1.5	C50	整体式	5	2.5	20	0.921
36	1.5	C50	整体式	5	3	20	1.105
37	1.5	C50	整体式	5	3.5	20	1.289
38	1.5	C50	整体式	5	4	20	1.474
39	1.5	C40	0.75	4	1	20	0.368
40	1.5	C30	0.75	4	1	20	0.368

通过对比工况8~16、工况30~38来分别研究爆炸比例距离对节段拼装桥墩、整体式桥墩冲击波反射超压的影响,通过对比工况1~29来研究节段数目对节段拼装桥墩冲击波反射超压的影响,通过对比工况8~10、工况17~22来研究爆心高度对节段拼装桥墩冲击波反射超压的影响。通过对比工况8、39、40来研究混凝土强度对节段拼装桥墩冲击波反射超压的影响。

5.3.2 迎爆面反射超压参数分析

当结构受到爆炸荷载作用时,迎爆面首当其冲,受到的超压荷载和造成的损伤往往是最大的。通过节段拼装桥墩所受爆炸冲击波超压云图和爆炸冲击波时程曲线,可以得到节段拼装桥墩反射超压以及爆炸冲击波的特点。从图 5-13 桥墩所受爆炸冲击波云图中可以看出,当爆心高度位于桥墩中部时,桥墩中部首先受到冲击波作用,之后在高度方向上超压荷载向两边扩散,最后使整个桥墩受到冲击波影响。

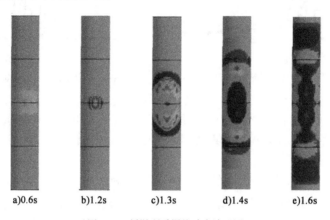

图 5-13　桥墩所受爆炸冲击波云图

为研究反射超压时程曲线,此处选取工况 12 的数据进行分析,其中选取 $A \sim F$ 六个测点,测点位置如图 5-14 所示。A、C、E 测点分别位于墩柱迎爆面距离墩底 0.2m、0.5m、1.0m 位置处,炸药爆炸位置与墩柱水平距离为 2m,爆炸高度 1.5m,B、D、F 测点距离炸药水平距离为 2m,高度和 A、C、E 对应相等。模拟计算结果中 A、C、E 点的爆炸冲击波反射超压时程曲线如图 5-15 所示,冲击波荷载是瞬时的突变荷载,A、C、E 三点的第一个峰值分别出现在 1.7s、1.53s、1.26s 时刻,第一个峰值大小分别为 1.31MPa、1.38MPa、2.33MPa。第二个峰值大小分别为 6.1MPa、7.75MPa、15.5MPa,出现在 1.95s、1.77s、1.42s 时刻。如图 5-16 所示,B、D、F 三点的峰值分别出现在 1.7s、1.53s、1.26s 时刻,其峰值大小分别为 1.31MPa、1.38MPa、2.33MPa,该结果与 A、C、E 三点处第一个超压峰值相同。由于 B、D、F 三点位置处不存在任何构件,所以该处所测得的数值即为爆炸冲击波在空气中传播的入射超压峰值。由此可知,A、C、E 处桥墩表面冲击波超压的第一个超压峰值即为入射超压峰值,第二个超压峰值为反射超压峰值,入射超压到达的时间要略早于反射超压,且反射超压峰值要远大于入射超压。随着测点与爆心之间的垂直距离的增大,反射超压和入射超压峰值会不断变小。桥墩墩顶墩底等斜向受爆炸冲击波作用的位置的冲击波会产生斜反射,相对于爆心高度位置的正反射来说,斜反射的反射超压明显减小。距离爆心直线距离越远,冲击波到达的时间也越长。

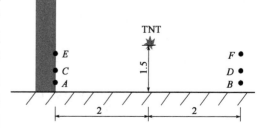

图 5-14　测点位置示意图(尺寸单位:m)

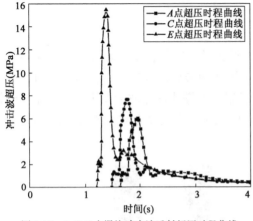
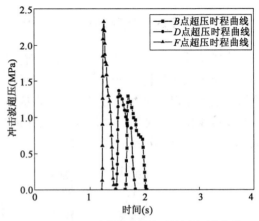

图5-15 A、C、E点爆炸冲击波反射超压时程曲线

图5-16 B、D、F点爆炸冲击波反射超压时程曲线

爆炸冲击波作用在桥墩迎爆面时,桥墩的不同参数会对反射超压产生不同程度的影响。在爆炸荷载作用下,爆心高度、比例距离、节段数目、混凝土强度等级和桥墩体系等是影响节段拼装桥墩冲击波反射超压分布规律的重要因素。因此,本节将探讨以上参数对桥墩迎爆面反射超压的影响。

1)爆心高度对节段拼装桥墩反射超压分布的影响

本节考虑到不同的爆心高度可能对节段拼装桥墩反射超压产生影响,图5-17、图5-18列出了工况9~10、18~19、21~22部分计算结果,表5-7总结了各工况下反射超压峰值数据。当爆心高度为0.2m时,在桥墩底部发生爆炸,此时在比例距离为0.292m/kg$^{1/3}$、0.322m/kg$^{1/3}$、0.368m/kg$^{1/3}$时,桥墩所受超压峰值分别为137.5MPa、127.5MPa、81.7MPa。当爆心高度为0.85m时,桥墩所受超压峰值分别为138.6MPa、126.5MPa、82MPa。模拟结果显示,在没有桥墩承台或横梁二次反射的影响下爆炸高度对于反射超压的影响极小,可忽略不计。而爆心高度为0.2m时桥墩超压峰值相比于在爆心高度为1.5m时,相差12.1%、8%、4.6%。爆心高度为0.2m及0.85m时该位置处无接缝,而在1.5m处时存在节段接缝。由此可得,爆心高度处的接缝会造成更大的反射超压,由于节段拼装桥墩接缝位置处的薄弱及不连续性造成的反射超压的偏大,当爆心高度处存在接缝时,会对节段拼装桥墩产生更大的损害,需要重点防护。

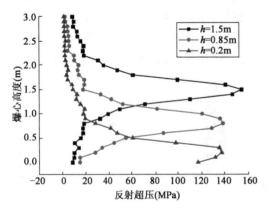
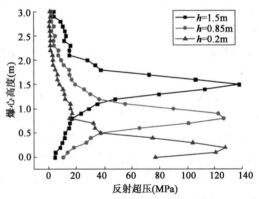

图5-17 Z = 0.292时不同爆心高度下节段拼装桥墩反射超压峰值分布

图5-18 Z = 0.322时不同爆心高度下节段拼装桥墩反射超压峰值分布

不同爆心高度下节段拼装桥墩反射超压峰值(单位:MPa)　　　表 5-7

爆心高度(m)	比例距离($m/kg^{1/3}$)		
	0.292	0.322	0.368
$h=0.2$	137.5	127.5	81.7
$h=0.85$	138.6	126.5	82.0
$h=1.5$	154.1	137.6	85.6

2)比例距离对节段拼装桥墩反射超压分布的影响

对于节段拼装桥墩而言,桥墩受爆炸破坏的重要影响因素是比例距离。因此,本书将研究在爆炸荷载作用下比例距离对其冲击波反射超压的影响。而比例距离的控制参数为距离和炸药当量,首先通过控制炸药当量来改变比例距离。

图 5-19 给出了工况 8～10 的模拟结果,当爆炸距离为 1m,炸药当量分别为 40kg、30kg、20kg,比例距离分别为 $0.292m/kg^{1/3}$、$0.322m/kg^{1/3}$、$0.368m/kg^{1/3}$ 时,爆心高度处反射超压峰值分别为 154.1MPa、137.57MPa、85.6MPa,相比当量为 20kg 时,反射超压峰值分别增大了 80%、60.9%。由此可知,在上述比例距离范围内,在节段拼装桥墩节段数目及爆心高度相同的情况下,随着炸药当量的增大,节段拼装桥墩相同位置处冲击波反射超压会随之增大。

比例距离的另一个控制参数为距离,因此后面选择控制炸药当量不变而改变距离的方式来控制比例距离的变化。计算结果如图 5-20 所示,当炸药当量为 20kg,距离分别为时 1m、1.5m、2m,比例距离分别为 $0.368m/kg^{1/3}$、$0.553m/kg^{1/3}$、$0.737m/kg^{1/3}$ 时,爆心高度处反射超压峰值分别为 85.6MPa、45.97MPa、30.11MPa。相比距离为 2m 时,反射超压增大了 184.4%、52.5%。在上述比例距离范围内,在节段拼装桥墩节段数目及爆心高度相同的情况下,随着爆心距离的减小,节段拼装桥墩相同位置处冲击波反射超压增大。

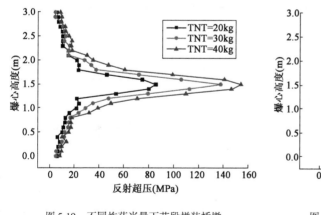

图 5-19　不同炸药当量下节段拼装桥墩
反射超压峰值分布

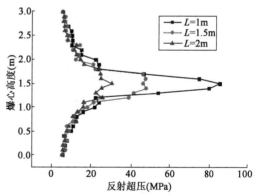

图 5-20　不同比例距离下节段拼装桥墩
反射超压峰值分布

为了获得更广泛的结论,本节进行了更多数值模拟,根据工况 8～16 所得数据,列出不同比例距离下节段拼装桥墩反射超压的峰值,如表 5-8 所示。

不同比例距离下节段拼装桥墩反射超压峰值对比　　　　　表5-8

比例距离(m/kg^(1/3))	0.292	0.322	0.368	0.553	0.737	0.921	1.105	1.289	1.474
反射超压(MPa)	154.1	137.57	85.6	45.97	30.11	28.09	21.94	17.7	14

从表中可得,无论是通过改变炸药当量还是改变距离的方式来改变比例距离,在比例距离为 $0.3 \sim 1.5 \mathrm{m/kg^{1/3}}$,在节段拼装桥墩节段数目及爆心高度相同的情况下,随着比例距离的减小,节段拼装桥墩相同位置处冲击波反射超压增大。

3) 节段数目对节段拼装桥墩反射超压分布的影响

对于节段拼装桥墩,节段数目是影响节段拼装桥墩抗震性能的重要因素,因此本书也考虑节段数目对桥墩所受反射超压的影响。表5-9列出了爆心高度为1.5m时,不同比例距离下,3节段、4节段、5节段所受反射超压峰值。由表5-9可得,在以上比例距离范围内,节段数目对于节段拼装桥墩反射超压影响很小,节段数目对反射超压的影响可以忽略不计。但由于此时4节段的桥墩爆心位于接缝处,当比例距离较小时,4节段爆心高度处的反射超压会略大于3节段、5节段。图5-21显示了比例距离为 $0.292 \mathrm{m/kg^{1/3}}$ 时,各节段下的反射超压,在高度为1.5m即4节段桥墩接缝处,4节段反射超压相比于3节段、5节段,略大7.1%、2.8%。该现象依然是由于节段拼装桥墩接缝位置处薄弱及不连续性造成的反射超压的偏大。

不同节段数目下节段拼装桥墩反射超压峰值对比(单位:MPa)　　　表5-9

比例距离(m/kg^(1/3))	节段数目		
	3	4	5
0.292	143.9	154.1	149.86
0.332	131.9	137.57	135.78
0.368	82	85.6	84.6
0.553	46.43	45.97	46.91
0.737	30.11	30.11	33.31
0.921	27.27	28.09	30.9
1.105	23.34	21.94	24.22

4) 混凝土强度等级对节段拼装桥墩反射超压分布的影响

针对混凝土强度等级是否会对节段拼装桥墩反射超压分布产生影响,本书也对不同混凝土强度等级的节段拼装桥墩的反射超压分布进行了研究。图5-22展示了在比例距离为 $0.368 \mathrm{m/kg^{1/3}}$ 时,爆炸荷载作用下 C30~C50 混凝土强度等级下节段拼装桥墩的反射超压分布,由图可得,采用 C30、C40、C50 三种不同强度等级的混凝土对节段拼装桥墩进行建模后,桥墩各个测点上的反射超压几乎是不变的。参考文献[31]对在爆炸冲击作用下柱子的变形及冲击波在柱子上的反射过程进行的研究,同时指出冲击波在柱子上的冲击反射与柱子的变形不耦合。由该模拟试验可得,在 C30~C50 的混凝土强度等级范围内对节段拼装桥墩反射超压分布是没有影响的。

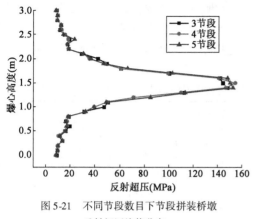
图 5-21 不同节段数目下节段拼装桥墩
反射超压峰值分布

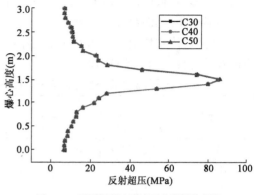
图 5-22 不同混凝土强度下节段拼装桥墩
反射超压峰值分布

5）整体式与节段拼装桥墩反射超压分布对比

考虑到节段拼装桥墩存在接缝的特殊性,以及为后面计算保留安全余量,与整体式桥墩的对比将使用爆心高度处有接缝时的数据。如图5-23、图5-24所示,整体式和节段拼装桥墩反射超压主要区别在于爆心高度处,因此以下将着重比较该位置的反射超压。

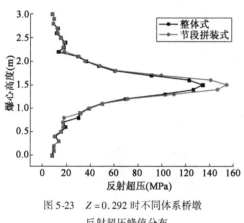
图 5-23 $Z=0.292$ 时不同体系桥墩
反射超压峰值分布

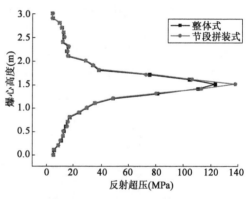
图 5-24 $Z=0.322$ 时不同体系桥墩
反射超压峰值分布

本节在截面形状、纵筋配筋率、混凝土强度等级相同的条件下,通过改变爆炸比例距离,来研究不同桥墩体系对爆炸反射超压的影响。此外,这里只对节段拼装桥墩施加初始预应力,整体式桥墩一般不设置初始预应力,但保证两种不同形式的桥墩所受恒载相同。

节段拼装桥墩和整体式桥墩反射超压变化趋势是相近的,两者的主要区别在于距离爆心高度处的超压峰值。如表 5-10 所示,在比例距离为 $0.292 \text{m/kg}^{1/3}$、$0.332 \text{m/kg}^{1/3}$、$0.368 \text{m/kg}^{1/3}$、$0.553 \text{m/kg}^{1/3}$ 时,整体式桥墩反射超压峰值分别为 133.9MPa、122.6MPa、79.0MPa、44.8MPa,相比于节段拼装桥墩的反射超压峰值 154.1MPa、137.6MPa、85.6MPa、45.6MPa,节段拼装桥墩超压峰值要大 15.1%、12.2%、8.4%、1.8%。由此可知,当比例距离为 $0.292 \sim 0.553 \text{m/kg}^{1/3}$ 时,节段拼装桥墩反射超压要大于整体式桥墩。而当比例距离超过 $0.553 \text{m/kg}^{1/3}$ 时,整体式桥墩反射超压会大于节段拼装桥墩,然后随着比例距离不断变大,两者峰值的差距会逐渐缩小。造成这一现象的原因主要是两者自身刚度的不同,以及在爆炸荷载作用下,节段拼装桥墩会产生接缝间的位移,导致反射超压的不同。综上所述,节段拼装桥墩反射超压的变化规律和整体式桥墩有明显差距,比例距离小于 $0.553\text{m/kg}^{1/3}$ 时,爆炸荷载对节段拼装桥墩造成的危害会更大,不能按照整体式桥墩的规律来推测及计算,所以整体式桥墩与节段拼装桥墩反射超压的计算应该有其各自不同的计算方法。

不同比例距离下整体式与节段拼装桥墩反射超压峰值对比(单位:MPa) 表 5-10

桥墩体系	比例距离($\text{m/kg}^{1/3}$)								
	0.292	0.332	0.368	0.553	0.737	0.921	1.105	1.289	1.474
整体式	133.9	122.6	79.0	44.8	38.2	35.1	23.8	16.7	13
节段拼装式	154.1	137.6	85.6	45.6	30.1	28.1	22	17.7	14
相差比例	15.1%	12.2%	8.4%	1.8%	−21.2%	−20%	−7.6%	6%	7.7%

5.3.3 背爆面反射超压参数分析

文献[32]中的试验显示,爆炸冲击波对构件的破坏在迎爆面略偏大,而在背爆面也会出现一定程度上的破坏,而且由于在背爆面的冲击波超压增加了墩柱的绕射等其他冲击波之间复杂的干扰,导致背爆面的反射超压变化比较复杂,其冲击波超压峰值影响的因素比较多,因此本节将探讨桥墩体系、比例距离、节段数目等参数对桥墩背爆面反射超压的影响。从图 5-25 所示桥墩背爆面所受爆炸云图中可以看出,当爆心高度位于桥墩中部时,还是桥墩中部首先受到冲击波作用,之后沿纵向超压荷载向两边扩散,最后整个桥墩受到冲击波影响,但是云图中的背爆面反射超压明显小于迎爆面反射超压。

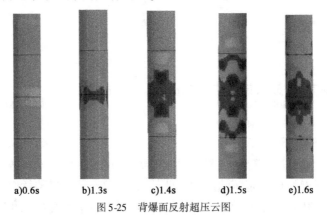

a)0.6s   b)1.3s   c)1.4s   d)1.5s   e)1.6s

图 5-25 背爆面反射超压云图

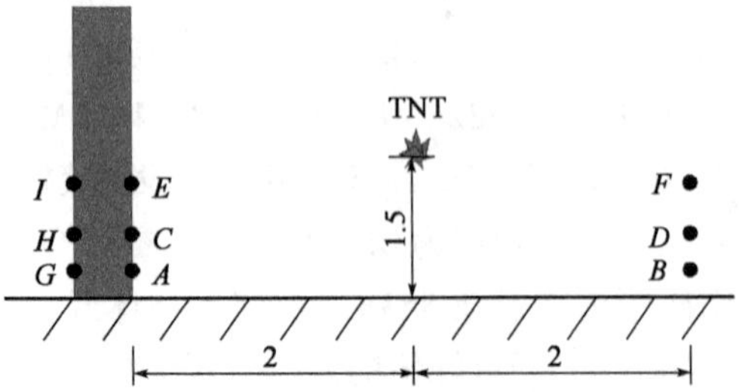

图 5-26 测点位置示意图(尺寸单位:m)

此处选取工况 12 的数据来研究背爆面反射超压时程曲线,其中增加 G、H、I 三个测点,测点位置如图 5-26 所示。G、H、I 测点分别位于墩柱背爆面距离墩底 0.2m、0.5m、1.0m 处。模拟计算结果中 G、H、I 三点的爆炸冲击波反射超压时程曲线如图 5-27 所示,三点的峰值分别出现在 2.1s、1.91s、1.63s 时刻,峰值大小分别为 0.68MPa、0.64MPa、0.73MPa,而将其与迎爆面对应位置的冲击波时程曲线对比,如图 5-28 所示,由图可知,迎爆面超压峰值要远大于背爆面的超压峰值,且背爆面的超压峰值要小于入射超压峰值。

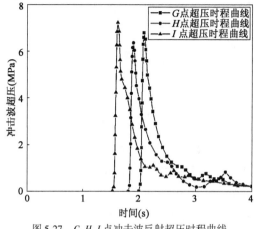

图 5-27 G、H、I 点冲击波反射超压时程曲线

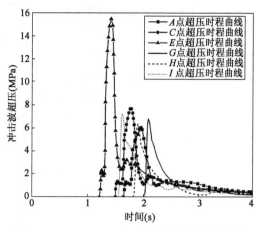

图 5-28 A、C、E、G、H、I 点冲击波反射超压时程曲线

1) 整体式与节段拼装桥墩背爆面反射超压分布对比

图 5-29 ~ 图 5-31 给出了整体式与节段拼装桥墩背爆面反射超压的对比,由图可得,当 L 为 1m、2m、3m,即比例距离为 $0.368 m/kg^{1/3}$、$0.736 m/kg^{1/3}$、$1.105 m/kg^{1/3}$ 时,整体式桥墩在背爆面爆心高度处的反射超压为 1.51MPa、0.82MPa、0.64MPa,相比节段拼装桥墩背爆面爆心高度处反射超压为 1.44MPa、0.69MPa、0.50MPa,整体式桥墩反射超压分别增大了 4.9%、18.8%、28%。当比例距离为 $0.368 m/kg^{1/3}$ 时,节段拼装桥墩背爆面爆心位置处反射超压略大于整体式,其余测点反射超压与整体式差别不大。而当比例距离扩大为 $0.736 m/kg^{1/3}$、$1.105 m/kg^{1/3}$ 时,节段拼装桥墩背爆面爆心位置处反射超压明显小于整体式桥墩,桥墩纵向其余大部分测点也是整体式反射超压要大于节段式。表 5-11 给出了比例距离为 $0.292 \sim 1.474 m/kg^{1/3}$ 时,整体式与节段拼装桥墩反射超压峰值对比。由此可得,在上述比例距离范围内,在爆心高度处,节段拼装桥墩背爆面反射超压要小于整体式桥墩,桥墩纵向其余位置处差距不大,但大部分还是节段拼装小于整体式。

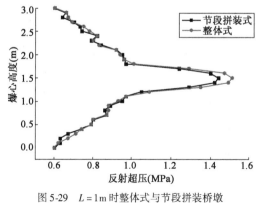

图 5-29 $L=1m$ 时整体式与节段拼装桥墩背爆面反射超压峰值对比

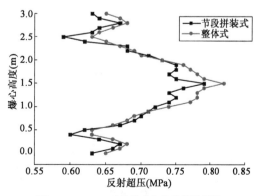

图 5-30 $L=2m$ 时整体式与节段拼装桥墩背爆面反射超压峰值对比

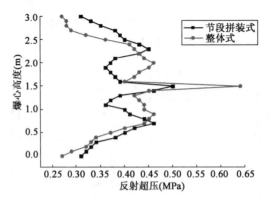

图 5-31　$L=3m$ 时整体式与节段拼装桥墩背爆面反射超压峰值对比

不同比例距离下整体式与节段拼装桥墩反射超压峰值对比（单位：MPa）　表 5-11

桥墩体系	比例距离（$m/kg^{1/3}$）								
	0.292	0.332	0.368	0.553	0.737	0.921	1.105	1.289	1.474
节段拼装式	1.95	1.56	1.44	0.98	0.69	0.59	0.54	0.5	0.26
整体式	2.04	1.66	1.51	1.03	0.82	0.77	0.64	0.48	0.26
相差比例	4.6%	6.4%	4.9%	5.1%	18.8%	30.5%	18.5%	-4%	0

2）比例距离对背爆面反射超压分布的影响

图 5-32、图 5-33 给出了不同比例距离下整体式与节段拼装桥墩背爆面的反射超压对比。由图可得，当 L 为 1m、2m、3m，即比例距离为 $0.368m/kg^{1/3}$、$0.737m/kg^{1/3}$、$1.105m/kg^{1/3}$ 时，节段拼装桥墩背爆面反射超压分别为 1.44MPa、0.69MPa、0.54MPa，相比于 $L=3m$ 时，背爆面反射超压峰值分别增大了 27.8%，167%。整体式桥墩反射超压分别为 1.51MPa、0.82MPa、0.64MPa，相比于 $L=3m$ 时，整体式桥墩背爆面反射超压峰值分别增大了 28.1%，135.9%。表 5-12 列出了比例距离为 $0.292\sim 1.474m/kg^{1/3}$ 时节段拼装桥墩反射超压峰值对比。由此可得，在上述比例距离范围内，在节段拼装桥墩节段数目及爆心高度相同的情况下，随着比例距离的增大，节段拼装桥墩背爆面冲击波反射超压会随之减小，而整体式桥墩背爆面反射超压同样也随着比例距离的增大而减小。

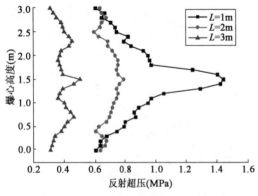

图 5-32　不同比例距离下节段拼装桥墩背爆面反射超压峰值分布

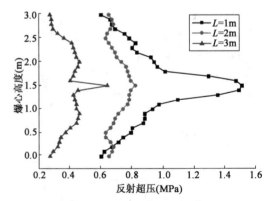

图 5-33　不同比例距离下整体式桥墩背爆面反射超压峰值分布

不同比例距离下节段拼装桥墩反射超压峰值对比　　表5-12

比例距离($m/kg^{1/3}$)	0.292	0.322	0.368	0.553	0.737	0.921	1.105	1.289	1.474
反射超压(MPa)	1.95	1.56	1.44	0.73	0.69	0.59	0.54	0.46	0.26

3) 节段数目对背爆面反射超压分布的影响

图 5-34 给出了不同节段数目下节段拼装桥墩背爆面的反射超压峰值分布,此时比例距离为 $0.368m/kg^{1/3}$,表 5-13 列出了比例距离为 $0.292 \sim 1.105m/kg^{1/3}$ 下桥墩反射超压峰值对比,3、4、5 节段在背爆面反射超压相互之间没有明显的差距。由此可得,在这个比例距离范围内,节段数目对于节段拼装桥墩背爆面反射超压影响很小,节段数目对背爆面反射超压的影响可以忽略不计。

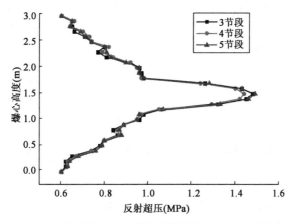

图 5-34　不同节段数目下节段拼装桥墩背爆面反射超压峰值分布

不同节段数目下节段拼装桥墩反射超压峰值对比(单位:MPa)　　表5-13

比例距离($m/kg^{1/3}$)	节段数目		
	3	4	5
0.292	1.86	1.95	1.88
0.332	1.5	1.56	1.53
0.368	1.48	1.44	1.49
0.553	0.94	0.73	0.9
0.737	0.66	0.69	0.71
0.921	0.62	0.59	0.57
1.105	0.56	0.54	0.53

4) 爆心高度对背爆面反射超压分布的影响

考虑到不同的爆心高度可能对节段拼装桥墩反射超压产生影响,图 5-35、图 5-36 给出了不同爆心高度下节段拼装桥墩背爆面反射超压的对比。当比例距离为 $0.368m/kg^{1/3}$,爆心高度分别为 0.2m、0.85m、1.5m 时,节段拼装桥墩背爆面反射超压最大峰值分别为 1.47MPa、1.45MPa、1.44MPa。该条件下,除了反射超压分布范围上的不同,其峰值大小差别不大。而当比例距离为 0.292m/kg$^{1/3}$ 时,上述三个爆心高度下反射超压最大峰值分别为 1.91MPa、1.89MPa、1.95MPa。此时峰值差别依旧不大,但是与爆炸比例距离为 0.368m/kg$^{1/3}$ 时相比,爆炸比例距离为 0.292m/kg$^{1/3}$ 的条件下,背爆面最大峰值的位置不在爆心高度处,而在爆心高度位置的两侧。由此可得,爆心高度影响背爆面纵向反射超压的分布,但对超压峰值影响很小。

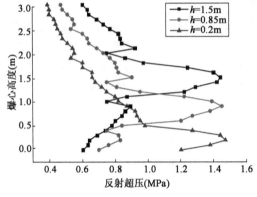
图 5-35 $Z=0.368$ 时不同爆心高度下节段拼装桥墩背爆面反射超压峰值分布

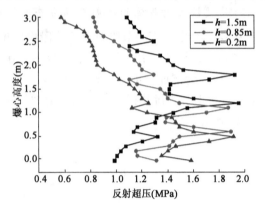
图 5-36 $Z=0.292$ 时不同爆心高度下节段拼装桥墩背爆面反射超压峰值分布

5.4 装配式桥墩受爆炸冲击波反射超压简化计算方法

目前,工程上一般都是采用已有的经验公式来计算某一结构所受爆炸冲击波超压,而爆炸冲击波在不同的构件上会产生不同的反射,其爆炸超压也各有不同,经验公式计算的反射超压与爆炸冲击波作用在桥墩上复杂反射后的冲击波荷载有很大差异,因此很多学者进行了各种特殊构件爆炸超压的研究工作。刘晓峰等[33]通过建立数值计算模型并求解,并将其结果与美军常规武器防护设计手册(TM5-855-1)的计算结果进行对比分析。通过拟合得到了刚性地面上不同比例距离处冲击波超压峰值沿刚性墙体高度分布的计算公式。杨科之等[34]通过建立坑道内爆模型,得到能够反映爆炸流场变化的三维化流场数据,经过数据分析,拟合得到冲击波超压峰值沿坑道轴线衰减的计算公式。根据第 3 章的整体式与节段拼装桥墩的爆炸冲击波反射超压分布的模拟结果,拟合出适用于整体式与节段拼装桥墩迎爆面的反射超压计算公式,同时得到基于反射系数的反射超压计算公式。这两种不同的反射超压计算方法,将为工程上防爆抗爆设计和计算提供参考依据。

5.4.1 桥墩反射超压计算拟合公式

1) 单参数下超压分布简化计算方法

对于冲击波荷载及其反射超压的计算方法,目前已有相关研究[34]。然而反射超压计算方法的使用范围有很大局限性,目前具体的针对桥墩的反射超压简化计算方法的研究则很少。Henrych[4]、Wu Chengqing 等[9]提出了各自的反射超压计算方法,图 5-37 给出了在比例距离为 0.292~1.474m/kg$^{1/3}$ 范围内,上述 3 种反射超压计算方法对爆炸波反射超压的计算结果和实际有限元计算结果的对比,对比可知,现有的常用的反射超压计算方法所得结果与有限元模拟结果有较大差距,并不适用于桥墩,且目前所提出的计算方法中很少有适用于桥墩的方法,因此为了给桥梁抗爆研究提供参考,亟须研究桥墩反射超压的简化计算方法。

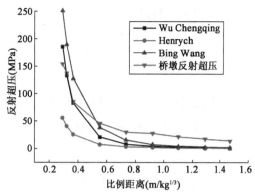

图 5-37　反射超压计算方法对比

下面对整体式桥墩和节段拼装桥墩反射超压分布情况进行讨论。根据表 5-11 中整体式与节段拼装桥墩不同比例距离下反射超压计算结果,利用 MATLAB 对数据进行拟合,得到位于爆心高度处的反射超压随比例距离变化的计算公式。

整体式桥墩爆心高度处反射超压可表示为:

$$P_z = 22.81Z^{-1.408} \quad (0.3 \leqslant Z \leqslant 1.5) \tag{5-32}$$

节段拼装桥墩爆心高度处反射超压可表示为:

$$P_z = 18.57Z^{-1.705} \quad (0.3 \leqslant Z \leqslant 1.5) \tag{5-33}$$

式中,P_z 为桥墩迎爆面爆心高度处的反射超压(MPa);Z 为桥墩迎爆面与爆心间的水平比例距离($m/kg^{1/3}$)。

图 5-38 列出了节段拼装桥墩爆心高度处计算结果的拟合曲线,结果表明,拟合曲线与计算结果相当符合,计算精度较高。

得到桥墩爆心高度处的反射超压之后,再利用反射超压分布的计算结果,拟合得到桥墩爆心高度处反射超压以外桥墩任意高度位置反射超压简化计算公式。提取桥墩纵向的反射超压计算结果(图 5-39),利用 MATLAB 拟合,并经过简化与整合,得到桥墩爆心高度处反射超压 P_z 以外任意高度位置反射超压 P_h 与桥墩高度的关系式。下面列出整体式与节段拼装桥墩纵向的反射超压分布简化计算公式:

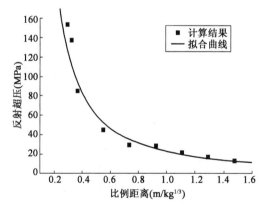

图 5-38　节段拼装桥墩爆心高度处计算结果拟合　　图 5-39　节段拼装桥墩纵向反射超压计算结果拟合

整体式桥墩纵向反射超压分布简化计算拟合公式可表示为:

$$P_h = P_Z(-22.02h^3 + 23.38h^2 - 8.287h + 0.945) \quad (0.3 \leqslant Z \leqslant 0.5, 0 \leqslant h \leqslant 0.55) \tag{5-34}$$

$$P_h = P_Z(-3.185h^3 + 6.719h^2 - 4.297h + 0.973) \quad (0.5 < Z \leq 1.0, 0 \leq h \leq 0.55)$$
(5-35)

$$P_h = P_Z(1.892h^3 - 1.758h^2 - 0.8535h + 0.921) \quad (1.0 < Z \leq 1.5, 0 \leq h \leq 0.55)$$
(5-36)

节段拼装桥墩纵向反射超压分布简化计算拟合公式可表示为：

$$P_h = P_Z(-25.04h^3 + 25.44h^2 - 8.527h + 0.983) \quad (0.3 \leq Z \leq 0.5, 0 \leq h \leq 0.55)$$
(5-37)

$$P_h = P_Z(0.928h^3 + 1.734h^2 - 2.584h + 0.924) \quad (0.5 < Z \leq 1.0, 0 \leq h \leq 0.55)$$
(5-38)

$$P_h = P_Z(0.859h^3 - 0.361h^2 - 1.233h + 0.902) \quad (1.0 < Z \leq 1.5, 0 \leq h \leq 0.55)$$
(5-39)

式中，P_Z 为桥墩迎爆面爆心高度处反射超压(MPa)；P_h 为比例高度为 h 处的反射超压(MPa)；Z 为桥墩迎爆面与爆心间的水平比例距离($m/kg^{1/3}$)；h 为计算点到爆心高度处的垂直距离所对应的比例高度($m/kg^{1/3}$)。

2）计算方法验证

式(5-34)~式(5-39)的拟合优度均大于0.9，表明拟合具有较高的精度，拟合结果见图5-40及图5-41。

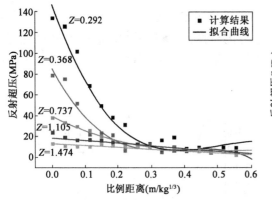

图5-40 整体式桥墩模拟与计算结果对比　　图5-41 节段拼装桥墩模拟与计算结果对比

为验证拟合公式的准确性，增加了三个工况，通过模拟结果与拟合公式计算结果对比，来验证该计算方法的准确性，具体工况如表5-14所示。图5-42给出了节段拼装桥墩模拟与计算结果对比，可以看出，模拟结果与计算结果吻合良好，计算精度较高。图中数据表明，比例距离越小，冲击波反射超压随比例高度衰减越剧烈，超压峰值衰减以后变化较小。拟合得到的简化计算方法适用于计算桥墩迎爆面距离爆心水平比例距离为 $0.3 \sim 1.5 m/kg^{1/3}$，桥墩比例高度为 $0.55 m/kg^{1/3}$ 以内的桥墩任意高度处的反射超压峰值。在本章所约束的范围内，该简化计算方法适用于其他圆截面的混凝土桥墩。

模拟验证工况　　　　　　　　　　　　表5-14

工况	爆心高度（m）	节段长度（m）	节段数目	爆炸距离（m）	TNT炸药当量（kg）	比例距离（m/kg$^{1/3}$）
1	1.5	0.75	4	1.25	20	0.461
2	1.5	0.75	4	2.25	20	0.829
3	1.5	0.75	4	3.25	20	1.197

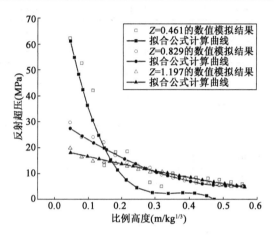

图5-42　节段拼装桥墩模拟与计算结果对比

3）算例分析

以工况2进行算例分析，墩柱高度为3m，分为4个节段，每节段长度为0.75m，爆炸距离为2.25m，TNT炸药当量为20kg，即比例距离为0.829m/kg$^{1/3}$。

首先该桥墩爆炸比例距离为0.829m/kg$^{1/3}$，因此采用节段拼装桥墩爆心高度处的反射超压计算公式来进行计算，即

$$P_Z = 18.57Z^{-1.705} \quad (0.3 \leqslant Z \leqslant 1.5) \quad (5\text{-}40)$$

将$Z=0.829$m/kg$^{1/3}$代入式中，从而得到爆心高度处反射超压计算值为69.53MPa。

h为计算点到爆心高度处的垂直距离所对应的比例高度，若计算点与爆心高度的垂直距离d为0.1m，则$h=0.1/20^{1/3}=0.03684$m/kg$^{1/3}$，根据节段拼装桥墩纵向反射超压分布简化计算拟合公式约束范围，$Z=0.829$m/kg$^{1/3}$，$0 \leqslant h \leqslant 0.55$时，可采用式(5-41)进行计算。

$$P_h = P_Z(0.928h^3 + 1.734h^2 - 2.584h + 0.924) \quad (0.5 < Z \leqslant 1.0, 0 \leqslant h \leqslant 0.55)$$
$$(5\text{-}41)$$

通过将各比例高度值及P_Z代入式(5-41)，可得到全桥墩纵向迎爆面的反射超压计算值，并将计算结果整理如表5-15所示。

桥墩迎爆面纵向反射超压计算值　　　　　　　　　　表5-15

垂直距离（m）	比例高度h（m/kg$^{1/3}$）	模拟结果（MPa）	计算结果（MPa）	误差（%）
1.5	0.5526	5.40	4.66	13.7
1.4	0.5158	5.52	4.60	16.7

续上表

垂直距离 （m）	比例高度 h （m/kg$^{1/3}$）	模拟结果 （MPa）	计算结果 （MPa）	误差 （%）
1.3	0.4789	5.60	4.76	15
1.2	0.4421	6.70	5.13	23.4
1.1	0.4052	6.54	5.71	12.7
1.0	0.3684	7.51	6.49	13.6
0.9	0.3316	8.69	7.46	14.2
0.8	0.2947	9.73	8.61	11.5
0.7	0.2579	11.00	9.94	9.6
0.6	0.221	12.99	11.45	11.9
0.5	0.1842	14.04	13.11	6.6
0.4	0.1474	17.15	14.93	12.9
0.3	0.1105	22.11	16.90	23.6
0.2	0.07368	23.98	19.01	20.7
0.1	0.03684	24.09	21.25	11.8
0	0	29.01	23.63	18.5

表 5-15 列出反射超压拟合公式的计算结果，同时将其与数值模拟结果进行对比。将两者对比后可知，拟合公式的计算结果与模拟结果误差在可接受范围内，因而上述简化计算方法切实可行。

5.4.2 基于反射系数的反射超压计算方法

爆炸冲击波所产生的反射超压是作用在桥墩上的主要荷载，由入射超压与相应的反射超压系数相乘得到。根据这一原理，提出基于反射系数的反射超压计算方法。对比地面爆炸及近地表空中爆炸对墙体反射压力系数分布规律的差异，建立了近地表空中爆炸时节段拼装桥墩反射超压系数的计算方法。

入射超压峰值的计算方法已经有很多研究，入射超压的大小和结构本身是无关的，在空气中发生爆炸时只与炸药属性及炸药当量相关。目前，相关的入射超压的计算方法比较完善，其中主要有 Henrych 公式[4]、Baker 公式[35]等，但是反射超压系数的计算方法很少，尤其是针对桥墩的反射超压系数的研究还很缺乏。Henrych[4]通过大量的试验研究分析，给出了冲击波发生正反射的条件下反射超压峰值的计算方法，没有直接给出斜反射的反射超压计算方法，而是给出了反射超压系数的计算曲线。Luccioni 等[36]在不考虑马赫反射的条件下通过数值模拟研究了反射超压的分布规律。Hao 等[9]通过对爆炸荷载作用下的无限自由场刚性墙进行数值模拟研究，得到墙体迎爆面反射超压峰值的分布规律，并给出了反射超压峰值的计算方法。

本节通过对爆炸荷载作用下的整体式和节段拼装桥墩进行数值模拟分析，得到爆炸冲击波反射超压在桥墩上的分布规律，计算出相关的反射超压系数，并拟合得到不同条件下的反射超压系数的计算方法。该研究简化了桥墩反射超压荷载的计算方法，有助于桥墩抗爆的科学设计。

1) 桥墩变形对反射超压系数的影响

爆炸冲击波作用到结构上不仅会产生反射,还会造成结构的变形。目前,关于结构变形对冲击波反射超压的影响的相关研究较少。Hao 等[9]研究了在爆炸荷载作用下的墩柱所受反射超压及变形情况,得出爆炸冲击波所造成的墩柱的变形和反射超压不耦合。洪武等[37]研究了在爆炸荷载作用下墙体的变形和反射超压作用过程及分布规律,得到墙体弹性模量对反射超压系数的分布规律没有影响,墙体的结构变形和材料变形与冲击波反射超压不耦合,因此影响冲击波反射超压系数的主要因素是入射超压强度及其入射角度的结论。

因此,本节在研究整体式和节段拼装式桥墩爆炸冲击作用下的反射超压系数时,将不考虑结构的变形、材料的弹性模量等因素,只需要考虑入射超压的强度以及入射超压的入射角度。

2) 反射超压系数计算方法

对于反射超压系数的研究,首先需要解决的是确定爆炸冲击波的入射超压。因此下文将使用文献[11]提出的表达式(4-11)来对爆炸冲击波入射超压进行计算,并将各个测点所得的入射超压计算结果与模拟所得的反射超压结果进行对比,并得到反射超压与入射超压的比值,即为反射超压系数。表 5-16 列出了比例距离为 $0.368\text{m/kg}^{1/3}$ 时整体式桥墩迎爆面纵向反射超压系数的计算值。

整体式桥墩迎爆面纵向反射超压系数计算值　　　　表 5-16

测点高度 (m)	比例高度 ($\text{m/kg}^{1/3}$)	反射超压 (MPa)	入射超压 (MPa)	反射超压系数
1.5	0.664	6.49	3.13	2.07
1.4	0.6345	6.4	3.55	1.80
1.3	0.604	4.84	4.05	1.19
1.2	0.575	7.88	4.63	1.70
1.1	0.548	6.42	5.31	1.21
1	0.521	9.96	6.11	1.63
0.9	0.496	5.08	7.02	0.72
0.8	0.472	12.81	8.06	1.59
0.7	0.450	11.9	9.22	1.29
0.6	0.430	6.74	10.49	0.64
0.5	0.412	21.35	11.81	1.81
0.4	0.397	23.61	13.13	1.80
0.3	0.385	22.07	14.35	1.54
0.2	0.376	52.05	15.34	3.39
0.1	0.370	75.5	15.99	4.72
0	0.368	79.04	16.22	4.87

下面对整体式桥墩和节段拼装桥墩反射超压系数的变化情况进行讨论。根据表 5-16 中整体式桥墩与节段拼装桥墩不同比例距离下反射超压计算结果,并结合入射超压公式计算结果,得到对应的反射超压系数,后利用 MATLAB 拟合得到爆心高度处反射超压系数随比例距离变化的公式。

整体式桥墩爆心高度处反射超压系数可表示为:

$$F_Z = 94.23Z^{0.2774} - 68.24 \tag{5-42}$$

节段拼装桥墩爆心高度处反射超压系数可表示为:

$$F_Z = 19.33Z^{2.325} + 3.982 \tag{5-43}$$

式中,F_Z 为桥墩迎爆面爆心高度处的反射超压系数;Z 为桥墩迎爆面与爆心间的水平比例距离($\mathrm{m/kg^{1/3}}$)。

图 5-43 和图 5-44 列出了整体式与节段拼装桥墩爆心高度处计算结果的拟合曲线,结果表明拟合曲线与计算结果相当符合,计算精度较高。

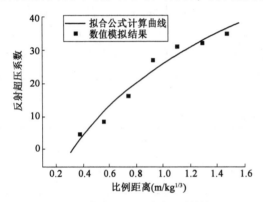

图 5-43 整体式桥墩爆心高度处计算结果的拟合曲线

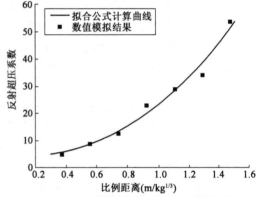

图 5-44 节段拼装桥墩爆心高度处计算结果的拟合曲线

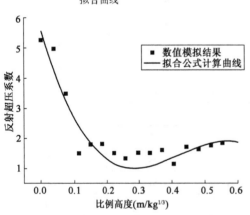

图 5-45 节段拼装桥墩纵向反射超压计算结果拟合

得到桥墩爆心高度处的反射超压系数之后,再利用反射超压系数随桥墩高度变化的计算结果,拟合得到桥墩其他任意高度位置反射超压系数简化计算公式。如图 5-45 所示,提取桥墩纵向的反射超压系数计算结果,利用 MATLAB 进行拟合计算,并经过简化与整合,得到桥墩任意高度位置反射超压 P_h 与桥墩高度的关系式。下面列出整体式与节段拼装式桥墩纵向的反射超压分布简化计算公式。

整体式桥墩纵向反射超压系数简化计算拟合公式可表示为:

$$F_h = F_Z(-14.62h^3 + 18.82h^2 - 7.174h + 1.071) \quad (0.3 \leqslant Z \leqslant 0.5, 0 \leqslant h \leqslant 0.55) \tag{5-44}$$

$$F_h = F_Z(-2.414h^3 + 6.228h^2 - 4.026h + 1.023) \quad (0.5 < Z \leqslant 1.0, 0 \leqslant h \leqslant 0.55) \tag{5-45}$$

$$F_h = F_Z(1.134h^3 - 1.214h^2 - 0.8239h + 0.9205) \quad (1.0 < Z \leq 1.5, 0 \leq h \leq 0.55)$$
(5-46)

节段拼装桥墩纵向反射超压系数简化计算拟合公式可表示为:

$$F_h = F_Z(-15.07h^3 + 19.27h^2 - 7.305h + 1.058) \quad (0.3 \leq Z \leq 0.5, 0 \leq h \leq 0.55)$$
(5-47)

$$F_h = F_Z(0.7607h^3 + 1.885h^2 - 2.364h + 0.9208) \quad (0.5 < Z \leq 1.0, 0 \leq h \leq 0.55)$$
(5-48)

$$F_h = F_Z(1.057h^3 - 0.3095h^2 - 1.166h + 0.8921) \quad (1.0 < Z \leq 1.5, 0 \leq h \leq 0.55)$$
(5-49)

式中,F_Z 为桥墩迎爆面爆心高度处反射超压系数;F_h 为比例高度为 h 处的反射超压系数;Z 为桥墩迎爆面与爆心间的水平比例距离($\mathrm{m/kg^{1/3}}$);h 为计算点到爆心高度处的垂直距离所对应的比例高度($\mathrm{m/kg^{1/3}}$)。

通过上述步骤得到反射超压系数的计算方法,后续利用公式计算得到入射超压,并将反射超压系数与入射超压计算值相乘即可得到相应的反射超压值。

3) 计算方法验证

式(5-44)~式(5-49)的拟合优度均大于0.9,表明拟合具有较高的精度,拟合结果如图5-46、图5-47所示。

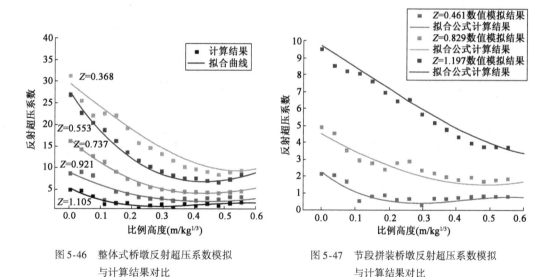

图5-46 整体式桥墩反射超压系数模拟与计算结果对比

图5-47 节段拼装桥墩反射超压系数模拟与计算结果对比

为验证拟合公式的准确性,依旧采用表5-14列出的工况,通过模拟结果与拟合公式计算结果对比,来验证反射超压系数计算方法的准确性。对比可以看出,模拟结果与计算结果相对吻合,计算精度较高。同时,图中数据表明,比例高度越小,冲击波反射超压系数随比例高度衰减越剧烈。拟合得到的简化计算方法适用于计算桥墩迎爆面距离爆心水平比例距离为 0.3~1.5$\mathrm{m/kg^{1/3}}$,桥墩比例高度为 0.55$\mathrm{m/kg^{1/3}}$ 以内的桥墩任意高度处的反射超压系数。在本章所约束的范围内,该简化计算方法适用于其他圆截面的混凝土桥墩。

4)算例分析

以表5-14中工况1来进行算例分析,墩柱高度为3m,分为4个节段,每节段长度为0.75m,爆炸距离为1.25m,TNT炸药当量为20kg,即比例距离为 $0.461\text{m/kg}^{1/3}$。

首先该桥墩爆炸比例距离为 $0.461\text{m/kg}^{1/3}$,因此采用节段拼装桥墩爆心高度处的反射超压计算公式来进行计算:

$$F_Z = 19.33Z^{2.325} + 3.982 \quad (0.3 \leq Z \leq 1.5) \quad (5\text{-}50)$$

将 $Z=0.461\text{m/kg}^{1/3}$ 代入式中,从而得到爆心高度处反射超压系数值为7.2。

h 为计算点至爆心高度处的垂直距离所对应的比例高度,若计算点与爆心高度的垂直距离 d 为0.1m,则 $h=0.1/20^{1/3}=0.03684\text{m/kg}^{1/3}$,根据节段拼装桥墩纵向反射超压系数简化计算拟合公式约束范围,$Z=0.461\text{m/kg}^{1/3}$,$0 \leq h \leq 0.55$ 时,可采用式(5-51)进行计算。

$$F_h = F_Z(-15.07h^3 + 19.27h^2 - 7.305h + 1.058) \quad (0.3 \leq Z \leq 0.5, 0 \leq h \leq 0.55)$$
(5-51)

通过将各比例高度值及 P_Z 代入式(5-51),可得到全桥墩纵向迎爆面的反射超压系数计算值,并将计算结果整理如表5-17所示。

桥墩迎爆面纵向反射超压系数计算值 表5-17

垂直距离 (m)	比例高度 h ($\text{m/kg}^{1/3}$)	模拟结果 (MPa)	计算结果 (MPa)	误差 (%)
1.5	0.5526	2.56	2.61	-2.0
1.4	0.5158	2.56	2.51	2.0
1.3	0.4789	2.61	2.33	10.7
1.2	0.4421	2.52	2.11	16.3
1.1	0.4052	2.35	1.87	20.4
1.0	0.3684	2.14	1.65	22.9
0.9	0.3316	2.23	1.48	33.6
0.8	0.2947	1.22	1.39	-13.9
0.7	0.2579	1.90	1.42	25.3
0.6	0.221	2.30	1.60	30.4
0.5	0.1842	2.40	1.96	18.3
0.4	0.1474	2.28	2.53	-11.0
0.3	0.1105	4.68	3.35	28.4
0.2	0.07368	6.80	4.45	34.6
0.1	0.03684	6.91	5.86	15.2
0	0	8.01	7.62	4.9

通过以上计算即可得到爆炸荷载作用下桥墩反射超压系数的计算结果,同时将计算结果与模拟结果进行对比。分析可得,有个别测点误差较大,但总体上看,拟合公式的计算结果与模拟结果还是较为符合的,因而拟合计算结果可信。后面想要得到某个测点所对应的反射超

压值，只需将计算所得反射超压系数与式(5-44)～式(5-49)计算得到的入射超压计算值相乘即可。

本章参考文献

[1] 龚敏.爆炸冲击作用下多层框架结构的动力学特性与毁伤效应研究[D].武汉:武汉理工大学,2007.

[2] Kota Sudeep V. Narasimha Rao. Structures to resist the effects of the accidental explosions[J]. Journal of Trend in Scientific Research and Development,2019,3(3):1528-1530.

[3] 李国豪.工程结构抗爆动力学[M].上海:上海科学技术出版社,1989.

[4] 亨利奇.爆炸动力学及其应用[M].北京:科学出版社,1987.

[5] 李翼祺.爆炸力学[M].北京:科学出版社,1992.

[6] Baker. Explosion in air[M]. Texas:University of Texas Press, 1974.

[7] Tolba A F F. Response of frp-retrofitted reinforced concrete panels to blastinf loading[D]. Ottawa:Carleton University, 2001.

[8] 叶晓华.军事爆破工程[M].北京:解放军出版社,1999.

[9] Wu C Q, Hao H. Modeling of simultaneous ground shock and airblast pressure on nearby structures from surface explosions[J]. International Journal of Impact Engineering,2005,31(6):699-717.

[10] 陶俊林,黎泽朋,陈小伟.核爆聚变电站发电时的冲击波超压传播规律[J].高压物理学报,2012,26(2):221-226.

[11] 杨鑫,石少卿,程鹏飞,等.爆炸冲击波在空气中传播规律的经验公式对比及数值模拟[J].四川建筑,2007(5):71-73.

[12] 仲倩,王伯良,黄菊,等.TNT空中爆炸超压的相似律[J].火炸药学报,2010,33(4):32-35.

[13] 王儒策.弹丸终点效应[M].北京:北京理工大学出版社,1993.

[14] 宁建国,王成,马天宝.爆炸冲击动力学[M].北京:国防工业出版社,2010.

[15] Henrych J. The dynamics of explosion and its use[M]. Amsterdam:Elseviser Scientific Publishing Company, 1979.

[16] 高超.爆炸荷载下钢筋混凝土框架结构连续倒塌破坏试验研究[D].福州:福州大学,2012.

[17] 倪晋峰.单层球面网壳基于CONWEP外爆响应分析及试验设计[D].哈尔滨:哈尔滨工业大学,2012.

[18] U S Department Of Defense. UFC 3-340-02 Structures to resist the effects of accidental explosions[S]. Washington, DC:Unified Facilities Criteria,2008.

[19] Taerwe L, Matthy S. Fib modle code for concrete structures [G]. Emst & Sohn, 2013.

[20] 张程娇.炸药爆轰产物参数的特征线差分法反演方法研究[D].大连:大连理工大学,2016.

[21] 熊令芳,胡凡金. ANSYS/LS-DYNA 非线性动力分析方法与工程实例[M].北京:中国铁道出版社,2016.

[22] 杨军,杨国梁,张光雄.建筑结构爆破拆除数值模拟[M].北京:科学出版社,2012.

[23] 孙珊珊,赵均海,张常光.爆炸荷载下钢管混凝土墩柱柱面压力分布研究[J].爆破,2018,35(2):12-18.

[24] 中华人民共和国住房和城乡建设部.装配式混凝土结构技术规程:JGJ 1—2014[S].北京:中国建筑工业出版社,2014.

[25] Sha Y, Hao H. Laboratory tests and numerical simulations of barge impact on circular reinforced concrete piers[J]. Engineering Structures, 2013,46(Jan.):593-605.

[26] Hao H, Wu C, Li J. Numerical study of precast segmental column under blast loads[J]. Engineering Structures, 2017,134(Mar. 1):125-137.

[27] 张于晔,杨旭,冯君.节段拼装桥墩在爆炸冲击作用下的破坏模式和损伤评估研究[J].振动与冲击,2020,39(2):225-233.

[28] 中华人民共和国交通运输部.公路钢筋混凝土及预应力混凝土桥涵设计规范:JTG 3362—2018[S].北京:人民交通出版社股份有限公司,2018.

[29] Xu J, Wu C, Xiang H, et al. Behaviour of ultra high performance fibre reinforced concrete columns subjected to blast loading[J]. Engineering Structures, 2016,118(Jul. 1):97-107.

[30] Zhang Y, Fan W, Zhai Y, et al. Experimental and numerical investigations on seismic behavior of prefabricated bridge columns with UHPFRC bottom segments[J]. Journal of Bridge Engineering, 2019,24(8).

[31] Wu C, Hao H. Modeling of simultaneous ground shock and airblast pressure on nearby structures from surface explosions[J]. International Journal of Impact Engineering, 2004,31(6):699-717.

[32] Xu J. Behavior of ultra-high performance fiber reinforced concrete columns subjected to blast-loading[J]. Engineering Structures, 2016(118):97-107.

[33] 刘晓峰,年鑫哲,王希之,等.冲击波反射超压沿刚性墙面的分布规律[J].工程爆破,2015,21(5):28-31.

[34] 杨科之,杨秀敏.坑道内化爆冲击波的传播规律[J].爆炸与冲击,2003,23(1):37-40.

[35] Baker W E. Explosion hazards and evaluation[M]. New York: Elsevier Scientific Publishing Company, 1983.

[36] Luccioni B, Ambrosini D, Danesi R. Blast load assessment using hydrocodes[J]. Engineering Structures, 2006,28(12):1736-1744.

[37] 洪武,范华林,徐迎,等.防爆墙迎爆面反射压力系数计算方法研究[J].振动与冲击,2012(19):109-112.

第6章 爆炸作用下装配式桥墩的动力响应与损伤评估

6.1 概　述

近年来,世界各地由偶然因素和战争引发的爆炸事故越来越多,对民用建筑和公路交通安全造成严重威胁。桥梁作为重要的交通枢纽,一旦遭受破坏便会造成巨大的损失。桥墩作为主要的受力构件之一,其重要性不容忽视。因此,研究钢筋混凝土桥墩的爆炸冲击响应及损伤具有重要理论意义和工程实用价值。本章主要研究内容如下:

(1)总结了国内外爆炸荷载经验计算公式,分析了经验公式计算的差异。对爆炸冲击数值模拟方法和关键问题进行了总结,验证了数值模拟的可靠性。

(2)采用 ANSYS/LS-DYNA 建立圆形截面预制节段拼装桥墩受爆的三维实体分离式模型,研究了爆炸冲击作用下节段长细比、初始预应力水平及桥墩体系对圆形截面预制拼装桥墩动态响应与损伤的影响规律。

(3)改变爆炸质量和爆炸距离,在不同的比例距离下对预制节段拼装桥墩的损伤发展与整体现浇桥墩进行对比,研究了两者的损伤机理及破坏模式。基于受爆后桥墩的剩余承载能力,计算了桥墩的 P-I 曲线。并根据两者变形和破坏特征,探索了对其损伤程度评估的方法。

6.2 爆炸作用下装配式桥墩动力响应参数化分析

爆炸冲击不同于低速冲击和地震作用,其瞬时冲击会对桥墩造成巨大的剪切效应,并且预制拼装桥墩由于墩身不连续而存在抗剪能力较弱的问题,因此有必要深入研究预制节段桥墩在爆炸作用下的响应及其抗爆性能。

本章基于 ANSYS/LS-DYNA 建立圆形截面预制节段拼装桥墩的三维实体分离式模型,在此基础上,研究了三个关键设计参量(节段长细比、初始预应力水平和桥墩体系)对圆形截面预制节段拼装桥墩的爆炸动态响应及损伤影响。

6.2.1 有限元模拟方法检验

为检验模拟方法的有效性,采用 ALE 算法,将模拟结果与文献[1]中 U2B 的试验结果进行比较。

在验证模型中,混凝土柱尺寸和试验相同,如图6-1所示。模拟及试验配筋图如图6-2所示。混凝土柱采用纤维含量2.5% UHPFRC(超高性能纤维增强混凝土)。纵筋直径16mm,箍筋直径8mm。炸药质量按试验采用17.5kg,爆炸中心距离混凝土柱表面1.5m。在模拟中,混凝土柱一端约束XYZ方向,另一端不约束柱轴向。轴压取1000kN。

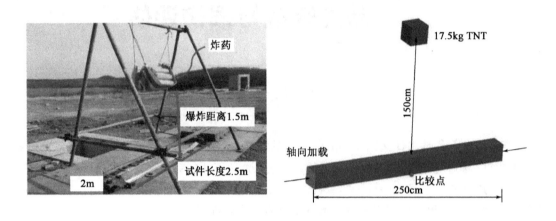

图6-1 试验模型及模拟模型

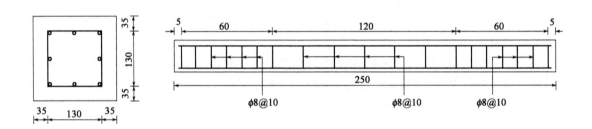

图6-2 混凝土柱配筋图(尺寸单位:cm)

混凝土材料参数是模拟的关键,试验中的混凝土抗压强度为148MPa,抗拉强度为32MPa。模拟中,混凝土主要参数如表6-1所示。其余参数参照文献[2-3]的数值。

UHPFRC混凝土主要参数[1]　　　　表6-1

ρ_0(g/cm³)	G(Pa)	FC(MPa)	T(MPa)	PC(GPa)	UC
2.47	1.875×10^{10}	148	32	3.41×10^{-2}	1.364×10^{-3}

注:ρ_0-混凝土的密度;G-剪切模量;FC-准静态单轴抗压强度;T-抗拉强度;PC-破碎压力;UC-破碎体积应变。

在没有初始预应力但有轴压的条件下,得到了跨中位移-时间曲线,见图6-3,柱中最大位移量为30.3mm,与试验测试结果29.3mm相差3.4%。破坏状态如图6-4所示。破坏状态在迎爆面略偏大,在背爆面出现轻微裂缝,破坏状态与试验结果基本一致。说明在数值模拟上的可靠性。

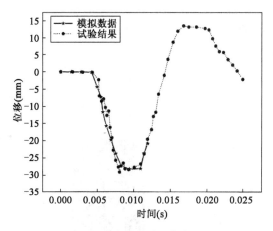

图 6-3 跨中位移-时间曲线对比

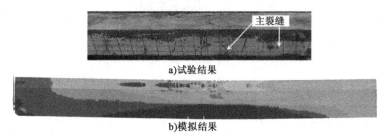

图 6-4 破坏对比

6.2.2 模型及工况介绍

1) 模型简介

基于 Rutner 等[4]对桥墩的调查,选取桥墩结构原型如图 6-5 所示。有限元模型取桥墩主要部分,采用简化的盖梁与基础,如图 6-6a) 所示。对于桥墩中钢筋与混凝土的黏结,采用共节点法来假设钢筋和混凝土之间位移完全协调[5],如图 6-6c) 所示。

目前对于节段拼装桥墩的抗爆试验还没有统一的尺寸标准,但根据美国太平洋地震工程研究中心(PEER)[6]的桥墩尺寸统计,抗震试验桥墩直径多为 40～50cm。本书取墩高 3m,圆形截面直径 0.5m。

按规范[7]对墩身进行配筋。纵筋采用 10 根 φ16 钢筋,截面配筋率 1.02%,箍筋采用 φ8,箍筋间距 10cm,混凝土保护层厚度取 4cm。如图 6-7 所示,桥墩节段均匀划分,保持直径不变。由于预制节段拼装桥墩属于装配式混凝土结构,根据《装配式混凝土结构技术规程》(JGJ 1—2014)[8],桥墩混凝土强度等级取 C50。盖梁简化为 70cm×70cm×70cm 立方体,基础简化为 90cm×90cm×90cm 立方体。采用提升材料刚度的方法模拟钢筋与混凝土的整体性能。

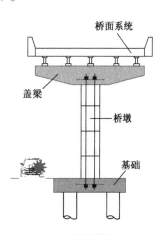

图 6-5 桥墩结构原型

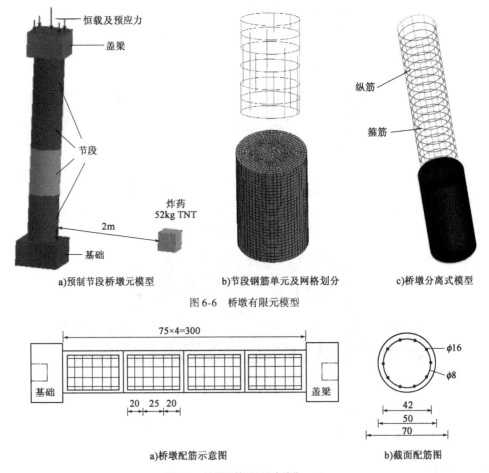

a)预制节段桥墩元模型　　b)节段钢筋单元及网格划分　　c)桥墩分离式模型

图 6-6　桥墩有限元模型

a)桥墩配筋示意图　　b)截面配筋图

图 6-7　桥墩配筋图(尺寸单位:cm)

桥墩的承载能力,按规范[7-8]进行计算:

$$N = 0.90\varphi(f_{cd}A + f'_{sd}A'_s) \tag{6-1}$$

式中,φ 为轴压构件稳定系数,取 1.0；A 为构件毛截面面积；A'_s 为全部纵筋的截面面积；f_{cd} 为混凝土轴心抗压强度设计值；f'_{sd} 为普通钢筋抗拉强度设计值。

代入计算得桥墩的设计承载能力 $N = 4465.188\text{kN}$。

不同炸药可以换算为 TNT 炸药,鉴于该部分研究的重点,炸药拟取 52kg TNT,爆炸中心距离墩身表面 2m。炸药高度按文献[9]对不同车型的汽车炸弹 TNT 当量及爆炸高度的大致范围的统计结果,取炸药中心距离地面 0.2m。

混凝土、空气及炸药采用 Solid164 单元,钢筋采用 Beam161 单元。通过网格收敛性分析,对于桥墩节段,混凝土网格约为 2.5cm,钢筋网格 3cm,空气网格 2.5cm。根据桥墩模型的不同,桥墩模型单元数量约为 10 万个。采用 ALE 算法实现流固耦合动态分析,空气四周设置为无边界反射条件,空气单元数量约为 54 万个。

模拟中,桥梁结构上部恒载考虑为墩身设计轴压的 20%[1,10],即 890kN,在模拟过程中保持不变。实际试验中,预制墩身节段中留有预应力孔道,采用后张法施加预应力,属于无黏结预应力体系[11]。在该模型中,预应力模拟采用间接法,在盖梁与基础中设置锚固端,通过锚固端加载预应力。初始预应力一般取初始轴压的10%[11],为440kN。

为模拟节段拼装桥墩的边界条件,模型中采用简化的盖梁与基础,根据文献[10]对船撞击桥墩的模拟结果,在模拟中对基础施加固定边界。为防止节段间混凝土的相互渗透,节段间采用面面自动接触算法控制,盖梁、基础与混凝土节段接触的位置也设置该接触。根据文献[12]的建议,节段间静摩擦因数取1.0,动摩擦因数取0.8,指数衰减因数取0.5。

2) 材料参数及破坏控制

目前有较多论文已对混凝土材料本构及具体参数做了研究,通过对比分析,本书列出了钢筋与混凝土的重要参数。

对于钢筋,考虑其应变率效应,采用 * MAT_PLASTIC_KINEMATIC 进行定义,应变率用 Cowper-Symonds 模型来考虑。材料参数见表5-2。

混凝土采用 * MAT_JOHNSON_HOLMQUIST_CONCRETE(HJC)材料模型,主要参数见表6-2。

C50 混凝土参数 表6-2

ρ_0(g/cm^3)	G(Pa)	A	B	C	N	FC(MPa)
2.314	1.48E10	0.79	1.6	0.007	0.61	50
T(MPa)	EPSO	EFMIN	SFMAX	PC(GPa)	UC	PL(GPa)
4	E-6	0.01	7.0	0.0167	8.9E-4	0.8
UL	D_1	D_2	K_1(GPa)	K_2(GPa)	K_3(GPa)	
0.18	0.04	1.0	85	-171	208	

注:G-剪切模量;A-标准化内聚强度;B-标准化的压力硬化;C-应变率常数;N-压力硬化系数;FC-准静态单轴抗压强度;T-最大抗拉强度;EPSO-准静态预制应变率;EFMIN-断裂前塑性应变量;SFMAX-标准化最大强度;PC-破碎压力;UC-破碎体积应变;PL-锁定压力;UL-锁定体积应变;D_1、D_2-损伤常数;K_1、K_2、K_3-压力常数。

在模型试算时,提取了迎爆面中心的混凝土应变率,如图6-8所示,约为200s^{-1}。

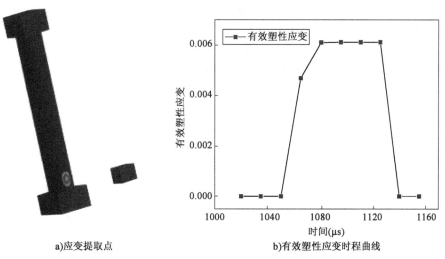

a) 应变提取点   b) 有效塑性应变时程曲线

图6-8 应变率提取点及有效塑性应变时程曲线

根据混凝土应变率提取的结果,选取两组经验公式[13-15]对混凝土的应变率效应进行计算:

$$\begin{cases} \text{CDIF} = \dfrac{f_c}{f_{cs}} = \gamma(\dot{\varepsilon})^{1/3} & (\dot{\varepsilon} > 30\text{s}^{-1}) \\ \text{TDIF} = \dfrac{f_t}{f_{ts}} = \beta\left(\dfrac{\dot{\varepsilon}}{\dot{\varepsilon}_{ts}}\right)^{1/3} & (\dot{\varepsilon} > 1\text{s}^{-1}) \end{cases} \quad (6\text{-}2)$$

$$\begin{cases} \text{CDIF} = \dfrac{f_c}{f_{cs}} = 0.8988(\lg\dot{\varepsilon}) - 2.8255(\lg\dot{\varepsilon}) + 3.4907 & (\dot{\varepsilon} > 30\text{s}^{-1}) \\ \text{TDIF} = 1.4431(\lg\dot{\varepsilon}) + 2.2276 & (2\text{s}^{-1} < \dot{\varepsilon} < 150\text{s}^{-1}) \end{cases} \quad (6\text{-}3)$$

式中,CDIF 为抗压动力增强系数;TDIF 为抗拉动力增强系数;f_c 为在应变率 $\dot{\varepsilon}$ 下的动态抗压强度;f_{cs} 为静态抗压强度;$\lg\gamma = 6.156\alpha - 0.49$,$\alpha = 1/(5 + 3f_{cu}/4)$;$f_t$ 为在应变率 $\dot{\varepsilon}(10^{-6} < \dot{\varepsilon} < 160)$ 下的动态抗拉强度;f_{ts} 为静态抗拉强度;$\lg\beta = 6\delta - 2$,$\delta = 1/(1 + 8f'_c/f'_{c0})$。

根据经验公式的计算,混凝土材料的动力增强系数并不相同。式(6-2)计算结果为 CDIF = 2.64,TDIF = 3.8;式(6-3)计算结果为 CDIF = 1.748,TDIF = 5.36(超出计算界限)。经对比,取抗压动力增强系数(CDIF)为 2.2,抗拉动力增强系数(TDIF)为 4,即考虑动力增强系数后 $f_c = 110\text{MPa}$,$f_t = 16\text{MPa}$。此计算值作为 *MAT_ADD_EROSION 控制混凝土的抗压与抗拉破坏的准则。

另外,静力荷载下的典型混凝土极限拉应变为 0.0002(约为极限压应变的 1/10),考虑到软化段、应变率的影响,并需要防止计算中过多的单元删除,故在破坏准则中还设置最大主应变为 0.02。

3) 模拟工况

节段长细比、初始预应力水平和桥墩体系是影响预制节段拼装桥墩爆炸动态响应与损伤的重要因素,本书通过建立不同的有限元模型来研究上述因素对其动态响应与损伤的影响。模拟计算工况如表 6-3 所示。

模拟工况　　　　　　　　　　　　　　　　表 6-3

工况	墩身直径(m)	节段长度(m)	节段长细比 λ	初始预应力水平	桥墩体系
1	0.5	3	6	0.1	S
2	0.5	1	2	0.1	S
3	0.5	0.75	1.5	0.1	S
4	0.5	0.5	1	0.1	S
5	0.4	0.75	1.875	0.1	S
6	0.6	0.75	1.25	0.1	S
7	0.5	0.75	1.5	0.05	S
8	0.5	0.75	1.5	0.15	S

续上表

工况	墩身直径（m）	节段长度（m）	节段长细比 λ	初始预应力水平	桥墩体系
9	0.5	0.5	1	0.05	S
10	0.5	0.5	1	0.15	S
11	0.5	0.75	—	—	M
12	0.5	0.75	—	0.1	H

注：S 表示预制节段拼装桥墩；M 表示整体现浇桥墩；H 表示混合体系装配式桥墩。

通过对比工况 1~4 来研究节段长细比中节段高度的变化对结果的影响，通过对比工况 4~6 来研究节段长细比中节段直径的变化对结果的影响。对于桥墩的配筋情况，3 种工况的配筋率基本相同，约为 1%，尽量减少纵筋配筋率对结果的影响。两者综合反映节段长细比对爆炸冲击结果的影响。

通过对比工况 3、4、7~10 来研究不同初始预应力水平下的动态响应；通过对比工况 3、11、12 来研究不同桥墩体系受爆下的损伤。

6.2.3 参数分析

1) 节段长细比

对于不同高度的节段拼装桥墩，节段长细比 λ（节段高度与其直径的比值）是影响节段拼装桥墩抗震破坏的重要因素。因此，本节研究考虑了爆炸冲击作用下节段长细比对其动态响应及其损伤的影响。

对比工况 1~4 的模拟结果，墩身底面位移时程曲线如图 6-9 所示。可以看出，在相同桥墩直径的情况下，随着节段长细比的减小，桥墩底面的位移逐渐减小。

爆炸冲击结束时，桥墩整体位移曲线如图 6-10 所示。且当 $1 \leq \lambda \leq 2$ 时，随着节段高度减小，此时对应的节段间最大相对位移减小，分别为 2.07mm、1.52mm、0.58mm。

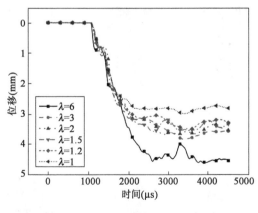

图 6-9 墩底位移时程曲线（工况 1~4）

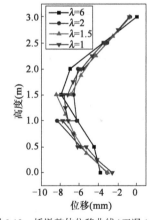

图 6-10 桥墩整体位移曲线（工况 1~4）

桥墩整体及局部破坏如图 6-11 所示，当节段长细比 $\lambda = 6$ 时，墩身中出现剪切裂缝，表现为剪切破坏；当 $\lambda \leq 2$ 时，墩身主要表现为节段间的相对位移及迎爆面的局部破坏。当 $\lambda = 2$

变为 $\lambda=1$ 时，局部破坏的面积减少；当 $\lambda=1$ 时，底部节段上方接缝混凝土发生破坏，主要是底部节段的微小转角导致接缝混凝土的受压破坏和空气超压导致混凝土受压破坏。

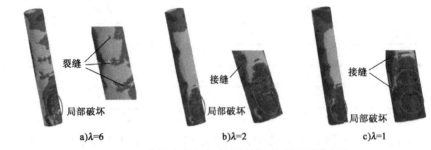

图 6-11 不同节段长细比下桥墩最终破坏及局部放大图

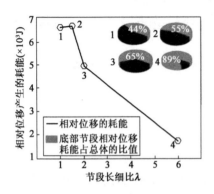

图 6-12 相对位移耗能曲线

对模拟中桥墩各节段的能量变化进行提取，如表 6-4 所示。墩身由相对位移产生的耗能及底部节段相对位移产生耗能的占比如图 6-12 所示。当墩身节段增加时，各节段相对位移产生的耗能分别为 6540J、6650J、4920J、1790J，说明节段长细比越小，节段越多，由相对位移产生的能量越多。但值得注意的是，λ 由 1 增加到 1.5 的过程中，相对位移产生的耗能并没有显著提升。而底部节段相对位移产生的耗能所占的比例分别为 44%、55%、65%、89%，即迎爆节段（最先受爆节段）对整体的耗能较多。

对比工况 4~6 的模拟结果，节段长度不变，节段直径分别为 40cm、50cm、60cm。桥墩整体位移曲线如图 6-13 所示。墩身破坏主要是节段间的相对位移及变形。当 $\lambda=1.875$ 时，墩身最大侧移为 13.1mm。当 $\lambda=1.25$ 时，墩身最大侧移为 5.7mm。桥墩在模拟结束时的损伤情况如图 6-14 所示，当桥墩直径增加时，局部损伤对总体的影响更小。说明在节段高度不变时，墩身直径的增加，节段长细比的减小可以提升预制节段拼装桥墩的抗爆性能。

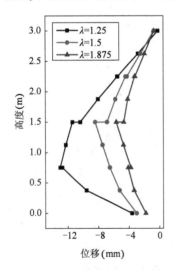

图 6-13 桥墩整体位移曲线（工况 4~6）

图 6-14 桥墩破坏结果（工况 4~6）

桥墩节段能量变化

表6-4

节段长细比		λ=6			λ=2			λ=1.5			λ=1		
节段标识（由下到上依次编号）		最大值	残余值	变化值	最大值	残余值	变化值	最大值	残余值	变化值	最大值	残余值	变化值
基础内能		2.98×10⁻³	1.00×10⁻³	1.98×10⁻³	4.04×10⁻³	2.19×10⁻³	1.85×10⁻³	4.73×10⁻³	2.14×10⁻³	2.60×10⁻³	4.31×10⁻³	2.44×10⁻³	1.87×10⁻³
墩身动能	1	3.45×10⁻²	1.86×10⁻²	1.59×10⁻²	9.05×10⁻²	5.85×10⁻²	3.20×10⁻²	9.07×10⁻²	5.40×10⁻²	3.67×10⁻²	7.87×10⁻²	4.98×10⁻²	2.89×10⁻²
	2				2.14×10⁻²	1.14×10⁻²	9.97×10⁻³	2.76×10⁻²	8.82×10⁻³	1.87×10⁻²	2.98×10⁻²	1.29×10⁻²	1.69×10⁻²
	3				1.29×10⁻²	7.50×10⁻³	5.38×10⁻³	1.74×10⁻²	1.19×10⁻²	5.48×10⁻³	1.55×10⁻²	5.64×10⁻³	9.83×10⁻³
	4							8.78×10⁻³	5.84×10⁻³	2.93×10⁻³	1.38×10⁻²	9.94×10⁻³	3.89×10⁻³
	5										1.06×10⁻²	6.92×10⁻³	3.71×10⁻³
	6										5.14×10⁻³	4.83×10⁻³	3.05×10⁻⁴
相对位移的耗能				1.79×10⁻²			4.92×10⁻²			6.65×10⁻²			6.54×10⁻²
第一节段相对位移耗能占总体耗能的比值				0.89			0.65			0.55			0.44

注：能量量单位为 $\times 10^5$ J。

综合分析工况 1～6，一方面，节段直径不变时，节段长细比减小使墩身由剪切破坏变为节段间相对位移，使桥墩由整体损伤变为局部损伤；另一方面，节段高度不变时，节段长细比减小能有效减小墩身的整体位移。说明减小节段长细比可以提升预制节段拼装桥墩的抗爆性能。

2）初始预应力水平

在预应力无黏结节段拼装桥墩中，初始预应力一般取初始轴压比的 10%。本节进一步考虑了不同初始预应力水平对爆炸冲击的影响。在模拟中，对 $\lambda=1.5$（4 节段）和 $\lambda=1$（6 节段）两种桥墩分别施加 5%、10%、15% 的初始预应力。

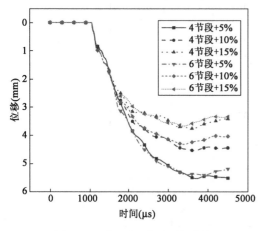

图 6-15 迎爆面中心位移-时间曲线

距离 52kg TNT 炸药中心 2m，距离桥墩底部 0.2m（迎爆面中心）的位移-时间曲线如图 6-15 所示。从图中可以看出，随着初始预应力的增加，桥墩的侧移明显减少。对比工况 3、7、8 可知，4 节段桥墩在 5%、10%、15% 初始预应力对应的位移为 5.5mm、4.4mm、3.4mm，10%、15% 初始预应力下的桥墩位移相比 5% 初始预应力水平侧移分别减少了 20%、38.2%；对比工况 4、9、10 可知，6 节段桥墩在 5%、10%、15% 初始预应力对应的位移为 5.2mm、4.0mm、3.3mm，10%、15% 初始预应力下的桥墩位移相比 5% 初始预应力水平侧移分别减少了 23.1%、36.5%。

模拟结束时，4 节段和 6 节段桥墩的整体变形曲线如图 6-16 所示，由图 6-16 可以看出：桥墩整体变形随初始预应力水平的增加而减小，并且节段间的相对位移主要集中在桥墩的下半段。这是因为，节段拼装桥墩产生侧移需要节段间的相对滑动，初始预应力的增加能增加节段间的摩擦力，因而提升耗能能力；而爆炸产生的冲击破坏是局部的，随着距离的增加，爆炸产生的能量迅速衰减，对远离爆炸中心的地方产生的影响较小。

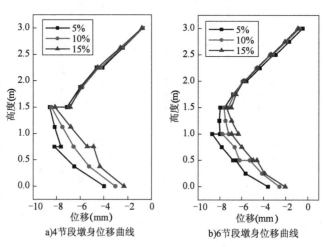

a）4 节段墩身位移曲线　　b）6 节段墩身位移曲线

图 6-16　不同预应力水平时桥墩整体位移曲线

3) 桥墩体系

混合体系装配式桥墩(简称"混合体系桥墩")是将桥墩的底部节段与基础现浇,再与上部节段拼装,如图6-17所示。对混合体系桥墩的抗震性能,已有一些研究[16]。但是,预制拼装桥墩、整体现浇桥墩及混合体系桥墩在相同爆炸冲击下的动态响应与损伤特性,在目前研究中较少。

本节在截面形状、纵筋配筋率、混凝土强度以及爆炸冲击相同的条件下,分析不同桥墩体系对爆炸荷载的响应,现浇部分配筋图见图6-18。另外,因为整体现浇桥墩一般不设置初始预应力,所以只对预制节段拼装桥墩和混合体系桥墩施加初始预应力,但保证构件恒载相同。

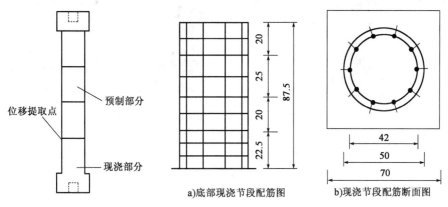

图6-17 混合体系桥墩示意图　　图6-18 现浇部分配筋图(尺寸单位:cm)

桥身距离底部75cm处(接缝位置)的位移-时间曲线如图6-19所示。预制节段拼装桥墩由于底部节段的整体位移,使底部节段产生较大的滑移,此处位移为6.4mm。而整体现浇桥墩由于墩身的整体弯曲,使该处位移较大,为5.8mm。混合体系桥墩由于底部节段固结的特点,在该处位移最小,为3.2mm。相比预制节段拼装桥墩和整体现浇桥墩,位移分别减少了50%、44.8%。

模拟结束时,桥墩整体位移如图6-20所示,混合体系桥墩与预制节段拼装桥墩在上部的位移基本相同,节段部分没有出现破坏,但出现节段间的相对位移。其底部节段与基础连接处出现裂缝,与整体现浇桥墩的破坏相同,如图6-21所示,破坏主要是由于节段接缝处的摩擦和空气超压引起的剪力和弯矩。从总体上说,说明在爆炸冲击作用下,混合体系桥墩具有预制节段拼装桥墩及整体现浇桥墩的综合特点。

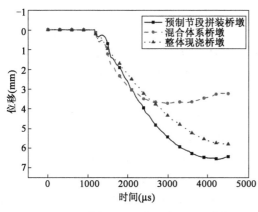

图6-19 距墩底75cm处节段位移-时间曲线

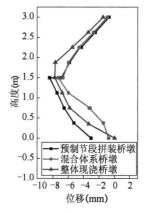

图6-20 不同体系桥墩整体位移

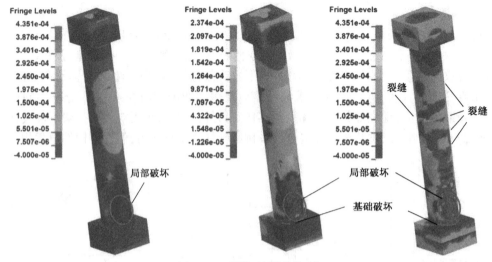

图 6-21 不同体系桥墩整体破坏

6.3 爆炸作用下装配式桥墩损伤评估

在 6.2 节中,对影响预制节段拼装桥墩抗爆能力的三个重要参数进行了讨论,但是对桥墩破坏的演变还没有充分讨论。本节中改变 TNT 当量和爆炸距离,将预制节段拼装桥墩的损伤发展与整体现浇桥墩进行对比,研究两者的损伤机理及破坏模式,并基于桥墩的变形和破坏对其损伤程度提出一种评估方法。

分析预制节段拼装桥墩的破坏机理及损伤评估方法,需进行多工况的大量模拟和计算。若采用第 3 章的模拟方法,则计算成本较高,效率较低。因此本章选用 CONWEP 算法,不建立空气与炸药的实体模型,在满足计算精度的前提下提高计算效率。

6.3.1 模型及工况介绍

1) 模型简介

采用 CONWEP 经验爆炸模型时,先采用 *SET_SEGMRNT 定义加载组,采用关键字 *LOAD_BLAST、*LOAD_SEGMENT_SET 和 *DEFINE_CURVE 在迎爆面上施加 CONWEP 经验爆炸压力。根据 ANSYS 关键字手册,*LOAD_BLAST 中"segment 法向应远离结构并名义上地指向炸药"[17],因此将桥墩迎爆面设置为平面将有利于模型的建立。

因此,本章运用 ANSYS/LS-DYNA 建立了两组钢筋混凝土方形截面桥墩共节点分离式模型。整体式桥墩配筋如图 6-22 所示,节段拼装桥墩模型如图 6-23a) 所示。其中,桥墩截面尺寸为 400mm×400mm,桥墩净高 4m。本章中,混凝土轴心抗压强度取 40MPa,即 $f'_c = 40\text{MPa}$,纵筋 8ϕ16,箍筋 21ϕ10@200。在模型中增加了基础和盖梁,并对基础的水平、竖直位移进行约束,柱头顶面、柱脚底面施加无反射边界,桥墩的边界条件与第 5 章相同。对模型进行网格收敛性分析后,混凝土与钢筋网格为 2cm。

模型仍采用共节点法来假设钢筋和混凝土之间位移完全协调,如图6-23b)所示。模拟中,桥梁结构上部恒载考虑为墩身设计轴压的20%,在模拟过程中保持不变。初始预应力取初始轴压比的10%。为了防止桥墩节段间混凝土的相互渗透,节段间采用 * CONTACT_AU-TOMATIC_SURFACE_TO_SURFACE 算法控制。节段间静摩擦系数取 1.0,动摩擦系数取 0.8,指数衰减因数取 0.5。

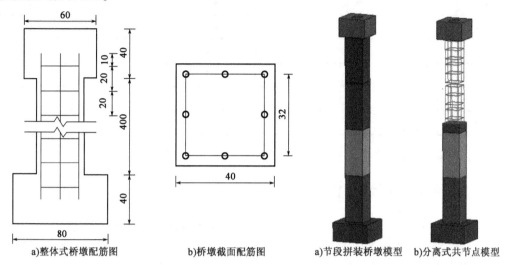

图6-22 整体式桥墩配筋(尺寸单位:cm)

图6-23 节段拼装桥墩有限元模型

通过 * LOAD_BLAST 及 * LOAD_BLAST_ENHANCED,施加爆炸冲击迎爆面中心在桥墩的中间位置,爆炸中心在桥墩的右侧。

2) 材料参数

混凝土采用 * MAT_CONCRETE_DAMAGE_REL3 模型,该模型综合考虑了应变率效应、损伤效应、应变强化和软化作用,适于混凝土结构在爆炸冲击等强动载作用下的计算分析。并且该模型参数输入简单,只需输入混凝土密度 ρ_0、泊松比 μ、单轴抗压强度 f_c 即可,其余参数采用默认设置。混凝土材料参数见表6-5。

混凝土材料参数   表6-5

材料	材料模型	主要参数		
		ρ_0(kg/m³)	PR	A_0(MPa)
混凝土	* MAT_CONCRETE_DAMAGE_REL3	2400	0.3	-40

注:ρ_0-混凝土密度;PR-泊松比;A_0-无约束混凝土抗压强度。

钢筋材料参数与第5章保持一致,见表5-2。

3) 工况介绍

从理论分析及经验可知,桥墩受到小当量冲击作用会发生弹性阶段的受迫振动,在桥墩自身阻尼的作用下回到无损伤状态。当 TNT 当量超过一定的值时,桥墩会受到破坏,桥墩产生永久损伤不能回到原来位置,甚至倒塌。为了研究桥墩在不同爆炸比例距离下的损伤,选取了以下 16 种工况,如表6-6所示。

模拟工况　　　　　　　　　　　　　　　　表 6-6

工况编号	TNT 当量(kg)	爆炸距离(m)	工况编号	TNT 当量(kg)	爆炸距离(m)
1-1	5	1	3-1	30	2
1-2		2	3-2		3
1-3		3	3-3		4
1-4		4	3-4		5
2-1	10	1	4-1	50	4
2-2		2	4-2		5
2-3		3	4-3		6
2-4		4	4-4		7

另外,对模型中爆炸产生的超压与经验公式做了对比,结果如表 6-7 所示。

6.3.2 桥墩破坏行为分析

以工况 3-2(30kg–3m)为例,如表 6-8 所示,整体式桥墩与预制节段拼装桥墩在受爆后的应力变化有区别。当炸药产生的超压传递到墩身以后,与墩身中由于恒载(及预应力)产生的压应力迅速产生应力重分布,重分布以后的应力使墩身产生变形及破坏。由变形时的应力图可知,整体式桥墩与预制节段拼装桥墩在迎爆面都产生了受压应力,而在背爆面主要以受拉为主。

预制节段拼装桥墩由于墩身的不连续,在变形的过程中并没有出现背爆面的受拉裂缝。对于两者的破坏,由于爆炸位置的特殊性,预制节段拼装桥墩会产生节段间的张开,产生变形后更容易在迎爆面中心应力集中,因此主要的破坏出现在迎爆面中心和背爆面的底部和顶部。

对于整体式桥墩,由于竖向的压应力和爆炸冲击产生的横向压应力,桥墩并不会出现单纯的弯曲破坏。若桥墩迎爆面受到的压力过大,会造成迎爆面混凝土的损伤和剥落。在变形过程中,先在背爆面产生裂缝,随着变形的增大,裂缝向迎爆面延伸,桥墩截面的有效截面面积减小,在恒载的作用下,迎爆面在后期受压破坏。

TNT 当量较大时(工况 3-1)(30kg–2m),整体式桥墩和预制节段拼装桥墩都出现了横向的裂缝,出现了剪切破坏。如图 6-24a)所示,整体式桥墩的底部与节段拼装桥墩的顶部出现了横向裂缝,即剪切破坏。这是因为在这种情况下,爆炸荷载处于大峰值和短持续时间,在如此短的时间内,弯曲变形发展较小,但剪切应力迅速增长为一个很大的值,超过桥墩的剪切强度,发生剪切破坏。

当炸药质量与爆距改变时,整体式桥墩与预制节段拼装桥墩由于自身的特性表现出不同的破坏模式。如图 6-24b)所示,在工况 3-2(30kg–3m),整体式桥墩既有弯曲破坏的部分,又有弯剪破坏的部分,总体表现出弯切破坏。预制节段拼装桥墩由于墩身的变形,中间接缝张开,出现应力集中导致混凝土单元删除。另外背爆面墩身的顶部及底部也出现轻微损伤。由于恒载产生压应力,整体式桥墩会出现剪切破坏与弯剪破坏。

爆炸超压计算表

表 6-7

TNT 当量 (kg)	爆炸距离 (m)	比例距离 Z (m/kg$^{1/3}$)	模拟值 P (MPa)	正压作用时间 T_+ (s)	冲量 I (kPa·ms)	经验公式超压计算						
						Henrych		国防工程设计规范	叶晓华	Wu 和 Hao		苏联	
						$0.3 \leq Z \leq 1$	$1 \leq Z \leq 10$	$1 \leq Z \leq 15$		$0.1 \leq Z \leq 1$	$1 < Z \leq 10$	$Z \leq 1$	$1 < Z \leq 15$
5	1	0.5848	5.218	0.00177	9211.746	1.9904			4.4331	4.1307		5.2500	
5	2	1.1696	0.855	0.00250	2135.550		0.5475	0.6926	0.7067		0.7357		0.6576
5	3	1.7544	0.231	0.00306	707.502		0.2258	0.2599	0.2652		0.3257		0.2465
5	4	2.3392	0.096	0.00353	337.962		0.1256	0.1371	0.1399		0.1827		0.1299
10	1	0.4642	8.204	0.00198	16256.044	3.2505			8.4342	7.5039		10.6000	
10	2	0.9283	1.241	0.00280	3478.288	0.8786			1.2788	1.2301		1.2375	
10	3	1.3925	0.461	0.00343	1583.101		0.3710	0.4496	0.4588		0.5181		0.4268
10	4	1.8566	0.186	0.00396	736.492		0.2006	0.2282	0.2329		0.2906		0.2165
30	2	0.6437	3.199	0.00337	10765.999	1.6505			3.4072	3.2204		3.9125	
30	3	0.9655	1.007	0.00412	4150.462	0.8272			1.1544	1.1076		1.0889	
30	4	1.2873	0.553	0.00476	2631.871		0.4414	0.5452	0.5563	0.5038	0.6067		0.5176
30	5	1.6091	0.276	0.00532	1467.099		0.2712	0.3179	0.3245	0.2623	0.3874		0.3017
50	4	1.0858	0.685	0.00518	3547.957		0.6488	0.8362	0.8533	0.8068	0.8543		0.7941
50	5	1.3572	0.459	0.00579	2656.933		0.3925	0.4787	0.4885	0.4335	0.5456		0.4544
50	6	1.6287	0.260	0.00635	1651.995		0.2643	0.3091	0.3154	0.2528	0.3782		0.2933
50	7	1.9001	0.163	0.00686	1116.486		0.1912	0.2166	0.2210	0.1538	0.2774		0.2054

桥墩受爆应力变化　　　　　　　　　　　　表6-8

桥墩类型	应力及破坏变化				
	受爆前应力	超压应力	变形应力	破坏应力	破坏位置
整体式桥墩					
预制节段拼装桥墩					

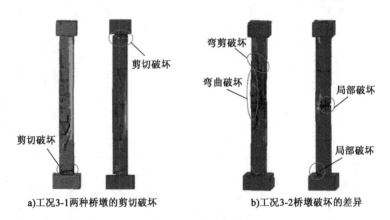

a) 工况3-1 两种桥墩的剪切破坏　　　　b) 工况3-2 桥墩破坏的差异

图 6-24　桥墩的破坏模式

对于两者抗剪能力的比较,工况 2-2(10kg-2m)有所区别(图 6-25),在爆炸冲击作用相同时刻,预制节段拼装桥墩出现剪切破坏,而整体式桥墩还处于弯剪破坏阶段。模拟后期,整体式桥墩在受爆位置出现较多的局部破坏,预制节段拼装桥墩由于剪切破坏处的混凝土单元删除,出现了墩身高度减小的现象,后者的破坏对桥梁体系是不利的。说明预制节段拼装桥墩由于自身的特性在抗爆方面存在一些不足,改变预制节段拼装桥墩简单的接缝设置,增加预制节段拼装桥墩的抗剪能力对桥墩抗爆有利。

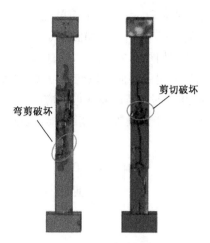

图 6-25 工况 2-2 两者剪切破坏的不同

6.3.3 损伤评估

1) 墩身受爆中心位移-时间曲线

非剪切破坏(工况 1-1、2-1、3-1)下,选取其中典型的几种工况,整体式桥墩与预制节段拼装桥墩受到不同爆炸冲击作用的墩身中点位移-时间曲线,如图 6-26 所示。

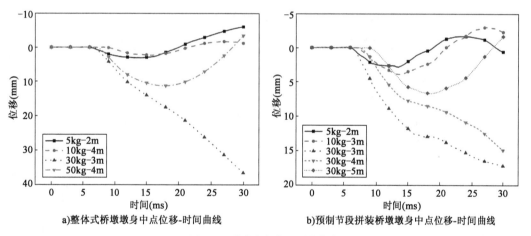

a)整体式桥墩墩身中点位移-时间曲线　　b)预制节段拼装桥墩墩身中点位移-时间曲线

图 6-26 墩身中点位移-时间曲线

在工况 1-3(5kg-3m),当 $P=0.231$MPa,$I=707.50$kPa·ms 时,桥墩处于弹性阶段,在两种桥墩上都没有损伤。在小的爆炸冲击作用下,由于预应力的作用,节段拼装桥墩最大位移为 1.8mm,节段间的转角可忽略不计;整体式桥墩位移为 2mm,说明装配式桥墩抗爆性能略优于整体式桥墩。在工况 1-2(5kg-2m)时,$P=0.855$MPa,$I=2135.55$kPa·ms,装配式桥墩基本没有损伤,墩身中点位移曲线接近正弦曲线,最大位移 2.8mm。而整体式桥墩在墩身出现裂缝,且最大位移为 3.2mm。

在工况 3-3(30kg-4m),当 $P=0.553$MPa,$I=2631.87$kPa·ms 时,整体式桥墩先在背爆面出现损伤,单元删除产生裂缝,如图 6-27a)所示。此时桥墩受到损伤,但未完全丧失弹性,处于部分弹性阶段，桥墩出现反弹，进入反弹阶段，由于背爆面单元的删除，背爆面裂缝间距离缩短，如图 6-27b)所示。在恒载和预应力的作用下，由于背爆面混凝土削弱，桥墩出现了向迎爆面突出的现象，整体式桥墩墩身高度-位移曲线如图 6-28 所示。对于预制节段拼装桥墩，如图 6-29 所示，一方面，墩身出现节段间的相对位移；另一方面，墩身变形开始时，墩身整体长度由于节段间的张开，在 10ms 时增长了 1.6mm，在 20ms 时由于墩身变形的应力集中，迎爆面中心混凝土迅速失效删除，墩身位移缩短 1.4mm。此时，由于节段拼装桥墩的损伤机理，出现了墩身的永久位移。

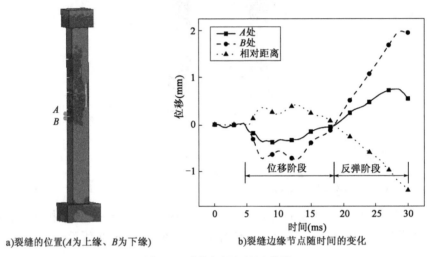

a) 裂缝的位置(A 为上缘、B 为下缘)　　　　b) 裂缝边缘节点随时间的变化

图 6-27　裂缝宽度随时间变化图

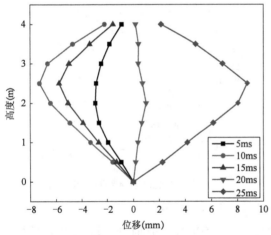

图 6-28　整体式桥墩墩身高度-位移曲线

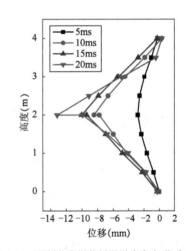

图 6-29　预制节段拼装桥墩墩身高度-位移曲线

另外，在工况 3-2(30kg – 3m)，当 $P=1.007$ MPa，$I=4150.46$ kPa·ms 时，由于桥墩在受爆方向上出现严重损伤，桥墩混凝土无法表现出足够的弹性，出现永久位移。在爆炸冲击作用结束后，损伤后的构件将会表现残余的弹性和自振周期，并可能在恒载与自重作用下进一步倒塌。

由墩身中点位移-时间曲线可知，桥墩受不同爆炸冲击作用以后，桥墩的损伤是一个渐变的过程。受小的冲击作用时，墩身表现接近为弹性的受迫振动；当受到较大的冲击作用时，墩身出现永久损伤并不能恢复；在过渡的区间内，在模拟的理想状态下，桥墩会表现出部分弹性。

但是,在超过区间的一定值时,预制节段拼装桥墩与整体式桥墩的损伤机理发挥作用,导致两者后期破坏和位移不同。

2) 爆炸作用位置对损伤的影响

由于桥墩段约束不同,迎爆面中心的位置不同,会对桥墩的损伤产生不同影响。因此,针对此情况额外设计了两组工况对比,研究爆炸中心的不同对损伤的影响。

对于工况 4-2(50kg–5m),改变爆炸中心的高度,如图 6-30 所示。case 1 爆炸中心高度 2m。case 2 爆炸中心高度 2.5m,迎爆面中心为第三节段中心。

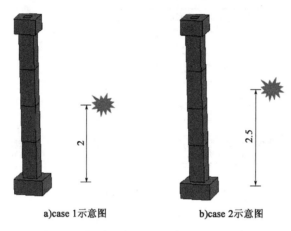

图 6-30 爆炸中心高度不同示意图(尺寸单位:m)

墩身变形曲线随时间变化如图 6-31 所示,在 10ms、15ms,case1 最大位移均大于 case 2,爆炸冲击 20ms 后,case 1 最大位移为 21.8mm,而 case 2 最大位移为 18.7mm。同时,case 2 桥墩节段相对位移均小于 case 1。说明迎爆中心位于桥墩中间是受爆较危险位置。

在 20ms 时,桥墩的损伤如图 6-32 所示,从主要破坏区域可以看到,case 1 和 case 2 主要破坏集中于迎爆面附近的接缝处及背爆面的顶部与底部。此时由于第三节段的损伤,在恒载和预应力的作用下,迎爆面削弱大于背爆面,桥墩顶部有迎爆面正向位移,分别为 1.75mm 和 1.6mm。

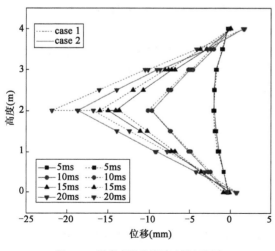

图 6-31 墩身变形曲线随时间变化图

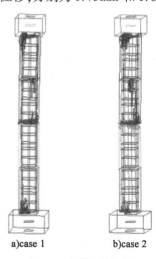

图 6-32 桥墩损伤部位

3) 桥墩损伤评估方法[19-20]

桥墩爆炸损伤评估流程图如图 6-33 所示。若桥墩受爆炸冲击发生破坏较小，受爆后桥墩若依然保持弹性，则损伤基本可忽略。

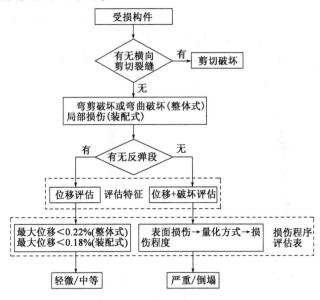

图 6-33 损伤评估流程图

若桥墩处于部分弹性段，整体式桥墩墩身出现裂缝，预制节段拼装桥墩出现局部破坏，此时裂缝和局部破坏对整体的影响较小，而其墩身位移是主要破坏因素。根据模拟数据结果，处于部分弹性阶段的桥墩，此时整体式最大变形约为 9.1mm，预制节段拼装桥墩最大变形约为 6.6mm，即变形约为长度的 0.22% 和 0.17%，因此作为判断桥墩轻微损伤的评估指标。

若桥墩损伤超过部分弹性，处于严重破坏阶段，桥墩的局部破坏对整体的影响不能忽略，两种桥墩破坏的主要特征如图 6-34 所示，桥墩的损伤主要可以分为两个部分：一部分为截面的损伤，包括迎爆面混凝土的脱落和背爆面混凝土的损伤，导致桥墩刚度的下降；另一部分是桥墩的整体变形，在恒载和预应力的作用下，损伤后的墩身可视为有初始弯曲的承压构件。

截面削弱和墩身侧移都将导致桥墩承载力下降，因此可以考虑采用侧移与截面破坏综合评估其承载能力损失，并以相应指标作为最终损伤程度评估的指标。值得注意的是，墩身截面削弱、墩身位移与承载力损失并非叠加关系，而是耦合关系。其中位移和剩余有效截面均可采用仪器测量。若采用公式，可表达为：

$$P_{损} = \Phi(P_1, P_2) \tag{6-4}$$

$$P_1 = N - \frac{\pi^2 E'I'}{l_0^2} \tag{6-5}$$

$$P_2 = N - P(v) \tag{6-6}$$

$$D = P_{损}/P \tag{6-7}$$

式中，$P_{损}$ 为承载力损失；Φ 为 P_1 和 P_2 的耦合函数；P_1 为截面削弱减少导致的承载力损失；P_2 为由于墩身侧移所引起的承载力损失；N 为桥墩正截面抗压承载力；E' 为截面损伤后的截面刚度;I'为截面损伤后的截面惯性矩;l_0为墩身计算长度;$P(v)$为有初始变形的受压构件承载力;v为桥墩受爆后的变形值;D为桥墩的损伤程度。

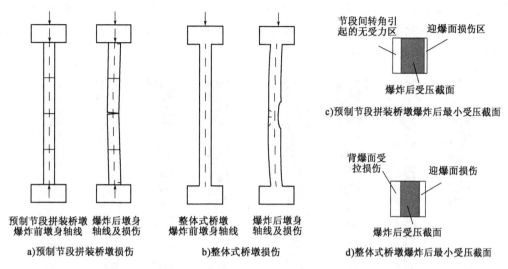

图 6-34 预制节段拼装桥墩与整体式桥墩损伤示意图

4)基于剩余承载力的损伤评估

当桥墩在轻微损伤阶段,受爆后桥墩若依然保持弹性,混凝土截面削弱可忽略不计,桥墩损伤主要表现为墩身侧移。若采用理论计算方法计算其剩余承载能力,可简化为有初始弯曲的轴心受压构件[18]。对于其极限承载能力,采用

$$f_p = \frac{P}{A} + \frac{Pv_0}{W\left(1 - \dfrac{P}{P_E}\right)} \tag{6-8}$$

式中,f_p 为混凝土强度设计值,取 18.4MPa;P 为极限承载能力;v_0 为有初始弯曲的矢高;A 为截面面积;W 为截面抵抗矩;P_E 为欧拉荷载,按式(6-9)计算:

$$P_E = \frac{\pi^2 EI}{(\mu l)^2} \tag{6-9}$$

式中,E 为混凝土弹性模量,取 3.24×10^4 MPa;I 为截面惯性矩;μ 为构件计算长度系数,上端平移但不固定,下端固定,取 1.0;l 为构件长度。

代入计算得:$P_E = 4263.7$kN。此值大于该桥墩的承载能力设计值 $N = 3052.8$kN。

将 P_E 代入式(6-8)。在弹性阶段,以工况 3-4 为例,取 $v_0 = 0.125\% l$,解得 $P = 2725.62$kN。此时 $D = 0.1$。

若桥墩处于中等损伤,桥墩处于部分弹性阶段。由于混凝土材料受爆后会引起强度的减小,最小有效控制界面、墩身计算长度的变化,在理论计算桥墩剩余承载能力时并不能轻易实现,所以一般也采用模拟方法来计算构件剩余承载能力。因此本节中进一步采用模拟的方法计算墩身的剩余承载力。模拟结束后采用重启动的方法[21],对受爆后的桥墩进行逐级加载,控制加载等级为 $0.1N$,约为 300kN,加载至墩身出现剪切破坏或严重局部破坏,以确定受爆后桥墩的剩余承载力。该方法可以确定剩余承载力的大致范围,精确值需要通过大量试算得到。

图 6-35 是工况 3-2 在柱顶端加载 $0.2N$ 后的 0s、0.5s、1.0s、1.5s 的模拟结果。在图 6-35a)中,预制节段拼装桥墩由于开始截面的削弱,加载后造成的应力集中使混凝土单元进一步删除。在桥墩顶端,由于节段的偏转出现混凝土的破碎,最后由于混凝土单元的删除造成桥墩长度的缩短。在图 6-35b)中,整体式桥墩的背爆面受损较多,施加顶部荷载后,在桥墩上部下塌,中部出现钢筋脱离桥墩的现象。桥墩经过加载后失去承载能力。

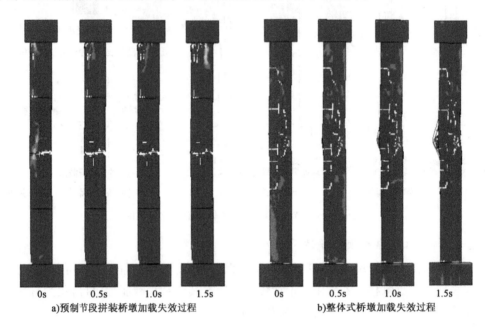

a) 预制节段拼装桥墩加载失效过程　　b) 整体式桥墩加载失效过程

图 6-35　工况 3-2 在柱顶端加载模拟结果

若以文献[22]建议采用墩柱构件受爆后剩余的承载力作为损伤程度的依据,即 $D = 0 \sim 0.2$ 为轻微损伤; $D = 0.2 \sim 0.5$ 为中度损伤; $D = 0.5 \sim 0.8$ 为严重损伤; $D > 0.8$ 为倒塌的标准,计算文中的非剪切破坏(除工况 1-1、2-1、3-1 外)工况的 P-I 值,并将各个工况的损伤程度进行统计,得到两种桥墩的 P-I 曲线图,如图 6-36 所示。

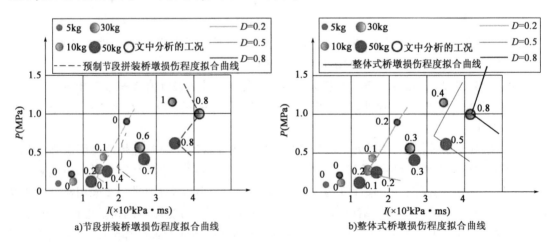

a) 节段拼装桥墩损伤程度拟合曲线　　b) 整体式桥墩损伤程度拟合曲线

图 6-36　两种桥墩的 P-I 曲线

由图 6-36 可知,当 P 和 I 较小时,节段拼装桥墩由于预应力的作用,抗爆能力能得到一些提升。但是超过一定范围,节段拼装桥墩由于破坏机理,更易出现局部的破坏,使截面削弱快速发生,进一步导致整体的失效,相比于整体式桥墩,失效发展较快,导致其抗爆性能较弱。当 P 值较大时,节段拼装桥墩的抗爆性能相对较弱。当 P 超过一定值时,桥墩均出现剪切破坏。

5) 基于破坏特征的损伤评估

基于以上的桥墩损伤评估方法,将 16 组工况的桥墩损伤情况进行列表,并基于其破坏特点进行统计归类,得到基本的桥墩受爆损伤量化表,如表 6-9、表 6-10 所示。

整体式桥墩受爆损伤量化表　　　　表 6-9

损伤程度	轻微	中等	严重		倒塌	
评估项目	墩身侧移		墩身侧移+破坏			
			侧移	破坏	侧移	破坏
指标	<0.125%	<0.22%,核心混凝土基本未受损,墩身有裂缝	<0.8%	核心混凝土受损<10%,迎爆面长度<20%,背爆面长度<35%	>0.8%	保护层大片剥落,迎爆面长度>20%,背爆面长度>35%
示例工况	30kg-5m	50kg-4m	30kg-3m			

预制节段拼装桥墩受爆损伤量化表　　　　表 6-10

损伤程度	轻微	中等	严重			倒塌		
评估项目	侧移		侧移+节段间相对位移+节段偏转角度+破坏					
			侧移	节段间状态	破坏	侧移	节段间状态	破坏
指标	<0.1%	<0.18%,接缝开口<1°	<0.6%	接缝开口<1.8°,节段间相对位移<5mm	核心区混凝土受损<8%	>0.6%	接缝张开>1.8°,核心混凝土受损	桥墩长度缩短>0.8%
示例工况	30kg-5m	30kg-4m,50kg-6m	50kg-4m,30kg-3m					

由于预制节段拼装桥墩的预应力,在小当量爆炸冲击作用下,侧向位移略小于整体式桥墩,此时桥墩没有裂缝或者裂缝较少、较浅。当爆炸冲击作用较大时,预制节段拼装桥墩由于较易出现应力集中,使破坏发展快于整体式桥墩,同时,考虑爆炸造成的一系列损伤(裂缝、混凝土剥落、材料强度降低等)的影响,在侧移、核心区混凝土受损的指标上,预制节段拼装桥墩均要小于整体式桥墩。另外,在预制节段拼装桥墩中出现的节段间开口出现到闭合的现象,由于局部破坏,桥墩整体长度先增加后减小,这也是与整体式桥墩不同的指标之一。

本章参考文献

[1] Xu J, Wu C, Xiang H, et al. Behaviour of ultra high performance fibre reinforced concrete columns subjected to blast loading[J]. Engineering Structures, 2016,118:97-107.

[2] 王文谈. 超高性能纤维增强混凝土(UHPFRC)的实验研究及低速冲击有限元模拟[D]. 成都:西南交通大学,2015.

[3] 杨松霖,刁波. 超高性能钢纤维混凝土力学性能[J]. 交通运输工程学报,2011,11(2):8-14.

[4] Rutner M P, Astaneh-asl A, Son J. Blast resistant performance of steel and composite bridge piers[C]// Protection of Bridge Piers Against Blast for the 6 th-Japanese-German-Bridge-Symposium, Munich, Germany, 2005.

[5] 杨军,杨国梁,张光雄. 建筑结构爆破拆除数值模拟[M]. 北京:科学出版社,2012.

[6] Beery M, Parrish M, Eberhard M. PEER Structural performance database user's manual (Version 1.0)[G]. Berkeley:University of California, 2006.

[7] 中华人民共和国交通运输部. 公路钢筋混凝土及预应力混凝土桥涵设计规范:JTG 3362—2018[S]. 北京:人民交通出版社股份有限公司,2018.

[8] 中华人民共和国住房和城乡建设部. 装配式混凝土结构技术规程:JGJ 1—2014[S]. 北京:中国建筑工业出版社,2014.

[9] 朱劲松,邢扬. 爆炸荷载作用下城市桥梁动态响应及其损伤过程分析[J]. 天津大学学报(自然科学与工程技术版),2015(6):510-519.

[10] Sha Y, Hao H. Laboratory tests and numerical simulations of barge impact on circular reinforced concrete piers[J]. Engineering Structures, 2013,46:593-605.

[11] Zhang Y Y, Fan W, Zhai Y, et al. Experimental and numerical investigations on seismic behavior of prefabricated bridge columns with UHPFRC bottom segments[J]. Journal of Bridge Engineering, 2019, 24(8): 04019076.

[12] Li J, Hao H, Wu C. Numerical study of precast segmental column under blast loads[J]. Engineering Structures, 2017,134:125-137.

[13] Comite Euro-International du Beton. Concrete structures under impact and impulsive loading. CEB Bulletin 187[S]. Switzerland:Federal Institute of Technology Lausanne, 1990.

[14] Hao Y, Hao H. Influence of the concrete DIF model on the numerical predictions of RC wall responses to blast loadings[J]. Engineering Structures, 2014,73:24-38.

[15] Malvar L J, Ross C A. Review of strain rate effects for concrete in tension[J]. ACI Materials Journal, 1998,95(M73):735-739.

[16] Zhang Y Y, Teng G. Numerical analysis on seismic performance of hybrid precast segmental bridge columns[C]// LENNART Elfgren, JOHAN Jonsson. Challenges in Design and Construction of an Innovative and Sustainable Built Environment, Stockholm:IABSE Congress,

2016:1100-1107.

[17] LS-DYNA Keyword user's manual[G]. California：livermore software technology Coporation, 2006.

[18] 陈骥. 钢结构稳定理论与设计[M]. 北京：科学出版社,2014.

[19] 张于晔,杨旭,冯君. 节段拼装桥墩在爆炸冲击作用下的破坏模式与损伤评估研究[J]. 振动与冲击,2020,39(23):225-233.

[20] 杨旭,张于晔,张宁. 爆炸冲击作用下预制节段拼装桥墩的动态响应与损伤分析[J]. 爆炸与冲击,2019,39(3):035104.

[21] 顾乡. 落石冲击作用下桥梁墩柱损伤和防护研究[D]. 成都：西南交通大学,2017.

[22] Shi Y, Hao H, Li Z. Numerical derivation of pressure-impulse diagrams for prediction of RC column damage to blast loads[J]. International Journal of Impact Engineering, 2008, 35 (11):1213-1227.

第7章 结论与展望

7.1 本书的主要工作和结论

本书针对预制装配式桥墩的抗震和抗爆性能问题,开展了其在地震和爆炸作用下的动力响应及损伤评估研究。

在抗震性能方面,研究采用混合体系的预制装配式桥墩,提出了混合体系装配式桥墩的抗震性能等级和性能目标。从试验、理论分析和数值模拟等角度研究了采用不同连接形式的装配式桥墩抗震能力、损伤演化规律和抗震性能解析计算方法。针对装配式桥墩底部节段受力集中且易损伤的问题,研究底部节段采用UHPFRC的抗震增强方法,开展UHPFRC不同设置方式的装配式桥墩拟静力试验。此外,对损伤后装配式桥墩进行了修复和加固,并对修复后的桥墩开展了抗震性能试验研究。基于预制装配式桥墩的抗震性能试验与理论研究,分析预制装配式桥墩的地震损伤演化规律,建立适用于此类桥墩特点的地震损伤评估模型。

在装配式桥墩抗爆性能方面,研究了不同设计参数的预制节段拼装桥墩在爆炸冲击作用下的动力响应、反射超压分布和损伤机理。基于ANSYS/LS-DYNA建立预制节段拼装桥墩的三维实体分离式模型,运用既有试验实测数据验证该模型的准确性。分析爆炸比例距离、桥墩形式、节段数目等设计参量对节段拼装桥墩冲击波反射超压的影响,探讨了爆炸作用下节段拼装桥墩反射超压分布规律及其简化计算方法。研究了爆炸冲击下主要设计参数对预制拼装桥墩动力响应与损伤演化的影响规律,基于整体式桥墩与预制节段拼装桥墩的受爆损伤机理提出其损伤评估方法。

基于以上研究工作,本书得到的主要结论如下:

(1)在低周往复荷载作用下,整体现浇桥墩刚度退化速度小于混合体系装配式桥墩和预制节段拼装桥墩,混合体系装配式桥墩和预制节段拼装桥墩刚度退化速度相近。试验中,整体现浇桥墩试件的曲率集中在塑性铰附近,且曲率随弯矩的增大而增大;而装配式桥墩的曲率主要集中在距离墩底最近的接缝附近。

(2)综合分析轴压比、底部节段纵筋配筋率和底部节段高度三个参数对混合体系桥墩抗震性能的影响规律可以发现,对于一个给定轴压比和底部节段纵筋率的混合体系装配式桥墩,存在一个较为合适的底部节段高度,使其水平承载能力、耗能能力等抗震性能指标达到峰值。

(3)底部节段采用普通混凝土的预制节段拼装桥墩会在底部节段柱脚范围内发生混凝土的开裂、压碎和剥落等损伤破坏现象。底部节段采用UHPFRC,在提高承载能力同时,能有效减少预制节段拼装桥墩关键位置的结构损伤,底部采用UHPFRC套筒和普通混凝土内柱的组合结构形式,在提高承载能力、耗能能力和控制底部节段的损伤方面表现突出。

(4)基于预制节段拼装桥墩的地震损伤机理研究自复位性能的表征方法,对弯矩贡献比表示的自复位系数计算方法进行简化。将具有物理意义的自复位修正因子引入 Park-Ang 双参数地震损伤模型,获得的考虑自复位性能的预制节段拼装桥墩损伤评价方法,经验证适用于此类预制节段拼装桥墩的地震损伤评估。

(5)通过对比分析爆炸冲击作用下整体式和预制节段拼装桥墩反射超压分布,发现在桥墩节段数目及爆心高度一定的情况下,随着爆炸比例距离的减小,预制节段拼装桥墩冲击波反射超压随之增大。节段数目对于预制节段拼装桥墩反射超压影响较小,而爆心高度接近接缝位置时,接缝处会产生相当大的反射超压。

(6)基于大量参数化分析,得到了整体式桥墩和预制节段拼装桥墩受爆反射超压的简化计算方法,并基于数值分析结果验证了其精度。该简化计算方法可为今后研究爆炸冲击作用下桥墩的动态响应及此类桥墩的抗爆设计提供参考。

(7)对比了整体式桥墩与预制节段拼装桥墩受爆损伤机理,在爆炸冲击中均表现出完全弹性、部分弹性及失去弹性三个阶段。桥墩在爆炸作用下处于部分弹性阶段时,可采用墩身侧移评估其损伤程度;当桥墩失去弹性产生较大残余位移时,可将其截面损伤和墩身侧移相结合以评估桥墩的承载能力损失,基于其损伤量化指标综合评估桥墩的受爆损伤。

7.2 研究展望

本书结合理论分析、试验和数值建模等手段,研究了地震和爆炸这两种极端荷载作用下装配式桥墩的动力响应、损伤机理及其评估方法。由于研究精力和水平所限,本研究还存在一定的局限性和不足之处。结合国内外相关文献,作者认为在装配式桥梁的抗震和抗爆性能方面,以下几个主要问题有待进一步研究:

(1)当前针对装配式桥墩抗震性能提升方法的研究主要是基于试验或数值模拟开展的,而相关的理论分析成为相对薄弱环节。为了提示装配式桥墩在地震作用下的传力机理、塑性区形成机制、节段接缝的力学行为等难点问题,有必要加强理论分析与计算推导,得到其在地震作用下受力关键部位的设计经验公式,从而更好地运用于实际工程条件下的装配式桥梁抗震设计。

(2)针对一般桥梁,相关规范已提出在不同抗震设防烈度和设防类别下的对应抗震设防标准。而对于预制装配式桥梁,其抗震关键部位——装配式桥墩的不同抗震设防标准尚未确立。而这需要明确装配式桥墩在不同设防水准下的性能目标,在定量描述其地震损伤程度的基础上,构建基于损伤的预制节段拼装桥墩抗震性能水准表征方法,从而为实现其多级抗震目标奠定基础。

(3)目前部分提升方法虽然能够增强装配式桥墩的抗震性能,但也较大增加了结构设计与施工难度,这不利于其在实际工程中的广泛应用。因此作为与工程实践密切联系的应用研究,还需要考虑设计施工的便易性与经济性,对这些方法进行适当简化,使其同时具有受力性能和构造上的优势。

(4)目前相关研究主要集中于装配式桥墩构件,而较少从桥梁结构体系的角度分析其抗震性能。对于采用装配式桥墩的桥梁结构,桥墩构件采用不同的抗震增强方法,改变其与上部主梁、下部基础的连接方式等对整个桥梁结构体系的抗震性能影响,还缺乏定量的系统性分析。

(5)针对预制装配式桥墩的抗爆性能,目前通常采用理论分析和数值模拟的方法开展研究。而爆炸冲击作用下桥墩动力性能和损伤的影响因素众多,仅开展理论与数值分析难以全面把握其受爆损伤规律,采用缩尺模型试验有助于更深入地研究该问题。因此,在条件允许的情况下,可开展装配式桥墩抗爆性能的缩尺模型试验,为全面掌握其在爆炸冲击作用下的响应和损伤机理打下基础。

(6)在桥梁运营条件下,偶然爆炸或恐怖爆炸袭击往往伴随有破片冲击、火灾高温、地震动等因素的耦合作用,这些因素可能对钢筋混凝土的失效强度、损伤区域扩展和连续性倒塌等产生较大的影响。今后桥梁抗爆相关试验与数值仿真研究,如何模拟爆炸、破片冲击、高温传导等作用的耦合,将有待进一步探究。

(7)由于桥梁全生命周期内爆炸产生的概率相对较低,对所有桥梁均开展抗爆设计是不经济的。有必要基于桥梁的重要性、设计使用年限、受爆作用概率和结构形式等,分类分级确定相应的抗爆设计要求。而所有桥梁均需进行抗震设计,所以在进行装配式桥墩抗震设计的同时考虑其抗爆性能,使装配式桥墩兼顾抗震与抗爆要求,将是一项很有意义的工作。